# 微时代背景下外语教学整合研究

宁雅南◎著

光明日报出版社

**图书在版编目（ＣＩＰ）数据**

微时代背景下外语教学整合研究 / 宁雅南著. -- 北
京：光明日报出版社，2016.6
ISBN 978-7-5194-1128-2

Ⅰ. ①微… Ⅱ. ①宁… Ⅲ. ①外语教学－教学研究
Ⅳ. ①H09

中国版本图书馆 CIP 数据核字(2016)第 143687 号

## 微时代背景下外语教学整合研究

| | | | |
|---|---|---|---|
| 著　　者：宁雅南 | | | |
| 责任编辑：李　娟 | | 封面设计：瑞天书刊 | |
| 责任校对：范德利 | | 责任印制：曹　净 | |

出版发行：光明日报出版社

地　　址：北京市东城区珠市口东大街 5 号，100062

电　　话：010-67022197（咨询），67078870（发行），67019571（邮购）

传　　真：010-67078227，67078255

网　　址：http://book.gmw.cn

E- mail：gmcbs@gmw.cn　　lijuan@gmw.cn

法律顾问：北京德恒律师事务所龚柳方律师

印　　刷：三河市明华印务有限公司

装　　订：三河市明华印务有限公司

本书如有破损、缺页、装订错误，请与本社联系调换

开　　本：787×1092　1/16

字　　数：250 千字　　　　　　　　　　印　　张：15.625

版　　次：2017 年 5 月第 1 版　　　　　印　　次：2018 年 5 月第 2 次印刷

书　　号：ISBN 978-7-5194-1128-2

定　　价：50.00 元

# 作者简介

　　宁雅南，女，1974 年出生，汉族，辽宁大连人，毕业于日本千叶大学社会科学研究所经济学专业，硕士研究生学历。现任大连艺术学院日语教师，副教授。在外语类核心期刊及各类学报发表学术论文二十余篇，出版专著、教材和编著等多部。主持和参与多项辽宁省教育厅和辽宁省高等教育学会的科研与教学改革立项课题。主要研究方向是外语实践教学、跨文化交际、篇章语言学等。

# 前　言

　　互联网技术与无线通信技术的飞速发展正改变着人们的生活方式，也让大学外语的教学产生新的变化。而伴随着中国"一带一路"发展战略的提出，培养具有国际视野、通晓国际规则、能够参与国际事物与国际竞争的国际化人才已成当务之急。国际化人才应具备扎实的语言基本功、娴熟的跨文化技能、宽广的国际视野和博大的中国情怀等基本素质。国家需要大批具有国际竞争能力的人才，这也对大学生的外语交流能力提出了更高要求。而在新媒体背景下，如何整合目前外语教学的教学方法以满足时代发展的需求，是我们外语教学者所应探究与应对的紧迫任务。鉴于此，作者推出《微时代背景下外语教学整合研究》一书。

　　本书可以有效弥补传统外语教学中的不足之处，改善当前外语教学的现状。与其他同类书籍相比，本书主要有三个特点。首先，本书紧紧把握时代脉搏的发展，在微时代背景下，对教学法进行整合式研究，涵盖了多样的、最新的外语教学策略与理念，且将教学理论与教学实践有机地融为一体。其次，本书在提升学习者外语水平的同时，从提升外语学习者批判性思维能力与跨文化交流能力的角度，探究与整合外语教学的策略，为现代外语教学的研究、教师的教学以及学生的学习提供一定的参照。最后，本书逻辑严谨，行文流畅，且语言平实易懂。可见，本书可以为现代外语教学的研究和发展指明方向。

　　本书在编写过程中，得到了作者单位领导和老师的大力支持与帮助，在此予以诚挚的谢忱；同时，还得到了光明日报出版社领导和员工的大力协作与帮助，在此一并表示感谢！限于水平，不足之处，恳请读者批评指正！

# 目　录

# 第一章　高等院校移动教学设计综述

## 第一节　移动教学现状

移动教学是指在移动的学习场所或利用移动的学习工具所实施的教育，学生和教师使用移动设备实现交互式教学活动。随着媒体走进教学、走进课堂，移动网络教学成为新兴教学手段而受到教师和学生的好评。移动教学媒体不但能使课堂教学变得活泼生动，更能在极大程度上变抽象的知识为具体。

### 1.1.1　移动教学概述

移动教学经过近几年的迅速发展，正发生着深刻的变化。在线教育也开始进入爆发期，移动教学作为在线教育的一种形式发展迅速。以 ipad、智能手机为代表的移动终端设备的大面积推广应用使得移动教学成为课堂学习的有力补充方式。以电信网络

运营商、校园网络平台、学习资源网站为代表的多种形式的网络资源给移动教学带来了前所未有的良好条件。现代社会信息量剧增，人们在有限的时间和空间范围内不能够有效完成学习内容，于是零散的时间和移动的空间就成为一种补充。这就为移动教学提供了主观环境，就是学习的强烈愿望使人们寻找充分利用业余时间学习的方式。最早的移动教学是使用非电子介质的载体比如书本、笔记、纸条等，随着通讯技术和移动技术的发展和广泛的应用，移动教学也得到了大跨越式的兴起和发展。

### （一）国内的发展阶段

移动教学在国内的发展主要经历了三个阶段，它们分别是萌芽期、发展期和爆发期。

从 2003 年到 2006 年可以称为移动教学的萌芽期。在这个阶段，从 2003 年左右，随着手机短信和 WAP 的兴起，将这些技术用于促进学习，成为远程教育技术研究者所关心的话题。主要形式是短信和 WAP 网站。由于信息量少、浏览速度慢等缺点，移动教学远远没有形成规模。当时的设备还没有操作系统，智能手机的概念还不为人所知，移动教学也同样处于萌芽时期。

之后的 2006 年到 2010 年被称为移动教学的发展期。在发展期中，自 2006 年以后，智能手机首先在商务人群、白领、上班族兴起，当时的智能手机操作系统非常繁多，

主要是诺基亚的 Symbian、微软的 Windows Mobile 等，还有联发科的 MTK 平台。智能手机设备的小范围普及，用户在数千万级别时，对智能手机软件应用的需求自然上升。此时有一部分企业开始研发移动学习软件，如碟中碟的移动英语通、诺基亚的行学一族等。当时移动教学与学习市场

的需求，以单机版下载为主，通过 PC 安装至手机设备。Android 和 iOS 设备自 2008 年以后才开始兴起。

约 2010 年开始至今可谓是移动教学的爆发期。自 Android、iOS 在中国的迅速普及以来，各类与学习有关的 App 的数量估计在 10 万款以上，移动教学和学习的 App 进入了爆发期。大量的企业开始开发移动教学的 App，主要分布于幼儿应用、中小学、成人教育、职业培训等各个领域，预计这个爆发期一直会持续下去。

（二）当今移动教学设备

移动设备的发展是建立在电子信息技术、无线移动网络技术等的基础上，经历了从无到有，由模拟到数字，再到智能化的发展过程。其代表设备分别是智能手机、iPad、便携式电脑以及 PDA。

1.智能手机（Smartphone）就是一台可以随意安装和卸载应用软件的手机（就像电脑那样），并且有专用的操作系统软件。在 3G 通信网络的支持下，智能手机势必将成为一个功能强大，集通话、短信、网络接入、影视娱乐为一体的综合性个人手持终端设备[3]。随着手机、无线通信技术的飞速发展，智能手机、PDA、PPC（Power PC 掌上电脑）之间的区别已经不是十分明显了。智能手机将会成为以后移动学习的主流设备。

2.iPad 是苹果公司于 2010 年 1 月 27 日发布的一款平板电脑。iPad 是介于智能手机和笔记本电脑之间的一种电子产品，具有邮件、图片、视频、游戏、YouTube、记事本、iPod、iTunes 商、App Store、iBooks、iWork 等强大功能，是下一代移动学习设备发展的方向之一。

3.便携式电脑（Laptop Computer or Notebook），通常称为笔记本电脑，与台式机相比，笔记本电脑具有体积小、重量轻、携带方便等特点，加上无线网络技术的配合，笔记本电脑广泛应用于教育领域，成为移动学习的主要学习工具。先进的笔记本电脑，例如平板电脑（Tablet PC），不仅具有笔记本电脑的所有功能，还增加了提高

移动计算能力的功能，这大大提高了移动学习的效率。

4.PDA（Personal Digital Assistant），也称作个人数字助理，是具有轻便、小巧、可移动性强等优点的掌上电脑，可以通过 GPRS 方式进行无线上网。PDA 被广泛运用于学校管理、课堂教学等学校的日常活动中。

### 1.1.2 移动教学的内涵

通过对移动教学相关文献的调研，了解到目前有很多专家学者对移动教学的概念及其内涵进行了研究。移动教学起源于2000年美国加州大学伯克利分校的研究项目，近年来其发展速度出人意料。国际远程教育学家戴斯蒙德·基更（Desmond Keegan）在2000年庆祝上海电视大学建校40周年的学术报告中首次将移动教学与学习的概念介绍到中国。移动教学，在今天的教育技术领域已经成为一个激动人心的话题，吸引了大量的研究者进入这个领域。目前，关于目前关于移动教学还没有一个明确、统一的定义，众多定义从不同角度阐释了移动教学。

（一）国内外较权威的定义

（1）芬兰的 TelenorWAP 移动教学研究项目的报告中给移动教学定义是：由于人们地理空间流动性和弹性学习需求的增加而使用移动终端设备进行一种新型教学方式。

（2）Alexzander Dye 等人在它们的题为《Mobile Education-aglanceat the future》的文章中对 作了一个较

具体的定义：移动教学是一种在移动计算设备帮助下的能够在任何时间任何地点开展的学习，移动教学所使用的移动计算设备必须有效呈现学习内容并提供教师与学习者之间的双向交流。

（3）PaulHarris 对移动教学的定义是：移动教学是移动计算技术和 E-learning 的交点，它能够为学习者带来一种随时随地学习的体验。

（4）Chabra 和 Figueiredo 的定义：移动教学就是能够使用任何设备，在任何时间、任何地点进行学习。

（5）ClarkQuinn 从技术的角度对移动教学作了这样的定义：移动教学是通过 IA（Information Applications）设备实现的数字化学习。

（6）北京大学现代教育技术中心移动教育实验室给移动教育的定义是：移动教育指依托目前比较成熟的无线移动网络、国际互联网和多媒体技术，学生和教师通过使用移动设备（如手机等）来更为方便灵活地实现交互式教学活动。

（二）移动教学的内涵把握

首先，移动教学是在数字化学习的基础上发展起来的，是数字化学习的扩展，它有别于一般学习。Sun 公司的 e-learning 专家 Michael Wenger 针对移动教学提出了他独到的见解，他认为移动教学并不是什么新鲜事物，因为在传统学习中印刷课本同样能够很好的支持学习者随时随地进行学习，可以说课本在很早以前就已经成为支持移动教学的工具，而移动教学也一直就在我们的身边。由此可见，移动教学作为一个新事物新概念在现在提出，它必须与传统学习相区别开来，否则将失去它的意义。

其次，移动教学除具备了数字化教学的所有特征之外，还有它独一无二的特性，即学习者不再被限制在电脑桌前，可以自由自在、随时随地进行不同目的、不同方式的教学。学习环境是移动的，教师、研究人员、技术人员和学生都是移动的。

最后，从它的实现方式来看，移动教学实现的技术基础是移动计算技术和互联网技术，即移动互连技术；实现的工具是小型化的移动计算设备，或者如 Quinn 所说的 IA 设备。Sariola 等人在对移动教学的概念进行讨论的过程中，对移动教学实现的设备从特征上作了这样的一个分析：可携带性（portability），即设备形状小、重量轻，便于随身携带；无线性（wireless），即设备无需连线；移动性（mobility），指使用者在移动中也可以很好的使用。根据 Sariola 等人的分析我们认为，目前支持移动教学与学习的 IA 设备主要是指 WAP 蜂窝电话、PDA 和混合设备（指混合了移动电话的语音功能和 PDA 的数据处理功能的设备）。但是随着技术的不断发展，我们相信在不久的将来会出现更多类型的设备。

根据当前对移动教学与学习研究与界定，可以发现，移动教学与学习应至少包括以下四项要素：移动的学习者、利用移动设备、与移动网络相连接、在移动的情境中开展学习。以上对移动教学的定义，从不同的侧面揭示了移动教学的特点和内涵。有这样的界定之后，我们对移动教学就有了一个比较全面的了解。但是，已有的研究成果并没有给移动教学下一个明确、统一的定义，在已有的众多的定义中，均是从不同的角度对移动教学进行阐述。那么就如何给移动教学下一个明确、统一的定义，笔者认为：移动教学是使用移动终端，呈现微型教学内容，并利用片段化时间，随时随地进行的一种新型个性化学习方式。

1.1.3 移动教学研究现状

有关移动教学与学习的研究始于2000年美国加州大学伯克利分校的研究项目，并于同年由国际远程教育学家戴斯蒙德·基更（Desmond Keegan）在2000年庆祝上海电视大学建校40周年的学术报告中将移动教学与学习的概念介绍到中国。2001年12月份教育部高等教育司做出了关于移动教育理论与实践研究项目的立项通知，我国关于移动教学与学习的研究正式开始。目前，关于移动教学与学习的研究在国内外正在蓬勃发展，并取得了丰硕的研究成果。

（一）国外研究现状和成果

1.移动设备应用教育的可行性研究。M-Learning 这一新名词刚一出现，很多针对移动设备应用于教育领域的研究工作就随之展开了，这些研究从认知和教学角度出发，

考查移动设备应用于实际教学和学习的可行性。一些研究者以学习理论为基础，通过实验来检验移动设备在辅助学习者进行阅读时的有效性，另一些研究者通过对学习者的学习特征进行分析，论证在何种学习情境下使用移动设备最为有效。大多数研究者表示，PDA 和 WAP 手机等移动设备只是目前在学习手段上的一种扩展，它们不能够替代现有的学习工具。更重要的是，并非所有的学习内容和学习活动都适合使用移动设备。

2.资源的开发。芬兰赫尔辛基大学试图将 WAP 技术应用于高等教育中，希望为学习者和教师创建一个可操作的移动教学与学习环境，从而使学习者和教师能够通过 WAP 手机或 smart phone 随时随地访问教学和学习资源。

3.短信息服务。由于短信息服务在使用上的广泛性，一些研究者开始尝试将其应用于教学和学习中。英国 Kingston 大学进行了评价短信息服务应用于教育教学有效性的实验。根据实验需求他们开发了一套短信息服务系统，可用于向学习者发送课程安排、考试安排和考试成绩等信息。

4.WAP 教育站点的建设。英国 Ultra lab 根据 M-Learning 计划的研究目标，通过分析 16—24 岁的欧洲青年人的学习特征，开发和建立了支持移动教学与学习的 WAP 教育站点。由于 WAP 教育站点对移动教学与学习所起到的关键作用，在过去的几年里许多大学陆续建立了自己的 WAP 教育站点，这其中有一些典型例子，如：美国的 Griffith 大学和 Minnesota 州立大学，加拿大的 NAIT 等。

5.与终身学习、PBL 和协作学习等的结合。芬兰的 Tampere 大学针对协作学习开发出了被称为 X Task 的移动教学与学习系统，它能够支持台式电脑和 PDA 设备的访问，包含多项支持协作学习的功能，如电子邮件、聊天、讨论区和概念地图等。

（二）国内研究现状和成果

1.移动教育解决方案征文和立项项目。教育部于 2002 年组织北京大学、清华大学和北京师范大学着手进行了一些移动教育研究项目；我国有关高等学校和有关单位向教育部高教司联合申请的"移动教育"的理论与实践研究项目已经立项。

2.移动教育实验室和移动网站的建设。2001 年 5 月北京大学建立起了国内第一个移动教育实验室，其研究开发了三个版本的教育平台和语义网络平台，利用语义 web 技术提高教育服务平台的智能性，建立多功能的教育服务平台。高校可基于 GMS 网络和移动设备平台，利用短信开展移动教育，也可基于 GPRS 平台，开发适合多种设备的教育资源。

3.英语移动学习。新浪短信频道与新东方英语教育在线联合推出了"新东方移动英语课堂"，即直接通过手机发短信形式为在职人员等手机用户提供英语学习资源；中国外语教育网(www.tefl.com.cn)以浙江大学为依托，面向全国大中小学教师建立了英语教学资源库，打造全新的手机付费平台。

(三) 国内研究现状分析

在对移动教学与学习的研究现状理解基础上，再对移动教学与学习的研究现状进行分析。在这里我们对以"移动教学、学习"为关键词所检索到的论文进行统计分析。从时间维度看国内移动学习研究的趋势，通过文献检索所得到的与移动教学与学习相关的论文共97篇，分别分布于2000年到2010年。其中，《现代教育技术》和《中国电化教育》对移动教学与学习关注较多，分别达到了33篇和24篇。通过分析可以得出，移动教学与学习研究论文的数量呈逐年递增的趋势(在2006年出现了一次拐点)，这表明移动教学与学习在我国的关注度逐渐提高，研究范围逐渐扩大。

参照Reeves TC的教育技术研究分类框架，对2000-2010年在教育技术领域七个主要刊物中有关移动教学与学习方面的论文，按照研究目标和研究方法，分别进行了统计。按照时间的发展顺序，通过对2000-2010年间各种研究目标的论文数量进行了走势图分析，可以看出十年来，理论研究保持了稳定增长的状态，并高于其他类型的研究；开发研究和实证研究也得到了广泛的关注，紧随理论研究之后；解释性研究和评价研究的论文非常少；而后现代研究的论文几乎没有。通过对移动教学与学习相关论文的研究目标分类进行统计分析，可以得知在国内移动教学与学习的研究中，理论研究、开发研究和实证研究三种合计占论文总数量的83.43%，分别为35.05%、25.80% 和22.58%；解释研究和评价研究次之，分别占到了7.22%；后现代研究几乎没有。理论研究的论文之所以处于领先地位，这跟移动教学与学习在我国目前的发展现状密切相关，移动教学与学习被认为是下一代的学习和终身学习的一种很好的学习方式而受到广泛关注，但实际上是移动教学与学习在我国只得到了小范围的应用，故还是理论研究的最多。其次才是开发研究和实证研究，然而二者的差别不大，这说明，大家在关注技术的同时，也在试图将移动教学与学习应用于实际教学中。解释性研究只是在开始几年内受到关注，研究的论文数量不多。评价研究是在最近几年受到了关注，人们在试图进行移动教学与学习的同时，也开始关注它的绩效问题，但数量较少。

从大量文献研究中发现，虽然国内移动教学与学习的的发展势头良好，但关于移动教学与学习的研究人处于以理论定性研究的初级阶段，为了是移动教学与学习真正应用普及于我国的教育事业中来，就得去认清这些问题并采取相应的措施去解决这些问题。

1. 对于移动教学资源建设的理论基础和技术基础的研究

目前对移动教学与学习资源建设的理论基础和技术基础的研究的文献很多，陈明明在《移动学习资源创设与评价探究》一文中指出：移动学习资源与网络学习资源均被视为数字化学习资源的一种类型，但较网络学习资源而言，移动学习资源又有其本身的特点，主要体现在：（1）移动学习资源主要是学习者通过移动电话、PDA 等移动设备浏览访问的，其呈现形式简洁、概括性较强。（2）移动学习的灵活性和随机性很强，对学习内容的获取比较随机，因此，移动学习资源与网络学习资源不同，信息内容的承载量不能很大，而是呈现小而精的特点。（3）网络的普及使得不同年龄、地位、职业的人都能轻松融入到网络学习中来，而移动学习作为一种新型的学习形式大都首先在青少年中展开，因为年轻群体往往容易接受新生事物。移动学习资源的开发应遵循以下原则：（1）适合原则。学习地点的移动性，使得学习者周围的学习环境将不同于安静的教室、宁静的书房和秩序井然的图书馆等固定学习场所，学习过程无疑会受到干扰，因此，移动学习资源开发必须坚持适合的原则。（2）零散原则。没有相对完整的学习时间是移动学习者的又一特点，因此，移动学习资源开发时应遵循零散原则，给学习者步步为营、各个击破的学习成就感，激发其学习成就动机，从而达到有效学习。（3）简单原则。手持设备 CPU 处理能力和内存都是有限的，学习者易受外界高度干扰且其学习时间又是分散的，因此，开发移动学习资源必须坚持简单原则，即界面简洁、操作简单、少图像少视频、文字说明应简洁明快、可用颜色提示知识点的重难点。此外，从学习者的特征和学习风格的角度审视，移动学习资源的开发还应关注以下方面：移动学习资源的创设应立足于学习者参与，不能引起学习者兴趣的学习资源是无法得到良好利用的。移动学习资源的创设要承认学习的差别性，要在内容难度、媒体、语言、色彩使用、浏览界面设计等方面考虑不同学习者的习惯与爱好，尽量设计出个性化丰富的资源。移动学习过程是一个独立学习、随机性的过程，同时又是一个需要小组互助、彼此激励的过程，在创设移动学习资源时应尽量考虑上述因素。创设移动学习资源同样需要教学设计，应有明确的教学目标，同时还应提供如答疑系统、自测系统、互动讨论系统等的支持服务，以帮助学习者有效地自学和协作学习。

移动教学资源建设新要求。学习资源的开发是一个系统工程，涉及到多种教育教学原理和开发技术，并且还要根据移动教学的学习环境、学习工具及学习过程的特殊性，进行设计开发。在移动教学的过程中，由于学习的特殊性，对资源的设计和开发提出了新的要求：

（1）移动教学的学习形式是"移动"的，斯坦福学习实验室（SLL）的研究表明：人在"移动"中，是和注意力的高度"分散"相关联的，学习者在一定的"零碎"时间中进行学习，移动所带来的各种新的学习上下文的关联及其传递性，也是与固定、大容量等学习方式有所不同的。因此需要开发适用于移动教学这种"碎片"式学习的学习资源。

（2）移动教学资源主要是学习者通过手机、PDA 等移动设备进行呈现，由于移动设备显示屏一般较小，因此要求移动教学资源内容页面较小，导航和菜单简单明了，内容的表现形式以文本、图片为主，尽量少用移动、Flash 等动态显示方式，正文和背景的颜色对比要符合人的视觉特点等。

（3）由于移动教学的灵活性和随机性很强，对学习内容的获取也比较随机，而对信息反馈的速度要求能快速反馈，内容尽量简单明了，这就要充分体现移动教学资源信息内容的承载量小而精。

（4）移动教学大都首先在成人学习中展开，在进行移动教学资源的建设时，需要充分考虑使用对象的心理特点和个性化特点，注重建设适合以成人学习群体为主体的移动教学资源。关于移动资源建设的相关技术基础，目前，移动教学主要采用 SMS、WAP、HTTP（Web）、C/S
四种开发技术。对于移动教学资源建设的理论基础和技术基础的研究和移动教学的整体研究一样，目前也处于初级的研究阶段，就如何完善其理论研究和资源建设的开发技术并更好的运用于实际的移动教育仍亟待解决。

## 第二节　移动教学的特点

### 1.2.1　移动教学媒体的应用

移动教学媒体，是一种网络教学，是理论对实践的指导，增强了学习效率，在一定程度上顺应了社会。移动教学媒体除了在课堂上使用以外，它的便携性使学习不再拘泥于室内，更能融入情境的学习，或者说，更能让学习者随时随地学习想学的东西。教授者可以远在千里之外，通过互联网络，将内容呈现在屏幕上，学习者在屏幕另一端便可学习。这种学习方式使得学习资源更加广泛，再加上有网络作为媒介，互动性也大大增加，这就弥补传统电视媒介的单向性的劣势。而且，移动教学媒体，比如手机、学习机，甚至 mp5 等，都具有私用性，学习者可以因个体差异，根据不同年龄的限制，选择自己所需要的进行学习。再一方面，学习内容进度可以自己控制，这使学习者更能掌握自己所要学习的内容。

钟启泉等人在《基础课程改革纲要（试行）解读》中提到，建构主义主张的是一种超二元论的知识观，即知识的接受与发现的辩证统一，以建构为主导的知识结构与建构的辩证统一，以知识的抽象性与具体性的辩证统一的观点。而移动教学媒体，正是以建构主义为契机，在教与学过程中，充当重要角色。建构主义提倡在教师指导下的、以学习者为中心的学习，移动媒体的出现，使教师的作用在一定程度上发生改变。教师的传授指导方式不再局限于黑板、粉笔、一张嘴，学生所接受的也不再是眼睛只看教师板书，耳朵只听老师单一的讲，情境靠自己想。

近些年，也有不少学校将移动教学媒体引入课堂，在协作化的教学环境中锻炼了学生的思维能力。移动教学媒体比黑板教学更加生动有趣，极大程度还原了学习内容的环境，而这种新鲜感，更能激发学生学习兴趣，变被动学习为主动。移动教学媒体在课堂中的使用，课堂内容也能够更加丰富，上课效率大大提高值得一提的是，移动教学媒体如何用成了我们更应该讨论的话题。

很多家长为了让孩子自主学习，给孩子配备了现代化教学"高科技"，但是，这种"高科技"学习机等教学媒体，往往还能够下载娱乐游戏软件，这使自觉性不高的孩子反而深受其害。另一方面，教师在课堂中使用教学媒体时，如果没有控制好教学容量，没有选择好题材，这也会让学习者得不到很好的学习效果。移动教学媒体虽然拓展了学习空间，但由于它的便携特点，屏幕大小往往得不到很好的视觉冲击效果。移动教学媒体承载的数字媒体，往往都需要互联网的支持，如果没有互联网，移动教学媒体就很难进行传授知识了。这时，移动教学媒体和传统的电视媒体就各有各的好处了，教学媒体都是因人因教材而异，不同类型、主题的课程，教学媒体得恰当才是关键。目前来看，移动教学媒体还处于未成熟阶段，受到网络课程少、不能灵活适应学习者的接受能力等因素的制约，所以，还有很大的发展空间。

即将在教育中普及应用并成为主流的六项新兴技术：电子书、移动设备、增强现实、基于游戏的学习、基于手势的计算、学习分析技术等。这是令人兴奋的，技术推动教学的发展，技术让教学更有成效，当然技术也可能仅仅是成为某些官员好大喜功的物品。

近段时间，突然感觉移动设备与现实教学越来越靠近了，但似乎还有许多问题存在。需要静下心来理一理思路，作一个深入的分析，再来看看如何切实地推动技术应用于教学。乔布斯带来的 iPad，应该是进入教学的最好设备。那么，iPad 这一移动设备的特点是什么？如果进入教学应用，那么现阶段存在什么问题？平板电脑这么好的一个移动设备真正能够运用到教学中去，就需要在校园内部网上有个强有力支持的后台，这就是后来"云"。在内部校园网的"云"支持下，移动设备在教学中就变得十分有用了。因为所有的计算都在"云"端，而移动设备与教师办公的设备，都仅仅是"云"端计算后显示的图像或声音内容而已。新的带"云"的校园网建成后，将计划先在特殊教室应用移动设备开展教学，被称为"移动教学"——应用移动设备开展的教学。当学校老师们逐渐离不开移动设备后，再推广至每个教室。那时，教室里不再如现在的多媒体教室那样，除了投影仪，还有电脑、中控及七线八线什么的。教室里有一只无线投影仪就可以了，老师带着平板电脑或智能手机，就可来上课了。而这些移动设备因为有后台"云"的支持，可完全实现目前教师熟悉的所有电脑功能，并可以利用移动设备的新功能开展教学。一幅美好的移动教学前景。

### 1.2.2 资源开发模式的构建

移动教学资源的主要形式有SMS短信形式、WAP教育站点、基于移动终端的教育软件、移动式存储。其开发技术多种多样，比较常见的有WAP、Flash lite和基于特定操作系统的开发技术（如Symbian）。每一种开发技术都有优缺点，开发者在进行开发时可依据需要选择开发平台。目前，移动教学资源建设主要集中在如下三个方面：（1）信息服务的资源建设。作为一种通信交流手段，短信息服务目前已得到广泛使用，且深得广大使用者青睐。因其使用上的广泛性，一些研究者尝试将它应用于学习和教学中。如英国Westmister大学建立了基于短消息的英语学习系统，它利用基于网络搭建了具有自动回复功能的多项选择题的短信测试系统，被测者通过短信息的方式回答教材中的测试题，回答完毕后，除了能够收到反馈的信息外，学习者还能收到下节课的主题信息和需要事先浏览的网站信息。（2）WAP教育站点的资源建设、WAP 教育站点的建设是目前移动教学研究领域中的又一重要方面。基于WAP教育站点的移动教学是学习者利用移动教学终端，经过电信的网关接入互联网，通过WAP协议访问教学服务器，进行浏览、查询、实时交互，类似于普通的互联网用户。英国Ultralab通过分析16至24岁欧洲青年人的学习特征，开发并建立了支持移动教学的WAP教育站点。为了迎合这些青年人的口味，使他们能够对移动教学保持持久的兴趣，研究人员在学习资源的建设上下功夫，着重选取贴近学习者生活和工作的同时又较为时尚和流行的主题作为学习内容。（3）终身学习、PBL 和协作学习的资源建设。仅仅通过学校教育获取知识和技能是远远不够的，要想适应未来快速变化和发展的社会，针对未来学习者对终身学习的需求，可以将移动技术和设备应用于终身学习。医学专业的学生经常进行PBL学习，需要离开校园到医院进行专业实习，在他们实习的过程中，移动设备可以很好地辅助他们解决问题。例如：当他们遇到了某一疑难病症，可以通过PDA或WAP手机查询远程服务器上的相关资料，然后对病症做出正确的诊断。

虽然以上各种移动教学资源开发模式的构建研究均有所成果，但很少有研究者提出较完整的移动教学资源开发模式，这个问题也亟待我们的解决。

### 1.2.3 资源有效应用模式

学习模式是建立在一定的学习理论和学习经验基础上而采用的用以设计、组织、实施、优化学习效果而采用的基本学习结构

的简化形式。移动教学资源有效应用模式的构建可以从知识传递－情境认知、个人学习－协作学习、正式学习－非正式学习三个不同的维度来阐述多种应用模式。

移动教学的三种应用模式为：基于手机短消息的知识传递学习、基于移动互联网的情境学习和基于校园无线网络的辅助协作学习。

移动教学的应用策略：（1）在PDA上开展移动教学；（2）在智能手机上开展移动教学；（3）充分利用移动电话的功能开展移动教学；（4）选择适用于智能手机和移动电话的课程材料；（5）引进3G技术。

移动教学的应用模式的建构对于移动教学在教育中的应用有着至关重要的意义，虽然目前有很多的专家学者在对其进行研究，并且有所成果。但是，对于目前的研究现状，移动教学的应用模式仍然不够健全，还有很多的问题亟待解决。

### 1.2.4　移动教学的发展趋势

1.技术方面。移动教学的技术发展主要体现在移动通信技术、互联网技术以及人工智能等方面。

2.功能方面。多媒体短消息功能是指移动教学通过文字、图片、声音和影像等多种方式的短消息形式来满足学习

者与教学服务器或者学习者之间交流互动的需求。无线接口技术向着更高带宽、更大容量的发展，移动电子邮件也展示出强大功能。音视频点播功能借助 3G 网络的带宽优势，用户可以轻松的实现从文字点播、图片点播向音频点播、视频点播的过渡。无线网 WAP 浏览下载功能在 3G 技术支持下，具有更好的兼容性，支持作为内容标记语言WWWConsortium（W3C）以 XML 为基础规定的兼容 HTML 的"XHTMLBasic"，同时还可使用CSS，提高了内容的表现力。

3.应用方面。移动教学在辅助教育和辅助管理上的应用越来越广泛。移动教学在辅助教育方面体现在学校教育和企业教育上。移动教学可以通过建立移动教学整体解决方案来进行学校的辅助教育，它包括移动教辅平台、移动课件制作发布平台和移动教学交互中心等几部分。根据学校情况还可以在教学组织和教育管理过程中嵌入短信应用，建设无线移动网络教学支撑环境，比如 WAP/PPC/ PDA 环境；利用自适应功能将教学资源迁移到移动教学终端，开展实时无线网络教学等。移动教学在辅助管理方面主要体现在企业内部管理、客户服务、业务推广等方面。

在处理企业与企业、企业与员工和企业与客户之间的日常事务上，应用移动教学方式可以加强员工间的内部沟通与交流，可以与客户建立更直接的沟通，大大减低内部通信费用和客户管理成本。此外，移动教学结合移动通讯技术使分销处理、库存检索等许多操作可以通过手机操作来实现，而不再局限于计算机网络，使企业人员随时随地

都可以处理公司业务。

这种建立在互联网基础上的移动教学非常有利于开展研究性学习，培养学习者的创新思维。移动教学的出现也将极大地推动移动通信与教育的结合，有利于充分利用教育资源，促进学习。虽然移动教学的优势如此突出，但作为远程教育、数字化教育在移动通信时代的演化形式，要跻身于主流教育形式并在大范围内应用还需要长期的过程。这个过程将会受到多方面因素的影响。一方面是技术因素。技术上的问题主要包括系统架构、移动教育平台搭建、移动教育资源开发等。同时由于移动教育要利用移动设备和移动通信网访问互联网上的教育资源，所以其访问形式要受到移动设备与移动通信网之间以及移动通信网与互联网之间的通信协议的制约。另一方面是经济因素。在国外的几项研究中，大部分的移动设备是研究项目经费中划拨专款购买，并免费为学生提供的。若进行大范围的移动教学实践，学生要购买移动设备，另外要支付发送短消息和上网浏览的费用，在经济情况并不发达的我国，要推广移动教育是要受到很大经济制约的。

专题学习网站，是一个基于网络资源的专题研究和协作式学习系统，它通过在网络学习环境中，向学习者提供大量的专题学习资源和协作学习交流工具，让学习者自己选择和确定研究的课题或项目的设计，自己收集、分析并选择信息资料，应用知识，去解决实际问题。它强调通过学习者主体性的探索、研究、协作来获得问题解决的解决方案，从而让学习者体验和了解科学探索过程，提高学习者获取信息、分析信息、加工信息的实践能力，培养良好的创新意识和动手能力。现阶段专题学习网站的从功能设计到技术实现，都无法达到预期的目的。

并且专题学习网站的发展还会从更多方面去解决当前专题学习网站所存在的问题，比如功能单一，缺乏交流、反馈和评价等问题可以通过建立讨论区并且将讨论区和正文的内容合理地联系起来，再结合相应的反馈、评价机制来增加人机交互作用，更多的让学习者与学习者之间、学习者和教师之间进行更多的交流。另外，对于学习者被动学习、学习内容更新慢或者不更新、学习内容缺乏长久和持续的吸引力等问题也会不复存在。再者，那种对于所有学习者都采用同一学习模式的缺乏个性化和智能化的学习也将被改善。

基于以上的调查与分析，目前的移动教学资源开发与应用模式研究中还存在着一些亟待解决的题。比如如何技术问题；缺乏系统的管理；学习者的自学能力；环境影响；学习资源不够充足等。但我认为移动教学资源开发模式的建构和移动教学资源有效应用模式的建构是最亟待解决的问题。只有真正建构了移动教学资源开发的模式和移动教学资源有效应用模式之后，移动教学的资源才能有效的被开发，被有效应用到移动教学之中，也只有这样才能真正的称为下一代的学习主体。

### 1.2.5 移动教学与移动学习

移动教学与移动学习是两个完全不同的概念。移动教学是基于"教"的，是移动设备辅助教学的一种形式，其主动权掌握在教师手中，如黑板、投影仪、PPT 等都属于辅助教学的工具，无非现在是换成了移动设备而已。而移动学习是基于"学"的，是学生利用移动设备进行学习的一种形式，其主动权掌握在学生手里，如书本、笔、笔记等学习工具，现在增加了一个移动电子产品。正因为一个是基于"教"，一个是基于"学"，这教学本质的差别就出来了。

移动教学因为移动设备控制在教师手中，只要教师掌握并习惯使用后，就能很好地为教学服务，很快能看到效果的，因此，是可推广的，就如将多媒体电脑投影推广到教室一样。但移动学习则由于移动设备是掌握在学生手中，在我国现阶段教学模式未发生改变的情况下（即以教师为"主"的教学转变为以学生为"主"的教学），我可以想象得到将会出现怎样的情形：学生上网玩游戏的兴趣远高于你老师教学的内容，于是学生全在上网玩游戏而根本不听你老师的讲课。有的老师说这简单，断网。先不说"断网"是一种专制而不民主的教育形式，即使断了网能断得了学生渴望上网的心吗？一旦学生上网的心智被打开后，用专制的手段能扼杀学生追求自由的心吗？于是，各学科老师一定会被学生一

片"老师，你不要上课了，开网吧，让我们自己学"的声音中痛苦不已，这不正是我们信息技术老师曾经经历过的吗？信息技术老师是伟大的，是先进的。比别的学科老师更早经历，更早找到解决这些问题的方法。改变以教师为"主"的，转向以学生习为"主"的主动学习方式，也许能解决这一问题。至少我近些年的教学，当网络开在那里的时候，常常学生会忘记要去上网了而在做自己学习的东西了。

## 第三节 移动学习的学习特点

信息技术的迅猛发展，推进了整个社会的信息化进程，也加快了教育迈向现代化、信息化的步伐。远程教育作为现代社会的一种重要教育形式，也随着信息技术的发展而得到了快速的发展。计算机技术、多媒体技术、有线通信技术的成熟，使得远程教育的手段有了质的飞跃，促使远程教育在近些年得到了长足的发展和巨大的成功。随着移动学习终端的普及和移动通信网络的发展，移动学习逐渐成为了远程教育中研究和应用的趋势和热点。

### 1.3.1 移动学习的概述

在知识经济时代的今天，全民学习、终身学习的学习型社会已经形成，"随时随地"的学习被强调，移动学习将会成为人们进行终身学习的必然选择。著名移动学习专家德斯蒙德 •基更说："由远程学习和移动通信技术相结合产生的移动学习将为我们展现学习的未来移动学习是继远程学习、电子学习之后的第三种学习方式。"

移动学习（m-Learning）是指学习者在非固定和非预先设定的位置下发生的任何类型的学习，或者是学习者利用移动技术提供的优势所进行的学习，其特点是实现"Anyone、Anytime、Anywhere、Anystyle（4A）"下进行的更自由的学习。移动学习在学习形式上是移动的、在实现方式上是数字的、在学习内容上是互动的，它除了具有 e-Learning 的多媒体性、交互性、自主性以外，还具有学习便捷性、情境相关性、实用性及个性化等特性。移动设备和情境很好地结合，移动技术对社会关系网络的增强，移动设备的普适性，使移动技术在支持情境学习、社会性学习、非正式学习等方面更具有独特的优势。目前移动学习的实现主要是通过将资源下载到本地及通过手机软件进行在线互动学习，并通过短信、窄带网络进行补充，即"在线更新、离线学习"的方式。移动学习和无线通信技术两者相结合的产物，它是以手机、PDA 等移动终端为学习工具，通过无线通信技术来传递教学信息，学习者可以随时随地进行学习的一种学习方式。它具有灵活性、高效性、交互性、广泛性、个性化等特点，可以给学习者带来随时随地随身进行学习的全新感受。智能手机移动学习作为一个新兴的研究领域，对它的研究还非常有限。到目前为止，还没有实现具体、理想的广域或区域的移动学习系统的应用。因此，关于移动学习的研究和系统设计开发，对移动学习的发展、学习社会的建立都具有重要意义。

移动学习经过近几年的迅速发展，正发生着深刻的变化。在线教育也开始进入爆发期，移动学习作为在线教育的一种形式发展迅速。以 ipad、智能手机为代表的移动终端设备的大面积推广应用使得移动学习成为课堂学习的有力补充方式。以电信网络运营商、校园网络平台、学习资源网站为代表的多种形式的网络资源给移动学习带来了前所未有的良好条件。将学生利用移动设备进行的学习称之为"移动学习",也就是应用移动设备开展的学习。当以教师为"主"的教学方式未发生变化时,让每个学生都配个移动设备时,其作用除了让领导去显赫政绩,是没有什么大的用处。就如某教育部门为某学校所有教室都配备了电子白板,结果引来了大量的参观或赞誉之词。而电子白板有别与普通投影是因为可以开展与学生交互的教学,但教育还需要与学生进行交互吗?面对这个疑问,回答一定是没有,所以说不久的将来这电子白板就成了更为高级的投影幕布而已。同样的道理,当我们还没有开展以学生为主的主动学校模式时,那么引入移动学习设备,不但是浪费,更比平时不用移动设备的教学还要糟糕,会导致一系列的"教"与"学"的矛盾和冲突。所以可以断言移动教学的时代已渐渐在靠近。

### 1.3.2 移动教学的调查研究

研究样本选取范围为教育技术专业核心期刊《中国电化教育》、《电化教育研究》2010 年至2013 年 4 年期间全部与移动学习有关的论文。

(1)《中国电化教育》杂志由中华人民共和国教育部主管,中央电化教育馆主办,是我国教育技术领域创办最早、影响最广的两个大型综合性学术期刊之一,内容涉及教育信息化政策、教育技术理论与应用研究、网络远程教育、学校教育信息化实践、学科建设、学习资源、技术与产品、国内外教育技术动态等方面。《中国电化教育》已成为"中国教育类核心期刊""CSSCI 检索源期刊",入编《中国学术期刊(光盘版)》和《中文核心期刊要目总览》。

《电化教育研究》由我国著名电化教育专家南国农教授主编,面向国内外公开发行。是我国教育与电教界的学术理论园地和权威性刊物,素有"中国电化教育理论研究基地"之称誉,是国家级学术刊物,中文核心期刊,CSSCI 来源期刊,RCCSE 中国权威学术期刊。倍受国内外数万读者的倾心和爱戴。

这两种期刊是我国教育技术领域创办最早、影响最广的两个大型综合性学术期刊。所以在这两个核心期刊中选取研究样本具有一定的代表性和科学性。本研究的内容分析类目有 10 个:理论研究、资源开发、平台研究、用户研究、学习模式研究、学习系

统研究、学习环境设计、微型移
动学习、活动过程设计和其他研
究。具体研究步骤如下：

首先，确定总体并进行抽样。
在《中国电化教育》和《电化教
育研究》2010 年-2013 年 4 年期
间共 96 本期刊中，重点抽取了与
"移动学习"紧密相关的论文共
38 篇。其中在《中国电化教育》
中选取论文 24 篇，在《电化教育研究》中选取论文 13 篇。

然后，对文章题目、摘要、内容进行梳理和分析，对研究样本进行系统地分析并
记录其事实和频数。由于本研究的内容分析工作仅有笔者一个人完成，所以评判者为
一人，内容分析的信度为 100%。最后，应用 Microsoft office Excel 2003 软件进行
数据的统计描述分析。其调查研究的结果中显示出移动学习的研究类别现状和移动学
习研究的时间变化趋势。

（1）关于移动学习的研究类别现状，可以看出移动学习近 4 年来的研究现状及研
究热点情况。首先，重视学习资源开发以及学习活动和学习过程设计的研究所占比例
最大。移动学习平台研究和移动学习模式模型方面研究基本相同。在理论研究和对用
户方面的研究相对来说还是存在一定不足。而移动学习系统研究、移动学习环境设计
及微型移动学习 3 方面内容的研究相对来说要弱一些，但也是持平状态。

（2）关于移动学习研究的时间变化趋势，可以清晰地看出，2012 年《中国电化
教育》和《电化教育研究》两本期刊对移动学习的研究论文收录情况相差较大，而其
他年份收录情况差距小，但总体来说《中国电化教育》对移动学习论文收集量较大，
说明《中国电化教育》期刊对移动学习的论文研究情况更加重视一些。近年来移动学
习论文分布情况可以看出，对移动学习的研究趋势，2010 年到 2011 年呈上升趋势，
2012 年论文数量略有下降，而 2013 年又略有上升，但总体并没有超过 2011 年，研究
情况有所减弱，也说明了大家对移动学习的关注度不稳定。

1.3.3　移动学习的应用形式

国内移动学习在技术应用上还比较狭隘。移动教育的现有方案中根据使用通信协
议的不同，分为基于短信息的移动教育、基于浏览、连接的移动教育两种形式。

（1）基于短消息的移动教育

通过短信息，不仅用户间，而且用户与互联网服务器之间都可以实现有限字符的

传送。用户通过手机，将短信息发送到位于互联网之上的教学服务器；教学服务器在分析用户的短信息后转化成数据请求，并进行数据分析、处理，再发送到用户手机。以此进行用户与服务器之间的互通，完成一定的教学活动。

（2）基于浏览、连接的移动教育

移动用户使用无线终端，经过电信的网关后可接入互联网，访问教学服务器，并进行浏览、查询，实时交互，类似于普通的互联网用户。目前只能浏览基于 WAP 协议的服务器，还无法正常访问显示 HTTP 协议的服务器。

### 1.3.4 移动学习现状分析

移动学习的应用研究已经涉及到了人们学习的各个层面，如学习环境设计、学习模式构建、学习资源开发、语言学习领域等等，都将因为移动学习的出现而发生相应的改变，可以说会对人们未来的学习产生巨大影响。下面结合以上调查结果对移动学习的应用研究状况的相关分析及解决对策。

（1）移动学习相关研究关注度不稳定

移动学习的研究发展迅速。移动学习是在数字化学习的基础上发展起来的，是数字化学习的扩展，它有别于一般学习。从 2003 年在国内发展开始，教育技术专家学者对这方面的研究越来越重视，相关研究论文也不断增加，整体呈上升趋势。2010 年到 2011 年持续上升，但 2012 年论文数量略有下降，而 2013 年又略有上升的情况来看，说明了大家对移动学习的关注度不稳定。一些专家学者认为相关研究已经有所重视与关注，所以将视线转移到其他方面，但其实还存在着很多问题，需要我们去研究与探讨。同时近几年也是移动学习在国内发展呈现爆发趋势的几年，所以现在的移动学习更需要得到大家的持续且稳定的关注，使其得到更加充分全面的发展，从而提高大家的学习质量和效率。

（2）两种核心期刊对移动学习的研究重视度不均衡

从研究结果中可以清晰地看出，2012 年《中国电化教育》和《电化教育研究》两本期刊对移动学习的研究论文收录情况相差较大，而 2010 年、2011 年和 2013 年两种期刊对论文的收集量有差别，但差距情况较小，但总体来说《中国电化教育》对移动学习论文收集量较大，说明《中国电

化教育》期刊对移动学习的论文研究情况更加重视一些，而《电化教育研究》对其关注度和重视度要低一些。移动学习方便、快捷的特点，得到了庞大移动终端用户群体的认可，有用户主动寻找、下载使用学习类的应用，尤其是在中小学及大学生。但是在学习者整个学习行为中，移动学习尚未形成学习方式的主流。

原因主要是用户移动学习的意识还处于初级阶段，用户有一个培育的过程。另外一部分原因，基于书本和面授培训班的学习方式，还居于主流，尤其是基于书本的学习方式，在未来十年中仍然居于主要地位。

但这并不意味着移动学习无所作为，恰恰说明移动学习是一个非常好的"边际应用"，在结合图书和面授培训方面，移动学习具有天然的优势。所以，各期刊应该提高对移动学习的重视、研究和发表，从而让移动学习观念更为普及，提高大家的学习效率和质量。

（3）移动学习环境方面研究不充分

重视学习资源开发以及学习活动和学习过程设计的研究所占比例最大。移动学习平台研究和移动学习模式模型方面研究持平均状态。理论研究和对用户方面的研究持平，相对来说这两方面的研究还是不足。而移动学习系统研究、移动学习环境设计及微型移动学习3方面内容的研究相对来说更弱一些。说明大家对移动学习系统研究、移动学习环境设计及微型移动学习研究相对较少。学习环境对一个人学习和成长至关重要，同理，学习环境对一个人的学习也会产生重大影响，更需要得到专家学者们充分的研究。

移动学习的发生越来越对数字化环境有所依赖，这种数字化环境也可以看作是移动学习的应用环境。通常情况下可以认为移动学习环境由四大部分组成，分别是移动学习网络接入技术、移动学习平台及系统、移动学习资源和移动学习终端设备。在移动学习应用环境的构成框架中，最主要是网络接入的基础设施；移动学习平台是运行于服务器端用于支持学习内容和活动的软件系统；移动学习资源是指支持开展移动学习的各种信息资源，包括学习材料、帮助学习者的获取、加工、保存信息、学习空间等；移动学习终端设备通过网络学习平台获取学习资源，并与学习环境实现交互。所以，对移动学习环境的研究也应该更加充分，才更会促进人们的学习和发展。

1.3.4　移动学习模式

国内外移动学习研究都经历了可行性分析、资源整合及终端软件的研发及推广应用三个阶段，取得了一定的研究成果。欧洲和北美的移动学习研究相对比较成熟，并且注重实用性，实施了很多移动学习项目，比如英国的金斯顿大学和谢菲尔德海兰姆大学分别进行评价短信息服务应用于教育教学有效性的实验，开发了一套短信息服务系统，向学习者发送课程安排、考试安排和考试成绩等信息。芬兰赫尔辛基大学进行的 UniWap 移动学习项目，研究者试图将 WAP 技术应用于高等教育，把短信息服务应用于教师培训中，从而使学习者和教师能够通过 WAP 手机或 Smart Phone 随时随地访问教学和学习资源，并计划应用 MMS 服务进行教学，通过移动设备实现数字图像的生成和传送。许多大学和企业陆续建立了自己的 WAP 教育站点，开展移动学习服务项目，如美国格里菲斯大学和明尼苏达州立大学，Oracle 公司和加拿大的 NA IT 公司等。

国内移动学习研究起步相对较晚，但是近几年发展迅速，《国内移动学习理论研究与实践十年瞰览》全面盘点了移动学习项目、课题及典型的应用案例，例如教育部高教司试点项目移动教育与实践项目，研究方向有基于短信的教育平台、基于连接的教育平台、移动计算、移动数据库以及移动站点。网易、搜狐等先后推出手机短信息或 WAP 方式的外语学习辅导服务，新东方网校推出手机课堂栏目等。

移动学习的相关文献中大多都涉及到移动学习模式研究，由于移动学习理论的不断完善及移动通信技术的不断发展，有关移动学习模式的研究还处在发展期。目前移动学习的模式主要有以下几种：

（一）基于短信息服务的移动学习模式

该模式采用短信息交互方式，在用户间、用户与互联网服务器之间实现短信息的传送。用户通过移动终端，将短信息发送到位于互联网中的教学服务器，教学服务器分析用户的短信息，转化成数据请求，进行数据分析、处理，然后再发送给用户终端。利用这一模式可实现用户与互联网之间的通信，并完成一定的教学活动：学习者可以定制学科知识短信息以及短信息接收的密度与频度，定制学科知识的复习策略，参与学习讨论，信息查询，自测练习等；教师可以对所有学生或某一门课程的学生提供激励支持和常规的管理支持服务，进行学习资源管理，如创建和管理文本知识库、语音知识库、学习群组，管理学习者的短信息定制。

（二）基于浏览、下载服务的移动学习模式

互联网中含有海量的信息和资源。通过基于浏览、下载服务的移动学习模式，学习者可以随时、随地、随身地浏览、查询和下载 WAP 服务器和 Web 服务器中的各种课程资源，完成形式多样的学习活动。（1）浏览课程信息，包括课程简介、教学目标、内容纲要、学习要求。（2）浏览或下载通过专门制作的、适合于移动终端呈现的电子图书，实现对每一个知识点的详细讲解，供学习者深入学习使用。（3）浏览或下载针对某个知识点设计制作的、适合于移动终端显示的小型课件。（4）浏览 Web 资源。通过将 HTML 页面转换成 WML 页面的中间件，移动终端可以浏览 Web 服务器中的各种学习资源，扩大了移动学习的学习资源范围。

（三）基于多媒体邮件服务的移动学习模式

多媒体邮件业务是一种通过移动通信网络实现的、基于数据承载的非实时业务。利用该业务用户可以进行移动终端与互联网之间的多媒体邮件互发。多媒体邮件的内容包括格式化的文本、声音、图像、视频等。多媒体邮件与短信息的最大区别在于邮件包含的容量大，而且保密性强。借助多媒体邮件业务，学习者、教师以及其他用户之间可以随时随地通过邮件建立联系，完成教学活动。

（四）基于点播的移动学习模式

基于点播的移动学习模式可以让学习者随时、随地、随身地进行移动学习内容的点播，包括音频点播、视频点播、动画点播等。与传统的电视教育和基于有线网的电视教育相比，它具有更大的灵活性，更适合于现代化快节奏的学习人群，必将对传统远程教育、电视教育带来巨大的冲击。

1.3.5　现有的移动学习模式的思考

斯坦福大学的实验研究表明：人在"移动"时，注意力高度分散，学习者只能在"片段式"和"零碎"的时间中学习，移动学习模式应该满足精确的资源推送和高效的交互验证。结合移动学习模式应用情况进行分析，当前四种模式的不足具体体现在以下几个方面：

（一）简单的信息推送

学习者接收的短信只能是简单的文本信息，用来告知学习内容和教学信息或利用下载的资源学习，内容表现单一。网页上有大量的学习资源，很多内容都不是学习者想要的，系统仅提供搜索和浏览的方式，学习者要自己进行了解选择，浏览查询容易迷航，在带宽和用户时间都有限的情况下，必然导致用户查找信息犹如大海捞针。

（二）不能得到有效的指导和验证

在远程学习中，学习者处于主体地位，教师的角色转变为指导者、帮助者，要为学习者提供咨询、支持和鼓励，并对学习效果进行验证评价，而移动学习系统只是简单的知识存储和检索库，缺少优质资源，不能很好进行答疑、指导和评价功能，进而很难调动学习者的积极性。

（三）人机交互效率低

信息社会效率是永恒的话题，但是移动终端设备使用时糟糕的网络连接、昂贵的网络通信费用和复杂的人机交互界面，造成传输质量差、登录网络速度慢等问题，降低了学习者的学习效果。学习者要搜索一点内容，或者找不到，或者针对性不强，花了时间和精力而收获甚微。系统虽然支持资源的浏览和一定程度的交互，但是交互效率非常低，启发性不好，学习者不能及时得到反馈，不能使学习者真正受益于移动学习带来的便利。

（四）人与人之间的交互困难

移动学习也强调协作学习，大家共同探讨，虽然学习者和教师及学习者之间可以在当前的移动学习应用框架下依靠短信、QQ、论坛等通讯工具进行交互，但是却不能真正实现根据所需随时随地进行实时交流学习，内容仅限于文本和语音，很难消除学习过程中的"孤岛效应"，讨论的信息不能有效地组织和整合，使用者常常需要从大量的讨论结果中进行甄别和进一步验证。

综上所述，当前移动学习受带宽、传输速度和输入输出的限制，其互动系统多基于文本和语音交互，并以个人信息或知识的分享为重点，交互程度非常低，并不能充分发挥移动学习对于情景学习、社会化学习及非正式学习的优势。智能手机的出现和面向高速、宽带数据传输的 3G 技术的发展，将基本上解决移动学习现阶段存在的人机交互效率低的问题；而对于移动学习中人与人交互困难这一问题，可以借鉴网络远程教育中的专家系统来解决，移动学习者只要在智能手机上下载并安装专家系统软件，就可以像操作 Windows 系统一样，完成与专家的交互。移动学习将逐渐从"在线更新、离线学习"为主体的方式走向网络化、智能化，将逐渐成为人们日常学习的一种重要学习方式。

1.3.6　移动学习的独有特性

首先，移动性。学习者可以再步行中、行驶的汽车上、行驶的轮船上及飞行的飞机上等任何地点学习，不受传统教学固定场所和有线网络固定接入点的限制，同样不受时间的限制。教育者也可在移动中进行教学。

其次，及时性。在工作、生活、或社交等非正式学习时间和地点接受新知识的学习，移动学习系统提供Just-in-Time的学习内容，学习者可以在学要某些知识时马上学习，因此移动学习又可称为及时学习。教师也可通过移动因特网，借助移动终端及时进行辅导。

第三，情境性。移动技术为情境学习提供了支持，利用手持移动学习设备，无论走到哪里，学习者都可以进行学习，并使得教与学真正突破时空的限制，实现了真正意义上的"活学活用"。

第四，个性化。移动学习可以根据学习者的特点和要求进行专有的、个性化的教育服务，更好地实现自助服务，得到更多有用的信息资源。移动互联的个性化技术正在改变着学习者的校外生活。移动互联的个人手持设备将能够为学习者创造"无缝学习环境"，学生能够在不同情景中学习，并且通过作为媒介的个人设备，方便快速地从一个情景进入另一个情景。

第五，虚拟性。教师可以通过网络动态地组建虚拟学校和虚拟教师队伍，学生可以动态地组建虚拟班级。教师和学生的教学关系也可以是动态虚拟的。

移动学习是在无线移动计算设备(如移动电话、PDA、笔记本电脑等)的帮助下进行的学习。移动学习是在 e-Learning 的基础上发展起来的，是 e-Learning 的扩展。移动学习除了具备 e-Learning 的所有特征之外，还有另一重要特性：即学习者不受空间限制，不再被限制在电脑桌前，可以随时随地进行不同目的、不同方式的学习，教师和学生都可以处于移动的状态。移动学习实现的技术基础是移动计算技术和互联网技术，即移动互联技术。移动学习是一种双向交流的学习方式，学习者和教师或同学可以随时随地进行互动交流。综上可见，移动学习是指学习者在非固定和非预先设定的位置下发生的学习，或有效利用移动技术所发生的学习。

移动教育是移动通信、网络技术与当代教育有机结合的结果，也是现代教育技术的前沿成果，其推广和发展必将引起教育技术和手段的巨大变化。利用手机可完成许多教学活动，其操作不受时间、空间和地域的限制，应用前景非常巨大。在这中国这一自古就重视教育的土地上，一旦移动学习在观念上为人们所真正接受，那么它的发展前途绝对会一片光明。

# 第二章 混合式教学概述

## 第一节　混合式教学的含义

　　混合式学习是由传统课堂转变而来的整合了各种灵活的教学方式的学习范式。混合式教学因其整合了传统教学与网络教学的优点，近年来越来越受到国内外高校的青睐。但其混合式教学整合模式多种多样，各有其优缺点。混合式教学并不是一种全新的教学方法或理论，而是随着教育信息化的深入，使它逐渐得到了普遍的关注。

### 2.1.1　混合式教学的基础

　　随着高等教育信息化的迅速发展，信息技术正以惊人的速度改变着大学生的学习方式，但随着第一轮的研究与实践的热潮退去之后，人们逐步回归理性。在线学习的方式具有丰富的多媒体资源、便捷的协同交流、友好的互动等独特的优势，但不能完全替代教师的课堂教学，缺乏了教师的深度参与，学习效果并不像预期的那么理想。如何充分体现在线学习的主动参与性，以及如何充分发挥教师或专家的引导作用、人格影响、学习和研究方法的渗透的优势，已经成为大家共同关注的问题。在此大背景下，Blending Learning（混合式学习，或混合式教学）的概念应运而生。所谓 Blending Learning 就是要把传统学习方式的优势和 e-Learning（即数字化或网络化学习）的优势结合起来，也就是说，既要发挥教师引导、启发、监控教学过程的主导作用，又要充分体现学生作为学习过程主体的主动性、积极性与创造性。Blending Learning 是学习理念的一种提升，这种提升会使得学生的认知方式发生改变，教师的教学模式、教学策略、角色也都发生改变。这种改变不仅只是形式的改变，而是在分析学生需要、教学内容、实际教学环境的基础上，充分利用在线教学和课堂教学的优势互补来提高学生的认知效果。Blending Learning 强调的是在恰当的时间应用合适的学习技术达到最好的学习目标。

### 一、融合的学习理论指导

　　学习理论是教学设计的理论基础。在实施混合式教学设计时，需要根据不同的具体情况加以选用。学习理论自 50 年代以来，历经行为主义、认知主义和建构主义等不同发展阶段。从哲学的角度来看，认知主义和行为主义所持的立场是客观主义的。客观主义认为世界是由客观事物及特征和客观事物之间的关系所组成。人们对客观事物及其之间关系的共同认识构成知识。知识可以通过教学的方式迁移到每个人的大脑之中。教学的目的就是以最有效的方式向学习者传授和迁移知识。所不同的是，认知主义学习理论更加强调学生的认知主体作用，强调教学既要重视外部刺激（条件）与外在的反应（行为），又要重视内部心理过程的作用，即学习的发生要同时依赖外部条件和内部条件。教学就是要通过安排适当的外部条件来影响和促进学习者的内部心理过程。

基于行为主义学习理论的教学优势在于目标明确，外在的刺激和灌输可以系统的讲述知识，易于形成自动化和机械化的操作，便于教师控制和组织教学等。而它的劣势在于学习的主体始终处于被动接受状态，积极性和主动性难以发挥，严重压抑了学生的创造性。当外在刺激条件与学生知识结构与准备状态不符时，知识传输的效率低下等等。基于认知主义的教学优势在于能够在教学过程中考虑学生的认知心理。在内容的组织和选择上可以更好的符合学生的原有认知结构，教学效率较高。在统一的教学目标的要求下，学生可以达到基本统一的知识结构，便于管理和评测。学生的积极和主动性得到了一定的发挥等等。其弱势在于统一的教学目标未必符合每个人自己的最佳发展形式。统一的学习方式，未必是每个人最佳的学习途径。另外，对于高级技能、复杂知识、解决问题的能力培养、创造力的培养等，基于认知主义学习理论的教学显得有点力不从心。

行为主义和认知主义的学习理论都强调知识的传授和迁移，也就是"教"。基本内容是研究如何帮助教师把课备好、教好，而很少考虑学生"如何学"的问题。共同的优点是有利于教师主导作用的发挥，有利于按照教学目标的要求来组织教学，不足之处是在按照这种理论设计的教学系统中学生的主动性、积极性往往受到一定的限制，难以充分体现学生的认知主体作用。

建构主义学习理论基本上采用非客观的哲学立场，认为每个个体的认知过程是各不相同的，学习的结果并不是可预知的。因此教学是要促进学习，而不是控制学习。强调的重点不是设计教学方法来控制学生的学习过程，使之达到预定的相同的教学目标，而是强调设计促进知识建构的学习环境、强调以学生为中心，促进知识获得的协作和交流。不仅要求学生由外部刺激的被动接受者和知识的灌输对象转变为信息加工的主体、知识意义的主动建构者；而且要求教师要由知识的传授者、灌输者转变为学生主动建构意义的帮助者、促进者，要求教师以广义上的学习环境出现，而不是传道者的身份出现。在建构主义学习环境下，教师和学生的地位、作用和传统教学相比已发生很大变化。这意味着教师应当在教学过程中采用全新的教学模式（彻底摒弃以教师为中心、强调知识传授、把学生当作知识灌输对象的传统教学模式）、全新的教学方法和全新的教学设计思想。

建构主义学习在真实的问题情景中，借助社会交往与周围环境的交互，解决真实问题，习得技能，学生自我控制学习进程，自我建构学习目标。它能够最大限度的发挥学生的积极性，创造力和主动性，是创造能力培养的最佳途径，适合于复杂知识的理解，高级认知技能和社会技能的形成。其劣势在于没有统一的教学目标，学习评价较为困难，组织与管理学习也十分困难。学习过程中要求学生进行探索，发现和协作不适合简单的陈述性知识的学习。对学生的自主学习积极性、自我控制能力、认知技能都有比较高的要求。

纵观学习理论的发展，不是一种替代的发展关系，而是一种继承、扬弃和发展的关系。行为主义强调外显行为，客观刺激。认知主义强调主体的原有认知结构，强调外显行为后面隐藏的认知结构的变化；而建构主义则强调知识的多面性，自我建构，在具体环境中的建构过程和建构结果。它们都有合理的科学的一面，同样也有局限性的一面，并不是所有环境，所有情况下都只适用于一种学习理论。每一种学习理论都有其适合的学习内容和学习者群体。总体说来，学习任务的复杂性增加、学习者的认知能力加强，学习环境逐渐丰富，最适合的学习理论从行为主义向认知主义到建构主义逐渐转化。教学（学习）是一个复杂的过程，任何将这个过程单一化或简单化的倾向都是错误的。不同的学习理论，在不同的学习阶段、不同的学习环境下是一种相互补充的关系，而不是相互排斥的关系。它反应了人们对知识以及学习本质的认识不断深入发展的历程，混合式学习实践就充分体现了这种理念融合的趋势。

二. 建构性的学习环境支持

将教学或其过程理解为学习环境,体现了建构主义倾向的对于知识和教学的理解。客观主义将知识理解为客观存在的状态或实体，因此将教学理解为传递这一客观知识的过程。而建构主义将知识理解为个体在经验的基础上，通过与环境的交互来建构认知和意义的过程，因此在建构主义看来，教学是学习者充分利用环境提供的丰富工具和资源建立自己的认识和理解的过程，因而将教学理解为学习环境。

在建构主义学习环境里，学习者能够最佳地得到建构工具和学习环境的支持，这些工具和环境促进个人认识和意义的建立以及学生相互之间的交流,这样,教师的角色就是开发能使学生参与并建构其认识和理解的环境,这种环境体现的原则是:情景、建构、合作和交流。建构主义学习环境使学生参与知识的建构,这一建构的过程需要合作地进行,学习被安排在丰富的情境中,通过与他人的交流,学生能够反思已有的认识和理解。

情景包括现实世界环境中的特征,这些特征,要尽可能忠实地体现在学习环境中,包括物理的特征、文化的特征、社会的特征以及涉及到所学知识应用的能力问题。

知识的建构是在情境中进行积极的连接和反思过程的结果,所产生的知识是大脑的产品,是个体来自于情境的经验及对情境解释的结果。这些经验能够在学习环境也能够在真实世界环境中遇到。只有允许个体或团体依据他们的体验建构自己的认识和理解,而不是要求他们"学习"教师对这些体验的解释,这样的学习才是建构性的。

学习者之间的合作在整个学习过程都发生。合作有利于发展、测试和评估学习情境中产生的不同认识和理解,并促进人际交流技能的形成。

交流是合作所必须的,个人和小组在开始实施解决问题的计划之前,必须首先对这些计划进行协商。这一计划包括回顾已知的、思考需要知道的,考虑不同计划的可行性,以及它们所具有的潜能。交流是意义建立过程的重要部份,因为知识对我们大多数人来说,是以语言为媒介的。

建构主义学习环境具有真实学习情景、合作学习、注重问题解决等特色,所有的学习环境都依赖于技术,以使环境易于操作,计算机以及相关技术在建构主义学习的实现过程中发挥着举足轻重的作用。建构性学习环境包括如下基本要素:

(1)信息资源:学习内容及相关的辅助学习材料,包括教科书、录像带、教学软件、相关论文等。一般情况下,在学习环境中,高级复杂的知识内容,都是以具体情景中的问题的方式呈现的,并有大量相关的案例,学生要借助相关的信息和案例,在解决情景性问题中获取知识和能力。

(2)认知工具:认知工具是支持、指引扩充使用者思维过程的心智模式和设备

（Derry，1990）。在现代学习环境中，主要是指以计算机和通信网络相结合，用于帮助和促进认知过程的工具，学习者可以利用它来进行信息与资源的获取、处理、编辑、制作等，并可用其来表征自己的思想，与它人通信协作等。

（3）自主学习策略：学生在学习环境中要进行主动探索、主动发现，才能达到学习的目标，即必须通过自主学习才能完成，因此，适合学习者个别特征的自主学习策略就满足三个条件：1）要在学习过程中充分发挥学生的主动性，要能体现出学生的首创精神；2）要让学生有多种机会在不同情景下应用他们所学到的知识（将知识外化）；3）要让学生根据自身行动的反馈信息来形成对客观事物的认识和解决实际问题的方案（实现自我反馈）。

（4）帮助与指导：学习环境中，学习者是学习的主体，但并没有无视教师的指导作用，任何学习环境中，都存在控制、管理、帮助和指导的职责。教师在学习环境中确定学习任务，组织学习活动，提供帮助和指导，引导学生正确使用认知工具。教师是教学过程的组织者、指导者、意义建构的帮助者和促进者。

### 2.1.2 混合式教学的实施模式

网络环境（尤其是网络教学平台和教育教学资源库）为混合式教与学提供了有效的支持，将教师的教学行为由课堂上扩展到了课堂外，学生除了课堂学习外，图书馆、寝室等能上网的地方均可发生，可以大大提高学生的学习效率和学习效果。基于网络教学平台及优秀教育教学资源库开展混合式教与学既可以发挥教师的主导作用，又可以发挥学生的主体性作用。教师在课堂教学中可以利用网络教学资源进行授课，课后学生可以借助网络教学资源和网络交互工具进行学习和讨论交流。

网络环境下的混合式的教与学主要有建构性学习环境设计、课堂教学、在线教学和发展性教学评价等四个主要环节。

（一）建构性学习环境设计

1. 平台的选择

目前国内已经有 80%以上的高等学校建设了设备先进、功能完备的校园网络并通过 CERNET 和 CHINANET 接入国际互联网。教育信息化建设的开展的确为传统的学校教育和网络教育提供了良好的网络环境，但是网络的功能对于教学来说不应当只是教学内容的发布，而更多的应该是支持教学交互、教学评价和教学管理，教学交互、教学评价和教学管理是保证教学质量的重要环节。尽管网络能为教学提供丰富多彩的沟通交流功能，但是这些功能都是分散的，不利于教学的展开和管理，因此需要有一个集教学内容发布与管理、课堂教学、在线教学交互、在线教学评价、基于项目的协作学习、发展性教学评价和教学管理等功能于一体的网络教学平台来支撑混合式教学。目前国内较流行的通用网络教学平台有 4A、清华教育在线、电大在线、网梯教学平台、安博在线等，国外则有 WebCT、Blackboard、UKeU、Frontier、Learning Space 等。

其中 4A 网络教学平台包括网络教学支持系统、网络教学管理系统、网络课程个性化定制工具和网络教学资源管理系统等四个子系统。它依托新世纪网络课程建设工程开发的精品网络课程以及高等教育出版社出版的其他优秀网络课程、教育教学资源库（教学课件库、常见问题库、试题库、案例库、素材库、文献资料库）等教学资源，不仅为学生提供了在线课程学习、在线自测、在线资源浏览等多种自主学习策略，也通过智能答疑系统、在线讨论系统、电子邮件系统、学习笔记、作业考试系统等实现了多方面的教学交互。4A 网络教学平台不仅支持教师在线设计开发课程和教学资源，还支持教师进行教学活动设计，比如布置作业、设置讨论主题、为学生制订自测方案、答疑等，以此来引导和帮助学生。4A 网络教学平台为学生提供自主建构知识的环境的同时，也能充分发挥教师的主导作用。

2. 网络课程设计与开发

目标明确、结构合理的课程内容是开展教学并达到教学目标的基础，教育教学资源库为教师设计课程内容提供了大量的素材资源，精品网络课程为教师设计课程内容提供了良好的参考，教师可以选择适当的内容应用到自己的教学当中。目前一些流行的网络教学平台都支持国际上的网络教育资源标准，建议教师或技术人员参照网络教育资源建设相关标准（如 IEEE-LOM, IMS-CP, ADL-SCORM 等）采用面向学习对象的方式设计和开发网络课程，面向学习对象的 E-learning 资源因其可重用、易获取、易更新、易管理、适应不同学习者需要以及可跨平台使用等特性，能够解决资源共享的问题[5]。

网络教学平台为教师提供了教学内容的组合、拆分和修改等功能，教师可以基于网络教学平台在线备课。

3. 课程资源的收集与整理

优秀、多样的课程资源是在网络环境下开展混合式教学的重要基础，没有优秀的课程资源就好比是"高速公路"（高等学校的校园网）上行驶着没有装载"货物"（资源）的"列车"（网络教学平台）。如果说课程内容是为了达到教学目标而用于课堂上教师的教学和学生的学习的教育资源的话，那么课程资源则是为辅助课程内容达到教学目标而用于学生学习的扩展资源。课程内容一般是由呈现讲解型的内容和教学交互型的内容组成的有一定逻辑组织结构的网络课程，课程资源则是一个个视频、音频、动画、图形/图像、文本等多种类型的或复合型的多媒体教学微课件，既可以是内容呈现和讲解型的教育资源，也可以是用于教学评价的试题、试卷等资源，也可以是一些用于扩展学习内容范围的文献目录索引。课程资源的设计和网络课程的设计类似，都可以基于网络教学平台来完成。

要想促进学生知识的良好建构，资源内容的设计开发要从原来的"以教为主"转向"学教并重"，即不仅开发素材、课件类资源，更要开发支持自主探究、协作交流和研究性学习的有关资源。资源内容建设要朝既能支持教，又能支持学的方向努力。[6]

4. 教学活动的选择与设计

教学活动是为了教学的深入展开而设计的一些探究性问题解决、小组协作问题解决、分组交流讨论、常见问题解答、在线智能答疑、自测方案、作业方案和作业评判等。教学活动应该参照已经设计好的课程目标、课程内容及其呈现形式，并按照教学

的进度有针对性地选择和设计，即与具体的章节知识点相关联。教学活动的作用在于为学生创造具体的学习情境，并加强师生、生生之间的交流互动，因此恰当的教学策略对于教学活动的顺利展开尤为重要。例如，探究性问题解决教学活动首先需要教师设计新颖、开放、不确定的问题情境来激发和维持学生的注意力，

教师提出与课程内容相关的疑问，并在一定程度上给出相关提示或提供一些材料，引发学生的学习兴趣，激励他们自己利用网络去查找信息，然后通过 BBS 或在线聊天室

讨论交流问题。

5.网络教学环境的设计

在这个个性张扬的时代，学生学习风格的差异性越来越大，学习和教学的需求也在朝多元化、个性化的方向发展。大部分网络教学平台采用全模块化的标准开发，通过建立模块化的构件允许用户对功能模块的灵活调度和重组，实现个性化定制。不同的课程、课程的不同阶段需要的功能可能会有所不同，这时教师可以定制在他的课程中呈现给学生的网络教学平台的功能模块，隐藏暂时用不到的功能模块或将常用的重要模块放在前面；学生则可以定制呈现给自己的网络平台的风格，包括各功能模块的顺序、呈现方式、页面风格等。

（二）课堂教学的实施

传统的课堂教学一般存在形式、内容单一等诸多弊端，而网络环境下的网络课程、扩展资源、各种教学活动等在很大程度上弥补了这种不足。

1.教学环境使用与培训

教学环境使用培训主要是指培训教师和学生使用网络教学平台及其他课件演示工具或交互工具等，熟悉教学环境，排除技术障碍，为保证教学效率奠定基础。教学环境使用培训，乃至信息技术与课程整合的最终目的都是使信息技术成为辅助学生学习的高级认知工具。学会使用各种认知工具创设学习情境、提供学习资源、写作与创作、发表个人看法、交流、协作、探索和发现、计算与数据处理、提供练习与反馈、个别指导和评价、提供学习帮助和启示、成长记录、质性评估、学习反馈等。

2.教学设计说明

在课程开始之前教师需要将整个课程的教学计划以及各个阶段的教学计划公布在网络教学平台上，在课程教学进行的过程中，在每次课之前教师也需要将该次课的教学计划公布在网络教学平台上，以便学生准备和预习。教学计划说明的内容应该包括：教学目标、教学内容、教学方式、教学活动安排和教学评价方式等。

3.学习动机的激发与维持

在线教学需要学生积极主动的参与，通过在课堂上讨论网络上的热门议题，表扬积极的学生并与学生进行情感互动，是鼓励和维持学生持续在网络上参与和讨论的最有效的措施，也是对在线教学的局限进行补充和完善的重要机制。为此，教师在课堂教学中要注意给学生发言的机会、积极吸取和尊重学生的意见、适时地给学生鼓励等。师生之间的情感互动对于激发和保持学生积极向上的学习情感，激发并维持学生的学习兴趣和学习动机，促进学生人格的健康发展等都有重要的意义。

4. 课程重点与难点讲授

对课程中的重点内容的讲授，是保证学生快速掌握课程知识结构的重要措施。教师在课堂上使用预先设计好的网络课程教学，网络课程集成了精心设计和选择的多媒体课件，从多感官上刺激学生的感觉器官，有助于学生的理解和记忆。具有历史意义的事件回顾、情景案例等，数学公式的推导过程、化学/物理/生物实验的操作过程等，还有一些无法用肉眼观察到的微观世界模型等，都可以通过视频或 flash 二维/三维动画动态地展现。

5. 课堂讨论、答疑与交流

课堂讨论可以是在线讨论的起始，也可以是在线讨论的延续和深化。一次成功的课堂讨论、交流，首要的是教师设计一个有争论空间、有意义、能发挥学生的创造性思维的问题，然后正确引导学生的讨论方向，教师正确引导学生讨论交流的原则是"你可以不赞同对方的观点，但是你必须了解对方的这种观点和产生这种观点的原因"，这有利于发散学生的思维，学生养成从多角度、全面思考问题的习惯。讨论交流的实施方式可以是多样的，对于大班教学一般是先分小组讨论，然后组间交叉讨论，最后教师总结讨论结果。

6. 课堂小组研究协作并汇报

要想培养学生的实践能力与创新精神，基于小型项目的研究性学习是有效的手段。项目研究的开展可以在网络和课堂上配合进行：在网络上主要是进行讨论、信息检索和处理、资料共享、成果展示、过程信息记录和评价；在课堂中则主要是组织小组汇报，在汇报过程中与教师深入交流和讨论，从而得到适当的点拨。这是保证基于项目的研究性学习质量的重要环节，也是促进学生知识建构和迁移的重要手段。

7. 课堂评价

除了教学内容的讲授之外，教师还可以通过网络教学平台所提供的考试模块对当堂或前面的教学内容进行联机测试，对于客观题系统会自动给出测试结果，并反馈给教师和学生。教师可以根据学生的掌握情况和学习需求及时调整本课时的教学计划，或下一步的教学计划。

（三）课后基于网络的在线教学

课堂教学是基于班级常模进行的，也就说教师的教授只能满足大部分学生的一般学习需求，对于那些课堂教学无法解决或没有时间的问题，只有靠课后学生的自主学习和师生之间的交互来解决。

1. 课堂多媒体在线教学

　　教师可以根据课堂教学的情况随时在线调整网络教学平台上呈现给学生的课程内容、教学资源或教学活动等。学生课后可以在线复习课程内容，对学习内容做深层次的思考，到真正理解和掌握。4A 网络教学平台还为学生提供书签、学习笔记本、学习任务管理等辅助学习工具。除了课程内容之外，教师或学生还提供了辅助学生理解和掌握课程内容的扩展资源，学生可以从中发现新的思想、新的观点、得到新的启示，探索和体验更为广阔的知识空间。

2. 在线智能答疑

　　学生在线学习的过程中难免会遇到疑难问题，或者在课堂学习中有遗留的问题，这时学生可以将问题提交到网络教学平台的答疑系统。对于一些普遍性的问题，教师可将此问题及解答可以作为资源整理到答疑中心中，供其它学生遇到类似问题时作为解答参考。学生提问时系统会自动匹配问题资源，如果有类似的问题系统自动给出答案；若没有的话，学生需要等待教师或其他学生给出答案。这种智能化的答疑系统可以减轻教师答疑的工作量，缩短学生获得解答的时间。学生可以对其它学生的问题作出解答，这也是一种学习形式，在帮助别人的过程中获得提高。为了启发学生的思考方式或针对一些普遍性的问题，教师可以向答疑系统提出自己的新问题，由学生解答，也可自问自答，再将问题整理到问题资源库。这样，随着答疑系统的运行，问题资源会越来越多，学生需要的新问题会越来越少。

3. 在线讨论与交流

　　网络教学有良好的异步交互的优良特性，通过网络可以有效的对某一个论题进行深入讨论，弥补课堂讨论由于时间有限而造成的讨论浮于表面层次、感性成分居多、难以深入等缺陷。一般的网络教学平台都提供讨论交流模块，按照用户进入的课程来呈现论坛内容，讨论的主题可以有教师设置也可以由学生自己确定。讨论以发表文章为基本的讨论交流形式，交流不受时间限制，参与讨论的学生可以对讨论问题进行充分的思考，通过不同观点、立场的碰撞与交流，学生可以对一个复杂事物达到一个相对全面且深刻的理解。通过文章来表达自己的思想，可以大大提高学生的逻辑思考能力以及驾御文字的能力。4A 网络教学平台的讨论交流系统将记录每个学生参与讨论的内容和相关统计数据，学生是否积极参与讨论以及讨论的深入程度是学习评价的一个重要指标。

4. 在线教学评价

自测、作业和考试等评价方式是保证教学质量的重要手段，尤其是在教学过程中进行的形成性评价，为教学策略的随时改进、实施个别化教学提供了依据。学生学习评价的实施可以借助网络教学平台提供的试题资源库、自动/手动组卷机制、作业催交、系统统计分析等来完成。教师可以根据教学进展抽取试题资源库中的一些试题资源组成试卷，作为学生巩固和复习课程内容的作业或自测，教师还可以根据学生的学习情况布置一些开放性的试题作为考试内容。不仅如此，学生在学习过程中也可以自己随即抽取与所学内容相关的试题组成自测试卷来进行自我

评价。对于客观性试题，系统都可以自动批阅并给出评价和统计信息，对于主观性试题，则需要教师来批阅。每次作业或自测系统都会给教师一个统计报表，是教师进行教学调整的依据。

教师评价也是保证教学质量不容忽视的一个方面，对教师的评价可以采用学生匿名向教师提意见或打分的方式，教师还可以设计一些调查问卷放到网络教学平台上，以此来获取教学反馈从而改进教学。

5. 基于项目的网际协作学习

基于项目的网际协作学习就是一个班级分为几个学习小组，每个小组分配一个学习项目在网络环境下展开共同学习的学习方式。学习项目是针对一个实际问题确定的，不同于主题讨论的学习，小组成员在网络平台分配的各小组的学习活动空间里协同完成项目。小组成员有各自的任务目标，在完成任务的过程中，各成员遇到的问题可以上传到讨论组寻求帮助和讨论，而各自收集的资料可以放到小组共享的文件夹里共享。这种学习方式方便成员之间的跨时空交流和文件共享，有利于培养学生的协作能力和解决实际问题的能力。

6.在线个别辅导

因材施教对于我国高校目前的大班级教学具有非常重要的意义，教师记住、随时了解每一个学生的背景信息和学习情况，是不现实的。网络教学平台提供了详细的统计与分析功能，教师通过查看学生的个人基本信息、学习历史记录、学习活动记录、学习成绩记录等，对学生进行诊断和了解，教师在充分了解学生的学习情况后，可提出针对性的指导意见或提供针对性的辅导。

（四）发展性教学评价

发展性评价不仅要关注学生的学业成绩，而且要发现和发展学生的多方面潜能，帮助学生认识自我，建立自信，同时注重发挥评价的教育功能，促进学生在原有水平上的发展。其评价思想体现为从关注考试到关注学习者的成长，从关注结果到关注过程，从量化评价到定量与定性相结合的评价体系的转变上。在信息技术支持下，实施和推行面向学习过程的发展性教学评价无疑对高等教育教学评价体系的转变起到重要的推动作用。

在进行发展性评价时，应针对不同评价内容和相应的课程目标，适当选择和灵活运用评价方式，适当渗透表现性评价的理念，以学生在各学科知识学习与运用或运用信息技术解决实际问题过程中的表现和成果作为评价依据，全面评估学生在学科知识的基础、学习的过程与方法、运用信息技术解决实际问题的能力以及相关情感态度与价值观的形成。在网络环境的支持下可以在在线测评、档案袋记录、问卷等多个方面开展评价工作。

1.档案袋评价

档案袋评价（portfolio assessment）是网络环境下备受青睐的一种发展性评价方法，档案袋的主要功能是"存"、"反思"、"交流"。网络环境下的混合式教学，体现学生的发展和进步的信息都记录非常容易地被记录下来,在档案袋中归类存储，成为教师了解学生的窗口，也是学生

自我反思的对象。

档案袋的数据来源主要课堂教学和课后基于网络的在线教学两个环节中产生的一些过程性数据，包括学生浏览课程内容和课程资源的情况、学生讨论交流中的发言次数和发言内容、小组协作中贡献的资料、小组协作中组员的评价、提问的问题和次数、解答其他学生或教师的提问的次数和答案内容、作业和自测的成绩、阶段性考试的成绩、学习笔记本中的内容等等，这些数据是对学生的学习进行过程性评价和形成性评价的依据。

2.考试测评

基于网络教学平台的数字化学习有利于考试测评的开展，教师平时可以利用网络教学平台给学生提供一些自测题或者作业题，用来学生的自我评价。由于网络教学平台可以实现自测题和作业的自动批改，这使得教师无需投入很大的精力就可以很容易地了解学生的学习过程，而不仅仅是通过学期末的一次考试对学生进行总结性评价。学生通过网络将学习结果、对课程的评价以及对教师的评价反馈给教师，教师可以了解前一阶段的教学效果、学生现在的需求和学生对教师教学方面的意见，并根据情况对前面的教学内容做补充以及确定下一步的教学，有利于发展性课程评价的展开。教师和学生通过多种方式的交流利于教师多方面的了解学生，对学生进行多元的评价，引导学生健康地发展。

## 第二节　混合式教学的教学特点

### 3.2.1　混合式学习的意义

（一）信息技术与课程整合

虽然目前国内 80%以上的高校都建设了校园网，但是除了开通电子图书馆和开设全校的信息技术课之外，大部分的应用停留在办公自动化系统、教务管理、财务报表、学生成绩统计、学校公告信息发布等教育行政管理的层面，没有真正应用到教学当中来。信息技术的应用能够极大程度地优化教学，将信息技术与日常的学科课程教学整合是当前进行教学改革并改革教学结构的突破点。整合的实质是通过新型教学环境的营造来改变传统的以教师为中心的教学结构，创设新型的主导——主体相结合的教学结构，以便使创新人才培养的目标落到实处。

课堂教学有利于教师主导作用的发挥，有利于教师监控整个教学活动进程，有利于系统科学知识的传授，有利于教学目标的完成。在线教学则凭借丰富的数字化教学资源和各种交互工具、认知工具的有力支持，有利于培养学生的探究精神和创新精神。

两种教学模式各有千秋，网络环境下的混合式教学则融合了这两种教学模式的优势，把"以学为主"的教学设计和"以教为主"的教学设计结合起来，打破了传统学校教育的课堂教学模式，同时也突破了传统远程教学无法实施有效的沟通和交流的局限，是一种全新的教学模式。在这种模式中课堂教学和在线教学相互补充，学生的积极性和主动性能够得到更大的鼓励，充分发挥学生的主体地位，不仅对学生的知识技能与创新能力的训练有利，对于学生健康情感与价值观的培养也是大有好处的。

（二）弥补师生间问题点

在高等学校中教学与科研并重，高校教师一般既从事教学又从事学术研究，多数教师专心于科研工作，除了上课以外教师和学生见面的机会很少。另外，中国的大学已经开始进入了"独生子女"大学生时代。这是一个不容忽视的变化。他们在家庭中的地位是造成大学生崇尚自我、惟我独尊的成长背景。学生喜欢独立地按照自己的想法去做事情，不喜欢别人的参与。这些都造成了师生交流上的障碍，教师不了解学生，学生不了解教师。网络则以其提供的各种交流方式弥补了师生因角色地位、个性心理等差异造成的交流沟通少的问题，满足了学生交往的需要，对于学生学会交流、建立良好的人际关系有重要的作用。

（三）调整高等学校教学组织形式

近几年来我国高等学校一直在扩招，我国高等教育规模早已跃居世界第一。2005年全国普通高校本专科招生约475万人，研究生招生约36万人，各类高等教育在校学生不下两千万人。目前国内高等学校在校学生已经接近现在高校师资所能承受的极限，宏观上办学规模的扩大决定了高等学校的教学组织形式只能继续是传统的集体讲授式课堂教学。传统的课堂教学方式的优缺点是大家有目共睹的，它虽然充分发挥了教师在教学中的主导和监控作用，但是不能很好的发挥学生的积极主动性，使得长期以来我国高等学校对学生创新精神和创造能力的培养是一个突出的薄弱环节。

网络环境为师生提供了多种交互渠道，对于弥补课堂教学中面对面教学的不足有重要作用。另外网络为学生提供了自由、开放的学习空间，这不仅有助于调动学生的积极性，开阔学生的视野，满足学生对知识的需求，而且对于培养学生的创造精神和树立终身学习的观念有重要的意义。

网络教学并不只是意味着远距离的教育，在线教学同样可以在传统校园教学中发挥重要的作用，网络教学进入校园，并不是对传统教学替代式的进入，而是不断与传统教学相互碰撞，在碰撞中逐步融合，在融合中不断补充和完善，形成实践中有效可行的信息技术环境下的教学方法体系。可以说，混合式教学并不是一种全新的教学方法或理论，而是随着教育信息化的深入，使它逐渐得到了普遍的关注。它主张把传统教学的优势和数字化教学的优势结合起来，二者优势互补，从而获得更佳的教学效果。

### 3.2.2 混合式学习课程设计

混合式教学因其整合了传统教学与网络教学的优点，近年来越来越受到国内外高校的青睐。但其混合式教学整合模式多种多样，各有其优缺点。Internet 作为学习手段和传播教育内容的媒介已成为互联网非常重要的应用之一。然而越来越多的研究者发现网络教学与传统的课堂教学各有优缺点，因此催生了混合式学习（Blended Learning）。不同的学者对于混合学习的定义虽不竟相同，却大同小异。混合学习是指两种以上的教学方式或媒介的结合，且现今多将混合学习定义为在线/网络学习与传统面对面学习结合。其目的在于提供多元的学习内容和学习通道，同时也为部分较习惯或偏好选择传统面授方式的学习者，在面临数字学习潮流蓬勃发展与冲击之际，提供另一绝

佳的折衷之道。但由于混合式教学模式多种多样，使用的 e-Learning 技术差别也很大，其教学成效是人们研究的热点。

（一）建构性学习环境设计

"教育技术学研究方法"混合式教学环境设计的理论依据是建构主义学习理论。教学环境既包括硬件的环境（实体环境）、也包含软环境（网络环境）如图 1 所示，是学、教并重的教学环境。实体环境包括课堂教学环境、实验教学环境、校园网建设以及公用计算机机房、学生寝室、图书馆等校园环境。网络环境采用 Moodle1.7 网络教学平台，包括教学环境、学习环境和管理环境三大部分。各部分环境又通过校园网及网络教学平台互联整合，使得整个学习环境成为一个有机的知识建构整体。

（二）立体化课程内容设计

按照混合式学习的内涵，混合式教学课程设计主要是为了满足学生个别化学习的需要，提供多种学习通道。因此，混合式教学课程在教材设计上，采用立体化教材设计模式。"教育技术学研究方法"立体化教材包括网络化的课程学习导航、印刷教材、网页教材、网络化的教师授课录像、网络化的教师课堂多媒体教学 ppt 讲义、光盘版的网络课程以及在线辞典、在线测验等学习资源，为学生提供了多元化的学习材料。

（三）多元化的教学活动设计

在教学活动安排上，努力做到传统的教学活动与在线教学活动有机结合在一起，除了教师采用多媒体 PPT 讲义进行课堂重点讲授外，还根据教学内容差异安排课堂案例分析、课堂讨论、在线互动讨论、基于项目的小组合作学习、在线测验、在线作业、基于项目的小组协作学习及研究成果课堂口头汇报等活动。

（1）课堂案例分析：为培养学生的综合能力和应用能力，课程采用了大量的研究案例来解读和阐释各种研究方法。

（2）课堂讨论与在线讨论：设计面对面师生互动与在线互动两种渠道来达成师生之间的互动，其中在线互动又分为同步和异步两种互动方式。同步互动通道是利用 Moodle 网络教学平台提供的"消息"功能模块来完成，由助教或老师实时回答问题，以维持良好的互动性；异步互动渠道利用 Moodle 网络教学平台提供的"讨论"功能模块以及 E-Mail 来完成。对于由于时间限制在课堂上无法深入展开讨论的主题，可在网络教学平台的"讨论"版里开辟讨论空间，继续讨论。这样学生就可以深度学习和保证了每个学习者的发言机会。

（3）在线测验：利用教师设计好的在线题库，学生可在线自测。对于客观题，学生提交测验结果后，系统会自动评分。对于主观题，教师可在线批改和评分。

（4）在线作业：利用 Moodle 的"作业模块"，为学生设计"文献综述"、"问卷调查"、"研究设计"等 5 个在线作业，作业提交方式可以是 html、WORD 等附件形势的文档，还可对作业提交的最后期限、是否可重复提交等参数进行设置。教师可对学生作业在线打分或写评语，学生可在线提交并查询作业。此外，还把优秀的作业选放于作品展示区或于课堂上借助大屏幕投影展示，让同学互相观摩，达到"同伴互学"的效果。

（5）基于项目的小组协作学习及研究成果课堂口头汇报：设计一个学生自选题目的教育技术研究项目设计题目，完成后小组选出代表课堂交流汇报并进行评价。小组协作学习可以锻炼学生协作完成任务能力和协作精神，课堂口头汇报既可以达到训练学生的演讲能力，又可以达到小组间互相交流学习的目的。

（6）调查模块：为了及时了解学生对教学的满意情况，本课程利用 Moodle 的"调查模块"设计了教学满意度在线调查问卷，及时收集教学反馈信息，以便对教学作相应调整。

（四）多元化教学评价设计

考虑到此课程主要是考察学生对教育技术研究的一般原理以及主要的方法的掌握及应用能力以及课程采用混合式教学模式的特性，成绩考察强调网络学习成效、动手能力和过程的考察。

## 第三节　混合式教学的教学实践

混合式教学的概念最早由国外的培训机构提出，指的是网络线上与线下的混合，通过引进面对面教学来改进 E-Learning 的不足。国内首次正式倡导混合式教学概念的是北京师范大学的何克抗教授，他认为混合式教学模式把传统教学的优势和网络化教学的优势结合起来，既发挥教师引导、启发、监控教学过程的主导作用，又充分体现了学生作为学习过程主体的主动性、积极性与创造性。随后国内很多学者对混合式教学模式做了深入研究，加深了教育者对混合式教学模式的认识。

随着以计算机、多媒体、网络技术和通讯技术为核心的信息技术广泛运用于教学中，数字化学习（E-learning）的理念逐渐深入人心，引起了教育理念、教学模式和学习方式的变革。为改变以教师为中心的传统教学模式，促进学生个性化学习方法的形成和自主学习能力的发展，各高校纷纷建立起规模不一的基于信息技术的外语自主学习中心，开始"基于计算机与课堂的英语教学模式"的改革。然而，受传统教育模式的影响，我国非英语专业大学生的自主学习能力并不高，加上许多教师把自主学习和自学等同起来，缺少对学生自主学习态度、学习能力、学习策略的培养，自主学习几乎处于一种自发状态，这不仅不利于培养学生的自主学习能力，更扰乱了教学秩序，影响了教学效果的提高的和教育改革的深化。

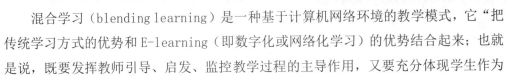

2.3.1　信息技术环境下的混合教学模式设计

混合学习（blending learning）是一种基于计算机网络环境的教学模式，它"把传统学习方式的优势和 E-learning（即数字化或网络化学习）的优势结合起来；也就是说，既要发挥教师引导、启发、监控教学过程的主导作用，又要充分体现学生作为学习过程主体的主动性、积极性与创造性"，其目的在于融合课堂教学和网络教学的优势，综合采用以教师讲授为主的集体教学形式、基于"合作"理念的小组教学形式和以自主学习为主的教学形式[2]。它转变了学生的认知模式、学习方式以及教师的教学模式、教学策略和角色，是学习理念和教育理念的一种提升。混合学习模式下，学生可以选择适合自己的学习方式，开展多渠道、多形式的师生、生生以及人机互动，由于可以不受时间和地点的限制，学生有更多的时间对学习过程进行评价和反思；教师也由原来的课堂主宰者和知识传授者转变为教学过程的组织者、指导者。相比于传统的教学模式，混合学习具备学习资源提供的灵活性、为个别化学习提供支持以及提高教学效率三个方面的主要特征。

混合学习强调通过学生主体性与教师主导性的结合来强化学生主体作用的发挥，这与建构主义学习理论不谋而合。建构主义强调以学生为中心，重视学生认知过程的个性化差异，学生是认知的主体，是知识的主动建构者，因此赋予学生高度的自主性，要求学生具备高度的学习主动性和积极性，也即自主学习能力。学生自主学习能力的提高往往离不开教师的指导，但许多老师将"自主学习"等同于"没有教师的上机学习"，导致"我国大学生外语自主学习学习能力普遍较低，很多同学没有确定学习目标、监控或评估学习的经历"。针对多种教学模式教学效果的对比研究也发现，单纯的自主学习模式的教学效果并不好，甚至比"以教师为中心"的传统教学模式还差，而不同教学模式的综合应用往往能取得喜人的教学效果。因此，我们要处理好自主学习和面授学习之间的关系，折中的办法就是将两者以一定的比例按照某种模式进行整合，也即开展混合式教学，将教师主导作用的发挥和学生主体地位的体现在建构主义学习环境下统一起来，信息技术的教育应用为这种统一创造了条件。

信息技术的教育应用经历了计算机辅助教学、计算机辅助学习、信息技术与课程整合三个阶段，目前已进入第三范式阶段。信息技术与课程整合，是指通过将信息技术有效地融合于各学科的教学过程来营造一种理想的教学环境，以实现一种能充分体现学生主体地位的、以"自主、探究、合作"为特征的新型学习方式，其本质是要改变传统的"以教师为中心"的教学结构，构建一种新型的"主导——主体相结合"的教学结构。这种基于"信息技术与课程整合"的混合式学习不是课堂面授学习和在线自主学习的叠加式混合，而是"以学为主"和"以教为主"这两种教学模式的有机融合，互为补充、互相渗透、互相促进，是一种深度的混合式学习，可称之为整合式混合学习（integrated blended learning）。

混合学习模式下的课程设计以教学目标分析、学习者需求分析和特征分析为基础，以特定的学习环境为前提，必备的要素包括完善的网络环境、丰富的网络教学资源（包括网络教学平台、网络教学课件、网络教育教学资源库、网络试题库、网络交流平台等）、多媒体教学设备和的具有一定信息技术素养的教师，其中计算机网络环境和多媒体教学设备是平台，网络教学资源是载体，教师是灵魂。信息技术与课程的整合，就是将信息技术与上述各要素融合起来，经过精心的教学设计，形成新的教学结构，以改善教学过程，提高教学效果。余胜泉等认为网络环境下混合式教学主要有建构性学习环境设计、课堂教学、在线和发展性教学评价等四个主要环节；黄荣怀等认为混合式学习是由课程导入、活动组织、学习支持和教学评价四个关键环节构成。

### 2.3.1 交互式智能平板的混合式教学模式实践

交互式智能平板是近几年发展起来的一种新型教学媒体，它以高清液晶屏为显示和操作平台，具备书写、批注、绘画、多媒体娱乐等功能，融入了人机交互、平板显示、多媒体信息处理和网络传输等多项技术。那么如何利用交互式智能平板进行教学才能发挥出它的优势?本文从混合式教学模式的角度,探究基于交互式智能平板的课堂教学如何进行。

（一）交互式智能平板的教学功能

交互式智能平板集成了投影机、电子白板、幕布、音箱、电视、电脑等诸多教学装备，相比于传统的电子白板，其特有的教学功能如下：

(1)交互式智能平板无需投影仪，当老师需要靠近投影幕布进行指点和讲解时，投影画面不会投在教师身上，以免妨碍教学。

(2)交互式智能平板具有高清晰度、高亮度、高对比度的显示特性，解决了传统投影仪设备在显示上对光线有过多依赖的不足和限制。

(3)教师可自由站于交互式智能平板前用自己喜欢的方式教学，与学生互动。手指轻点，借助系统软件即可完成图片局部放大、聚焦显示、图片缩放、视音频播放等功能，就像操作智能手机一样简单、方便。

(4)具有方便的导航栏功能,教师在教学时可以随时操作导航栏来调用不同的教学内容，避免操作不便造成教学停顿现象。

（二）交互式智能平板的混合式教学模式的构建

混合式教学模式强调传统面授教学与网络教学相结合，因此教学过程中的资源应包括教师课堂讲授中所需资源以及为学生提供的线上学习资源。本文探讨的混合式教学模式所依赖的资源主要包括交互式智能平板以及学生在课堂上使用的学习终端和相应的学习资源，通过教学实践研究，构建了基于交互式智能平板的混合式教学模式。在基于交互式智能平板的混合式教学模式中，教学主要分为课堂教学与在线学习两部分，教师在课堂上起主导作用，学生占主体地位，可以具体分解为以下几个部分：

1.课堂教学与线上学习的混合

在基于交互式智能平板的混合式教学模式中，包括了多个方面的混合，例如：多种教学资源的混合，教师的教与学生的学的混合等等，而其中最主要的是基于交互式智能平板的课堂教学与基于学生学习终端的线上学习的混合。利用二者的混合教学，能增强教师与学生的交互，激发学习者的学习动机，调动学习者的积极性。

2.课堂教学中"教师、教学媒体、学生"之间的互动

交互式智能平板的互动效果是其一大亮点，然而如何利用它进行交互使其有效地辅助教学则需教师进行相应的教学设计，综合考虑各种教学资源的优缺点以及与交互式智能平板的兼容性，并创设一定的教学情境，吸引学生的参与，激发学生的学习兴趣，让学生积极地与教师交互，展示个人学习成果，参与到教学中来，从而实现"教师、教学媒体、学生"之间全方位的互动。

3.学生利用学习终端在线学习

在课堂教学过程中，不可能让每个学生都上台操作交互式智能平板，这时学生可以利用学习终端在线学习。课前，教师需将教学所需的内容存储在学生学习终端中，以便学生在课上利用个人学习终端中的资源进行自主学习、探究学习、小组协作学习等。同时，教师要对学生予以引导，并观察学生的反应以及学习情况，及时给予指导。基于交互式智能平板的混合式教学模式的实践。中国民间剪纸欣赏课为例，对基于交互式智能平板的混合式教学模式进行了教学实践研究，具体实践过程如下：

1.课前准备阶段

交互式智能平板可以展示多种类型的教学资源，而不同类型的教学资源所带给学

生的感受也不尽相同，教师在备课时，应该充分考虑各种教学资源的优缺点，从而选择合适的教学资源进行教学。同时，对于各种教学资源应该何时利用，以何种方式利用以及用多长时间都是教师在进行教学设计时应该考虑的内容。

在中国剪纸欣赏课中，教师应能合理安排各种剪纸图像、视频、教学 ppt、剪纸实物等各种教学资源的顺序，同时能够熟练地操作交互式智能平板，从而更好地引导学生学习。由于学生年龄较小，信息素养还不够，因此教师在课前需要对其进行一定的培训，从而让其能够熟练地操作交互式智能平板与个人笔记本电脑。另外，教师会提前将所需的教学资源存储至学生的个人笔记本电脑中，从而为上课时学生的自主探究学习打好基础。

2. 课中授课阶段

在基于交互式智能平板的混合式教学模式中，既充分发挥了交互式智能平板的教学功能，又不离开传统课堂实物教具，合理地利用各种教学资源的优势，充分体现了教师的引导作用和学生的主体地位；同时，也将传统教学与线上学习融为一体，激发了学习者的学习动机和热情，从而提高了学习的效果和效率。其具体教学过程如下：

(1) 教师引导，口头表达

在本节剪纸艺术欣赏课中，教师的引导至关重要。教师多次创设情境，提出问题，引导学生表达自己的想法。如同学们观察到了哪些类型的剪纸?最喜欢哪一幅剪纸?喜欢这幅剪纸的原因是什么?充分调动了学生学习思考的积极性，同学们都踊跃回答问题。另外，在有的同学用语不当或者无法找到合适的词语表达自己的想法时，教师会及时地给予提示引导，有效地锻炼了同学们的语言表达能力和思考问题的能力。

(2) 声像并举，细致观察

在剪纸艺术课的开始阶段，教师利用交互式智能平板伴随着音乐声展示各种类型的剪纸，同学们的注意力立刻被吸引了过来，并在教师的引导下认真地观察着剪纸图片。同时，在说说自己最喜欢的剪纸以及观看剪纸的制作过程时，教师熟练操作交互式智能平板，将图片视频任意放大，从而使学生能够更加细致、方便地观察。

(3) 课堂展示，互动操作

交互式智能平板最大的优势在于它的交互性，在本节剪纸艺术欣赏课中，教师也充分利用了交互式智能平板的这一特性，有效地实现了师生互动、生生互动以及人机互动。课堂上，教师熟练地操作交互式智能平板，在合适的时间顺畅地切换各种类型的教学内容，同时与学生进行互动，使教学能够自然流畅地进行。另外，教师在交互式智能平板中安装了相应的教学软件，在将剪纸归类环节，让同学们亲自用手触摸交互式智能平板，拖动各种类型的剪纸，将其归入相应的类别。交互式智能平板会在学生归类之后自动作出判断，给出相应的评价。同样，在学习剪纸"囍"字的镂空部分时，也采取了类似的教学方式，极大地激发了学生参与的积极性，使得课堂气氛活跃，取得良好的教学效果。

（4）实物教具，各有所长

混合式学习的思想是通过选择"恰当媒体"，找出解决特定教学问题的独特而有效的方法。在基于交互式智能平板的混合式教学模式中，教师并不是一味地依托交互式智能平板来进行教学，而是根据不同教具不同的特点，合理地利用实物教具与交互式智能平板。如在观察中国剪纸

的"镂空"特点时，教师使用了剪纸实物，让同学们回答透过剪纸能否看到自己，从而明白中国剪纸镂空的特点。与交互式智能平板相比，此时实物教具就显得更为直接具体。在本节中国剪纸艺术欣赏课的最后，教师还为学生提供了剪纸工具，让学生根据上课所学的有关中国剪纸的内容，发挥自己的想象力，剪出自己喜欢的剪纸，从而让学生更加深入地认识了中国剪纸，也在一定程度上培养了学生的创造性与动手能力。

（5）小组协作，自主探究

在基于交互式智能平板的混合式教学模式中，教师指导学生利用个人的笔记本电脑进行小组协作探究学习也取得了明显的教学效果。教师提前将相应的教学内容存入每位学生的个人笔记本电脑中，在课堂教学的相应环节，指导学生分成若干小组，在个人笔记本电脑上协作探究相应的教学内容，让每个学生都能体验到教师所教的内容。

3.课堂效果评价阶段

通过课上对学生的观察，笔者发现在基于交互式智能平板的混合式教学模式中，学生积极参与到教学之中，与教师频繁地进行互动，学习的自主性和积极性得到极大的提高，也非常愿意动手实践观察，从而提高了学习

的效果和效率。

交互式智能平板具有众多的教学优势，但要取得最佳的教学效果，还是要依靠教师进行合理的教学设计，将交互式智能平板的优势与教学内容合理地结合起来，实现"教师、教学媒体、学生"之间全方位的互动，充分体现教师的引导作用以及学生的主体地位。

### 6.3.3　ESP+EGP 混合教学模式实践

信息技术带来的不仅仅是教学模式的变革，作为相关学科教学目标和教学内容改革的促进因素，信息技术还从课程的层面促进了学科教学改革。混合学习模式下，以计算机网络自主学习模式为主，还是以传统课堂教学模式为主？这取决于大学外语的教学目标，整合的程度应根据大学外语课程设置、具体课程的教学目标以及具体教学情况灵活匹配、动态调整。

（一）大学英语 EGP、ESP 之辩

多年以来，大学英语一直定位于基础英语（EGP）教学，但随着基础教育英语课程改革在中学的全面实施，我国中小学英语教学的迅速发展，大学英语教学的一般要求有望在高中大部分或全部完成，许多专家学者认为基础英语应放在中学阶段完成，大学和研究生英语教学应定位于专门用途英语（ESP）。加上最近几年许多高校开始压缩大学英语学分，"大学英语教学的重点正从目前的通用英语向专门用途英语，尤其是学术英语转移，并明确提出为专业学习和今后工作服务的大学英语教学目标"，语言学习和专业知识学习的融合成为今后大学英语教学的趋势，ESP 教学有望成为今后我国大学英语教学改革的主流。

即便在开设有选修课的高校，大部分高校开设的是各类通识类（EGE）选修课程。不可否认，EGE 课程对于提高学生的文化素质很有帮助，但它们无法满足学生在 ESP 方面的学习需求。许多学校"只强调基础英语的教学而没有系统的开设 ESP 课程，且 ESP 课程设置和 ESP 教学随意性较强，导致 ESP 的教学还处于零散的、自发的状态"[14]。ESP 定位不明确，教学模式落后，教学手段单一，师资力量薄弱，组织管理松散[15]，严重制约了我国高校 ESP 教学的发展。随着经济全球化的进一步深化，仅将 ESP 作为 EGP 后续课程的大学英语教学体系显然已无法满足众多普通高校学生ESP学习的强烈需求以及社会对英语复合型人才的迫切需求，我们亟待寻找一种更为有效的方式整合大学英语 EGP 和 ESP 课程，以扩大 ESP 教学的受众范围。

（二）EGP+ESP 混合教学模式内涵

本模式中的 ESP 课程定位明确，属于专业基础类课程，是基础英语课程和双语课程之间的过渡性课程，是大学英语教学的一部分，因此专业性不宜太强，以培养学生用英语传递和表达专业信息的能力为目标，教学任务主要由英语教师承担。在基于计算机和课堂的教学模式以及学生个性化、自主化学习方法形成之前，我们必须坚持"EGP教学和 ESP 教学的先后关系"。但随着大学英语教学改革的深入发展以及信息技术教育应用的迅速发展，基于网络、计算机和多媒体等信息技术的大学英语立体化教学环境已初具规模，学生可依托互联网、网络辅助课程和自主学习中心等网络多媒体形式进行自主学习、促进语言输入，课堂成为语言输出的主要场所[17]。也就是说，EGP 的学习可以依托网络化的自主学习中心、主要由学生自主学习完成，课堂成为学生展示、教师指导的主要场所。因此，我们可尝试在信息技术环境下构建 EGP+ESP 混合教学模式，同步进行 EGP 教学和 ESP 教学。在整合式混合教学模式的基础上，我们构建的信息技术环境下的 EGP+ESP 混合教学模式主要包括 EGP 自主学习、EGP+ESP 网络交互学习、ESP+EGP 课堂面授学习三个模块，但这三个模块并非彼此独立，而是在信息技术环境下通过混合式教学评价构成了相互依存、相互渗透、相互促进的有机整体。

1.EGP 自主学习与面授学习混合

EGP 教学的重点在于掌握英语语言共核以及听、说、读、写和译等基本技能的训练。在信息技术环境下，EGP 课程内容可依托目前市场上主流的大学英语教材配套的网络学习系统，如新视野大学英语网络教学平台等，再辅之以其他教学多媒体课件、试题资源、英语影视资源、英语学习网站等课程资源，开展人机互动、生生互动以及师生互动，强化语言基本技能。但 EGP 自主学习的有效开展要求学生具备一定的英语基础和自主学习能力。笔者认为，众多普通院校可依据学生的实际水平，开展分级分类教学，比如第一、二个学期开展基于计算机和网络的 EGP 教与学，集中培养学生的英语综合应用能力，尤其是自主学习能力和个性化学习方法的培养，第三、四个学期则开展基于混合式学习的 EGP+ESP 立体化教学。教师通过网络平台公布各阶段的 EGP学习内容、学习进度、学习目标和考核标准等，学生主要在网络化的自主学习中心或者宿舍的个人电脑上在完成自学、自测、自评。教师可通过网络平台给学生布置一些与学习单元主题相关的活动，让学生个人或小组合作完成，然后每周或每两周花 1 课时的时间通过多种形式让学生展示自主学习所学，并对单元学习中的难点、疑点进行解答以及学习策略的培训等。在这种"课下学习，课上展示"的教学模式中，教师要帮助学生确定各个阶段的学习任务、组织学习活动、提供帮助和指导，发挥着组织者、指导者、意义建构的帮助和和促进者的角色。《大学英语课程教学要求》也指出，"学生每学习 16-20 学时，教师应给与至少 1 学时的辅导"，这 1 学时的课堂面授是检验和监督学生自主学习和的关键，教师要精心组织，以便能充分发挥其在自主学习中的主导作用。

### 2.ESP 内容教学法与情境教学法混合

内容教学法，即 content-based instruction(简称 CBI)，是将特定主题和学术内容与语言教学相结合、学科知识教学和语言教学同时进行、用语言讲授某一领域学科知识的教学理念。CBI 指导下的 ESP 教学不再分割英语学习和学科主题内容学习，主题明确，增加了语言学习的目的性和趣味性，体现了英语的工具属性，能更好地满足学生的需求，因而有助于提高学生的学习动机，帮助学生实现学科知识和语言能力的共同提高。基于 CBI 教学理念的

教学模式有多种，比如主题教学模式（theme-based instruction），保护式教学模式（sheltered content instruction)和辅助教学模式(adjunct language instruction)及其变体形式。针对本研究中的 ESP 定位，教师可结合学生的实际水平、专业需求和学习兴趣，选择内容和难度始终的教学材料，开展 ESP 主题式教学或者保护式教学。教师在课堂上通过各种文献资料、音频、视频资料等，讲授和各种主题相关的 ESP 特色词汇、句法，扩大学生的 ESP 可理解性语言输入。

教师要特别主义提高 CBI 课堂的交互性，设计多种形式的课堂教学活动或任务，避免过多使用语法翻译教学法、让课堂落入"教师一言堂"的俗套。 因此，除基于内

容外，ESP 教学还应基于任务和情境（context），开展任务驱动型的情景式教学（task-driven context-based instruction）。建构主义理论特别注重情境的创设，认为学习是在一定的情境下，通过人际交互合作最终实现意义构建。情境的创设，让 ESP 教学更接近于真实情境下的语言使用，更具真实性，而真实性正是 ESP 教学的灵魂，包括真实的语篇（authentic texts）和真实的学习任务（authentic tasks），真实性应体现在语言技能、学习策略和交际策略的培养上[18]，真实的学习任务和真实的情境成为 ESP 教学的基本要求。为此，我们应在信息技术环境下，借助于各

种多媒体信息技术手段，创设各种真实或接近于真实的 ESP 教学情境，开展基于任务或项目的情境式教学，培养学生的语言技能、学习思维能力和交际能力。

3. 网络交互式学习与网络探究式学习混合

由于时间的限制，课堂上教师无法解决学生所有的问题，在传统教学模式下，这些问题最终多数未能得到解决。在混合式教学模式中，我们可通过网络化教学平台搭建立体化答疑系统，学生可将问题提交到答疑系统，等待老师或其他同学解答。对于一些具有普遍性的问题，教师可将问题和回答整体公布到答疑中心，供其他学生参考。教师也可通过答疑系统提出自己的问题，启发学生思考。除答疑功能以外，一般的网络教学平台都提供讨论交流的模块，教师也可通过博客、微博、论坛等网络虚拟社区搭建师生交流平台。教师可结合 EGP 课程内容学习单元的内容，设计一些话题，学生则通过发帖、跟帖等形式进行交流和讨论。这种"异步交互"式的主题讨论可以不受时间和地点限制，可加深学生对所学单元内容的理解，通过发帖表达自己的思想，可以大大提高学生的逻辑思维能力和写作能力。

针对 ESP 教学，结合课堂面授的任务驱动型的情景式教学（task-driven context-based instruction），教师应鼓励学生开展基于项目的网络探究式学习（project-based webquest）。Webquest 主要是在网络环境下，在教师指导下，以一定的任务驱动学生进行自主探究学习。这种学习方法注重培养学生通过网络，直接访问专家、搜索数据库、了解最新报道、最终解决实际问题的能力，这与 ESP 教学的"真实性"不谋而合。Webquest 既能给予学生充分的自由，学生可以根据子自己承担的项目分工从丰富的网络资源中寻找自己所需要的资源，并与其他同学进行交流，最终合作完成项目。在此过程中，教师应为学生提供一系列对学生完成任务能其帮助作用的网站或链接，并给予经常性的帮助和指导，提高学生学习效率的同时培养学生的自主学习能力和团队合作精神。

4. 形成性评价与终结性评价混合

由以上论述可知，信息技术环境下的 EGP+ESP 混合式教学模式强调学生的个性化学习，要求学生具备自主学习、合作学习的能力，注重培养学生在真实情境下解决实际问题的能力，引起了学生的认知模式、学习方式以及教师的教学模式、教学策略和角色的变革，因此我们要改变过去重结果、轻过程的评价实践，改变过去教师作为评价唯一主体的现状，需要有一套由师生共同参与的多元化的终结性评价和形成性评价相结合的评价体系，实现评价内容、评价主体和评价工具的多元化。关于两者之间的比例，笔者认为各占 50%较为合适。终结性评价在学期末进行，可以是纯 ESP 测试，也可以是 ESP 和 EGP 知识的混合试卷，但应以 ESP 为主。EGP 学习评价主要以在线测评为主,学生可通过网络教学平台提供的测试题或者学校自建题库进行经常性的测评,在线测评成绩作为形成性评价的一部分(20%)。此外,网络平台所记录的学习时间、网络答疑、网络交互参与程度也可以作为形成性评价的重要依据(5%)。对于 ESP 基于项目的网络探究式学习以及 EGP 课堂面授学习,我们可开展教师评价、学生自评、互评和小组评价等,对学生的课堂活动参与情况及任务完成情况作出全面评价(10%)。我们还可采用档案袋评价(10%),比如 ESP 阅读或写作档案袋,鼓励学生对自己的学习过程、学习方法以及努力程度等进行连续性反思。学生的考勤也应成为形成性评价的一部分(5%)。不管采用何种形式、何种比例,形成性评价的标准必须公正、清晰、一致,教师应在开展具体评价之前公布相关标准,并进行必要的说明、示范和指导,这既能保证评价结果的公正、准确,同时还能帮助学生更好地明白自己应达到的目标和水平。

随着经济全球化的进一步发展,社会需要更多的同时具备复合知识结构和较高外语水平的复合型人才。信息技术环境下的混合教学模式将传统教学的优势和网络学习的优势结合,将以教为主和以学为主这两种教学模式有机结合,实现了"教师主导——学生主体"相结合的双主式教学。更重要的是,将混合式学习主要放到网络化的自主学习中心完成,为混合式教学争取了更多的学分和时间。混合教学模式对教师的素质和能力提出了更高的要求。教师需进行系统的教学设计,尤其是学习活动的设计和教学情境的创设,以及对学生的自主学习进行有效的监控和指导,否则容易出现自主学习与面授学习的简单混合,而非有效整合。

### 2.3.4　网络环境下混合式教学模式实践的思考

随着信息技术的发展,混合式教学(Blending Learning)将成为学校教育未来发展的趋势。教师为了适应这一变化,既要实现其角色的转变:由单一角色向综合角色转变;还要实现其能力的转型:在提高专业能力的同时,不断提高应用信息技术的能力、系统化教学设计的能力、教学实施的能力等。

所谓混合式教学(Blending Learning),就是要把传统学习方式的优势和数字化或网络化学习(E-Learning)的优势结合起来。也就是说,既要发挥教师引导、启发、监控教学过程的主导作用，又要充分体现学生作为学习过程主体的主动性、积极性与创造性。混合式教学强调的是在恰当的时间应用合适的学习技术达到最好的学习目标。

（一）混合式教学模式下的教师角色

在混合式教学模式下，新技术、新理念的出现往往对教师提出了更高的要求，教师的角色既有传统教学环境下的角色特点，又有网络教学环境下的角色特点。在混合式教学的不同模式中，教师扮演着不同的角色。

1、在以集体学习为主的教学模式中教师将要充分有效地利用每一个45分钟，将大家在学习过程中普遍反映出来的问题，进行重点地解释和讲授。无论是面对面的课堂讲授，还是实时或非实时的远程讲授，教师都起着教学的主导作用，是教学成功的关键。但是，在远程讲授中，由于媒体的介入，比如网络，教师的实际主导作用还是有所下降。在该模式下，教师的角色仍为主导者和知识的传授者。

2、在以小组学习为主的教学模式中，在课堂上教师可以深入到课堂的每一个小组之中，直接对学生讨论的内容、观点予以解答或释疑，或是参与学生的讨论；而在网络上，一般教师利用交互平台或 E-mail 方式进行讨论式教学。由于师生无法见面，互相看不到对方的表情或反应，教师

需要不断注意学生提出的问题，引导学生解答，有时教师不必对学生提出的问题立即回答，但要给出必要的指点和引导。无论是课堂中，还是网络上，教师的角色在此模式中已转变为设计者、观察者、倾听者、引导者和评价者。

3、在以个体学习为主的教学环境式中充分体现的是学生学习的主体性、主动性，教师在此过程中的主导作用进一步降低，替代他们的通常是辅助个别化学习的软件、网络课件、自学材料等，教师的出现往往是在学生主动提出需求、问题的时候，而这个时候恰恰是学生在经过积累，或学习中遇到障碍无法逾越之关键期。教师要针对不同学生的特点，不同问题的性质，做出判断，通过不同途径给予学生个别化的帮助与指导。该模式下教师的角色为咨询者和辅导者。

（二）网络环境下混合式教学的实施

学习理论是教学设计的理论基础。学习理论自20世纪50年代以来，历经行为主义、认知主义和建构主义等不同发展阶段。总体说来，随着学习任务的复杂性增加，学习

者的认知能力提高，学习环境的逐渐丰富，最适合的学习理论从行为主义向认知主义到建构主义逐渐转化。在实施混合式教学设计时，需要根据不同的具体情况加以选用。

网络环境（尤其是网络教学平台和教育教学资源库）为混合式教与学提供了有效的支持，将教师的教学行为由课堂内扩展到了课堂外，可以大大提高学生的学习效率和学习效果。基于网络教学平台及优秀教育教学资源库开展混合式教与学既可以发挥教师的主导作用，又可以发挥学生的主体性作用。教师在课堂教学中可以利用网络教学资源进行授课，课后学生可以借助网络教学资源和网络交互工具进行学习和讨论交流。

高职院校的混合式教学模式可以根据具体情况灵活配置。比如，对于低年级学生，还没有进行校外实习，可借鉴美国明尼苏达州的Still water Area Public Schools的Moodle应用案例：学生们在教学时间内通过传统方式进行课堂学习和实践；非教学时间（宿舍或家中）按照教学计划进行在线学习（如：观看异步教学视频、理解问题并完成作业）——这种模式允许学生多地点学习和自行调整学习节奏。Innosight Institute把这种模式定义为翻转课堂模式（Flipped-Classroom Model）。

该教学模式的优点在于：一方面，教师通过构建在线课程，解决传统教学中诸如课堂学时有限、内容拓展不够、自主学习缺乏、师生之间缺少交流（包括学生的答疑、讨论、作业批改和反馈等）等问题，并可以实践"微课"等新教学方式，从而提高学生的学习效率和效果。另一方面，也可降低教学成本，减少师资支出，提升运营效率，并拓展学生的学习体验。

基于翻转课堂混合式教学模式的实现过程大致可以分为以下三个阶段：

1、准备阶段

（1）根据教学目标制定教学任务。教师首先要根据教学大纲制定详细的教学任务，采用翻转课堂混合式教学任务的制定必须以独立的知识点为单位，否则学生很难进行自主学习。为此，需要将整个课程按照知识结构组织为若干模块，每个模块再划分为若干小的知识点。

（2）建立课程教学资源。教师根据教学知识点制作教学PPT、教学视频、微课等多种形式的教学资源，并收集与教学知识点相关的网络资源，将资源发布于在线教学平台，供学生下载和学习。为了进一步激发学生学习积极性，将历届学生中优秀的作业、实验置于在线教学平台中，对学生进行展览。

（3）教学环境使用培训

教学环境使用培训主要是指培训教师和学生使用网络教学平台及其他课件演示工具或交互工具等，熟悉教学环境，排除技术障碍，为保证教学效率奠定基础。教学环境使用培训，乃至信息技术与课程整合的最终目的都是使信息技术成为辅助学生学习的高级认知工具。学会使用各种认知工具创设学习情境、提供学习资源、写作与创作、发表个人看法、交流、协作、探索和发现、计算与数据处理、提供练习与反馈、个别指导和评价、提供学习帮助和启示、成长记录、质性评估、学习反馈等。

2、实施阶段

（1）教学计划说明

在课程开始之前教师需要将整个课程的教学计划以及各个阶段的教学计划公布在网络教学平台上，在课程教学进行的过程中，在每次课之前教师也需要将该次课的教学计划公布在网络教学平台上，以便学生准备和预习。教学计划说明的内容应该包括教学目标、教学内容、教学方式、教学活动安排和教学评价方式等。

（2）课程内容重点与难点讲授

对课程中的重点内容的讲授，是保证学生快速掌握课程知识结构的重要措施。教师在课堂上使用预先设计好的网络课程教学，网络课程集成了精心设计和选择的多媒体课件，从多感官上刺激学生的感觉器官，有助于学生的理解和记忆。具有历史意义的事件回顾、情景案例等，都可以通过视频或flash二维/三维动画动态地展现。

（3）课堂讨论、交流、答疑

课堂讨论可以是在线讨论的起始，也可以是在线讨论的延续和深化。一次成功的课堂讨论、交流，首要的是教师设计一个有争论空间、有意义、能发挥学生的创造性思维的问题，然后正确引导学生的讨论方向，教师正确引导学生讨论交流的原则是"你可以不赞同对方的观点，但是你必须了解对方的这种观点和产生这种观点的原因"，这有利于发散学生的思维，使学生养成从多角度、全面思考问题的习惯。讨论交流的实施方式可以是多样的，对于大班教学一般是先分小组讨论，然后组间交叉讨论，最后教师总结讨论结果。

3、教学评价阶段

传统教学中对学生成绩的评定主要包括：平时成绩、期中考试成绩、期末考试成绩。其中，平时成绩以作业和出勤情况为主，三种成绩各占一定比例，得到最终成绩。但实际操作中，存在作业抄袭等现象，很难对学生做出一个客观、正确的评价。为此，在该阶段可以加入个人汇报、成果展示、小组讨论、网络或课堂中交流的活跃度等作为评估准则，使得对学生的评价更客观、准确。

（三）混合式教学面临的问题

混合式教学会使得学生的认知方式发生改变，教师的教学模式、教学策略、角色也都发生改变。对于混合式教学，我们需要在课程层面进行教学设计；在专业层面进行教学改革；在学校层面进行教育改革。跟风、浮躁和短视很容易改变混合式学习的初衷。虽然混合式教学能降本节支，但这不是它的主要目的。美国一些学校通过增加在线教学份额和减少教师数量的方式来降低成本，忽略了学生的创新精神和社交需求，从而引起广泛质疑。学生如果缺乏与人面对面的交流，易产生精神、情感和健康方面的问题。另外，如果混合式教学以提高学生的学习成绩为目的，强调服从权威，而忽略独立思考、创新思考和质疑精神，那它仍是新瓶装旧酒，不能发挥这项应用技术的所有潜力。

混合式教学并不是一种全新的教学方法或理论，而是随着教育信息化的深入，使它逐渐得到了普遍的关注。网络教学进入校园，并不是对传统教学替代式的进入，而是使二者优势互补。混合式教学将教师的教学行为由课堂上扩展到了课堂外，既可以发挥教师的主导作用，又可以发挥学生的主体性作用。尤其可以弥补当前高校扩招带来的师资紧张、优质资源缺乏、师生互动大幅度减少的弊端。

# 第三章　翻转课堂教学概述

## 第一节 翻转课堂的含义

伴随大数据时代的到来，新理念和新技术不断涌现，信息技术与课程的整合也日渐深化，与之相适应的教学改革也呼之欲出。翻转课堂作为国内外教育改革的新浪潮，为教与学的进一步发展拓展了新的教学思路。翻转课堂是从英语"Flipped Class Model"翻译过来的术语，一般被称为"反转课堂式教学模式"。传统的教学模式是老师在课堂上讲课，布置家庭作业，让学生回家练习。与传统的课堂教学模式不同，在"翻转课堂式教学模式"下，学生在家完成知识的学习，而课堂变成了老师学生之间和学生与学生之间互动的场所，包括答疑解惑、知识的运用等，从而达到更好的教育效果。互联网的普及和计算机技术在教育领域的应用，使"翻转课堂式"教学模式变得可行和现实。学生可以通过互联网去使用优质的教育资源，不再单纯地依赖授课老师去教授知识。而课堂和老师的角色则发生了变化。老师更多的责任是去理解学生的问题和引导学生去运用知识。

### 3.1.1 翻转课堂的起源

#### （一）大数据时代的到来

大数据（big data）这一词汇在进入 2012 年后越来越多地被提及，人们用它来描述和定义信息爆炸时代产生的海量的数据。当今社会，各类数据正在迅速膨胀并不断变大，越来越多地引起关注，随着时间的推移，人们也越来越多地意识到数据对人类生活的重要性。

大数据的特征主要表现为四点：第一个特征是数据量大（Volume）；第二个特征是数据类型繁多（Value）；第三个特征是数据价值密度相对较低（Velocity）；第四个特征是处理速度快，时效性要求高（Velocity），这也正是大数据区分于传统数据

最显著的特征。哈佛大学社会学教授加里•金说："这是一场革命，庞大的数据资源使得各个领域开始了量化进程，无论学术界、商界还是政府，所有领域都将开始这种进程"。

麦肯锡是全球知名咨询公司，也是最早提出"大数据"时代已经到来的机构。麦肯锡在一

份名为《大数据，是下一轮创新、竞争和生产力的前沿》的专题研究报告中指出，数据已经渗透到每一个行业和业务职能领域，逐渐成为重要的生产因素。正如 2012 年 2 月《纽约时报》的一篇专栏中所称，"大数据"时代已经降临，在商业、经济及其他领域中，决策将日益基于数据和分析而做出，而并非基于经验和直觉。"大数据"可能带来的巨大价值正渐渐被人们认可，它通过技术的创新与发展，以及数据的全面感知、收集、分享，为人们提供了一种全新的看待世界的方法。从各种各样类型的数据中，快速获得有价值信息的能力，就是大数据技术，大数据时代对人类的数据驾驭能力提出了新的挑战，也为人们获得更为深刻、全面的洞察能力提供了前所未有的空间与潜力。

大数据又称巨量资料，指需要新处理模式才能具有的决策力、洞察力和流程优化能力的海量、高增长率和多样化的信息资产。大数据的核心是利用所有的数据进行分析预测，而不再仅仅依靠小数据时代的随机采用分析法。大数据带来的信息风暴正在变革我们的生活、工作和思维；正在物理学、生物学、环境生态学等领域以及军事、金融、通讯、互联网等行业发挥作用；在文化传播领域，庞大的数据库能够帮助我们准确了解世界各地人民的不同态度和想法，为中国赢得前所未有的机遇，快速提升中国'文化走出去'的步伐。但同时大数据时代的来临也意味着随着大数据业的发展，政府在政务、商业、经济及其它领域的政策与措施也愈加的公开化与透明化，这就反应了大数据时代的群体定律，群体定律也是必然定律，由无形之手操纵，不受时空限制。大数据在享有趋同定律的同时，还提出了世界的均衡是暂时的，流变是必然的，多样化的生态才会造就丰富多彩的不断流变的系统。因此大数据时代背景下，文化产品的输出就必须遵循在保有产品的多样性的前提下，趋同于目标输出国的文化认同。而在大数据时代背景下，信息技术能够跟踪、记录学生在线活动的全部情况。可以通过数据分析掌握学生的学习特点、学习行为和学习策略，分析数据背后的因果关系。同时也分析教学者的教学行为、评价习惯等。教育机构可以利用大数据为师生展示学生的学习状态和学习行为，从而为数据驱动的精准教学找到依据和提供支撑。大数据时代的到来，必将带来现代教育的巨大变革，如何来面对这种新

形势是每位教育者都应深入思考的问题。

而伴随着中国"一带一路"发展战略的提出，培养具有国际视野、通晓国际规则、能够参与国际事物与国际竞争的国际化人才已成当务之急。国际化人才应具备扎实的语言基本功、娴熟的跨文化技能、宽广的国际视野和博大的中国情怀等基本素质。国家需要大批具有国际竞争能力的人才，这也对人们的跨文化交流能力提出了更高要求。大学生是促进社会未来发展的生力军，他们的跨文化交流能力直接关系到对外交流的成功与否。这也使得培养大学生跨文化交流能力成为当前高等教育的主要任务之一。所谓跨文化交流能力指与不同文化背景的人们有效、恰当地交往的能力；也是"掌握一定的文化和交际知识，能将这些知识应用到实际跨文化环境中，并且在心里上不惧怕，主动、积极、愉快地接受挑战，对不同文化表现出包容和欣赏的态度"。

跨文化教育的目的是要通过教育促进对人类间差异的理解，重视人权，尊重差异，承认文化差异的价值，理解生活方式选择，主张和谐共处。跨文化教育是一种主动的互动式教育，也就是要在教育中关注不同文化的差异，研究不同文化对学生的影响，使来自不同文化的学生能够相互交流、相互理解、相互学习。跨文化教育的核心价值是接受并欣赏文化差异；尊重人的尊严和人的权利；各文化均有其特性，应相互尊重、相互学习；非主流文化也应受到应有的重视。跨文化教育是教育的发展趋势，已成为一种国际教育思潮和运动。

大数据与中国特色跨文化人才培养之间的关系，跨文化人才的培养需要多种方式和途径，大数据为我们提供容量大、种类多、速度快、价值高的数据支撑，并能持续有效激发学生的学习兴趣。大数据资源可以使学生多渠道、多方位地增加自己的异国文化知识、加强对异域文化的敏感性、鉴赏力等，提升学生自主学习能力，从而提升学生的跨文化交际能力。

（二）翻转课堂的历史

大数据时代的背景下，伴随着新理念和新技术的不断涌现，信息技术与课程的整合也日渐深化，与之相适应的教学改革也呼之欲出。当下，翻转课堂成为国内外教育改革的新浪潮，为教与学的进一步发展拓展了新的教学思路。

翻转课堂（Flipping Classroom，也有译为颠倒课堂或颠倒教室）起源于美国科罗拉多州落基山林地公园高中的两位化学教师 Jon Bergmann 和 Aaron Sam，是由于他们将实时讲解和 PPT 演示相结合的视频上传到网络而引起世人的关注。2011 年，萨尔曼·可汗（Salman Khan）在 TED（TechnologyEntertainment Design，美国一家私有非营利机构）大会上的演讲报告—"用视频重新创造教育"中提到：很多中学生晚上在家观看可汗学院（Khan Academy）的教学视频，第二天回到教室做作业，遇到问题时则向老师和同学请教。这与传统的"老师白天在教室上课、学生晚上回家做作业"的方式正好相反的课堂模式，被命名为"翻转课堂"。萨尔曼·可汗（Salman khan）和其创立的汉学院（Khan Academy）的里程碑式推动作用，使翻转课堂成为众多教育者关注的热点，并一跃成为全球教育界关注的新型教学模式，在加拿大的《环球邮报》上被评为 2011 年影响课堂教学的重大技术变革。翻转课堂的出现，也为外语教学提供了一种新的教学方法。

翻转课堂就是在信息化环境中，学生在上课前完成教师提供的教学视频等学习资源的观看和作业，在课堂上由师生共同完成作业答疑、协作探究和互动交流等活动的一种新型教学模式。翻转课堂与传统课堂相比，其优势在于将学习者置于一个以问题为主要线索的教学活动环境。翻转课堂不以教学视频为核心，而是将探究性学习和基于项目学习带来的自主学习，以及对传统教学流程的颠覆和"以学生为本"理念作为真正的意义所在。

（三）翻转课堂的教学现状

目前，翻转课堂在美国受到很多学校的欢迎。其中主要有两个因素促使该教学模式得到了广泛的应用，一是美国学生在高中毕业后仅有 69%的人顺利毕业。在每年 120 万的学生中平均每天有 7200 人辍学；二是网络视频在教学中得到了广泛的应用。2007 年，有 15%的观众利用在线教育视频进行学习。

2010 年增全 30%。在线网络课程不仅涉及历史等文科领域而且扩展至数学、物理学和经济学等领域。

3.1.2　翻转课堂的实践应用意义

大学生的外语学习不同于中小学生，具有更多的课外学习时间和更灵活的时间安排。大学生既有自主性又具有探索性，大学生的外语学生不适合填鸭式教学方法，应该以自主学习为主，让学生在研讨式教学中获得良好的发展，翻转课堂恰恰符合这种教学理念，从根本上改变了学习者的学习方式。

首先，翻转课堂的实践应用可以让学习者自己掌控学习节奏。授课前，学习者可以根据自身情况，利用教学视频来合理安排和掌控自己的学习进程。学习者可以在完全轻松的氛围中完成这种课外或在家观看教学视频的过程。对于不会的、因分心而跟不上的部分可采取倒退重新观看的方式，避免了在课堂集体教学方式中因不同原因而跟不上教学节奏的担忧。外语学习需要不断思考、不断记忆和不断巩固，这种方式让学习者可以自己掌握观看教学视频的节奏快慢，会的部分跳过或快进，思考的时候暂停，不明白的部分返回、反复观看，甚至还可以通过各种信息手段及时向外语教师或学习伙伴们寻求帮助。

其次，翻转课堂的实践应用可以重新建构学习流程。翻转课堂颠覆了老师在课堂上讲课，学生在下听课，课后完成教师布置的作业的传统课堂的教学模式。翻转课堂的实践应用是让学习者课前在家完成知识的学习，而将课堂转变成老师与学习者之间和学习者之间答疑解惑、知识运用等活动的互动场所。翻转课堂的实践应用对学生的学习过程进行了重构，教师能够提前了解学习者在学习中遇到的困难，并在课堂上给予有效地辅导，学习者之间的相互交流也更有助于促进知识的吸收内化，从而达到更好的教育效果。

第三，翻转课堂的实践应用全面提升了外语课堂上的互动环节。课堂的互动具体体现在外语教师和学习者之间以及学习者之间。教师角色的转变是提升课堂互动的主要原因之一，外语教师由原来的内容呈现者转变为外语学习的指导者，使教师有更多的时间与学习者进行交流、沟通和

答疑，并参与到每个学习小组中，对每个小组成员进行个别针对性指导。教师还有时间对于学生作业的完成情况进行共性问题评论，组织学习者们成立辅导小组，还可以举行小型讲座形式对于学生所遇到的难题给予及时地指导。

当教师真正的不再仅仅是内容的传递者时，也就有更多的时间和机会观察到学习者间的互动。学生们会在自动学习过程中形成自己的外语协作小组，彼此学习、彼此借鉴和彼此帮助，而不是单纯地依靠教师。教师也逐渐不再成为知识的唯一传播者，这种改变是值得敬畏的。随着各自身份的转变，更加缩短了师生之间的距离，教师起到的作用是在引导学习者学习，而不是单纯地发出指令；学习者的任务则是探究学习，也不是单纯地接受指令。

## 第二节　翻转课堂的教学特点

### 3.1.1　翻转课堂与传统课堂的不同

现代高校不断强调培养学生自主学习的能力，教学要以学生为主体，教师起主导作用，教师不能代替学生思考。我国从上世纪 80 年代就开始探索"先学后教"的教学模式，强调学生课前预习，对新课的知识点有大致的了解。课前学生独立思考，课上带着问题听课，主动提出问题进行小组交流讨论。教师针对小组学习情况进行指点，对于普遍问题和重难点问题进行全班性指导，个别问题进行个别化指导。然而翻转课堂教学并不是中国式"先学后教"，翻转课堂教学与传统"先学后教"的区别主要表现在课前自习环节。"先学后教"的"学"完全是学生独立预习，自学教材，自己查找教辅书和其他资料来辅助理解新课知识，自己判断新课的重点，画出预习中的难点，自己梳理知识点和知识体系。课上向老师提出预习过程中的疑惑。首先，这样的预习更多成为课堂教学的辅助，对学生的自学能力要求很高，很多学生很难把握重点。其次，"先学后教"费时费力。因为辅助的资料都是学生自己花时间查找的，这耽误了学生大量的课外时间，无形中增大了学业负担。再次，学生遇到困难容易产生畏难情绪，认为老师上课肯定会重新讲一遍，放弃独立思考，不能保证预习达到教师期望的效果。

翻转课堂的"学"并不是让学生单枪匹马一个人战斗，而是学生回到家里也仿佛在课堂上一样，教师在身边教学指导。翻转课堂教学要求教师利用现代教育技术，制作微视频，找寻与新课知识相关的学习辅助材料，并且把上述资源在新课之前就提供给学生。资料是由教师收集的，这

就大大减少学生查找资料判断资料是否有用的时间。同时教师从专业角度提供的资料比学生自行查找的更有价值和针对性。学生观看的视频只有 10 分钟左右，是教师对新课的浓缩，对重难点精华讲解。学生在家观看就如同实际课堂听课一般，对于不明白的地方还可以反复播放。视频后附带与新知识点相关的练习，要求学生独立完成，再对答案。若学生对新知识仍有困惑就通过网络提出，也可以带到课堂上提出。教师课前就能了解学情，针对问题进行讲解，帮助学生内化知识。在翻转课堂的教学中，学生面对新知识不会感到孤立无助，而是在"隐形"教师的帮助下感受自主学习，进行

独立思考，在课前完成知识的获取。此外，这些视频资源是永久保存的，学生在任何时候都可以观看，自己进行强化巩固复习。

### 3.1.2 翻转课堂的特征

传统教学过程通常包括知识传授和知识内化两个阶段。知识传授是通过教师在课堂中的讲授来完成，知识内化则需要学生在课后通过作业、操作或者实践来完成的。在翻转课堂上，这种形式受到了颠覆，知识传授通过信息技术的辅助在课后完成，知识内化则在课堂中经老师的帮助与同学的协助而完成的，从而形成了翻转课堂。随着教学过程的颠倒，课堂学习过程中的各个环节也随之发生了变化。传统课堂和翻转课堂各要素的对比的主要情况。

（一）教师角色的转变

翻转课堂使得教师从传统课堂中的知识传授者变成了学习的促进者和指导者。这意味着教师不再是知识交互和应用的中心，但他们仍然是学生进行学习的主要推动者。当学生需要指导的时候，教师便会向他们提供必要的支持。自此，教师成了学生便捷地获取资源、利用资源、处理信息、应用知识到真实情境中的脚手架。

伴随着教师身份的转变，教师迎来了发展新的教学技能的挑战。在翻转课堂中，学生成为了学习过程的中心。他们需要在实际的参与活动中通过完成真实的任务来建构知识。这就需要教师运用新的教学策略达成这一目的。新的教学策略需要促进学生的学习，但不能干预学生的选择。教师通过对教学活动的设计来促进学生的成长和发展。在完成一个单元的学习后，教师要检查学生的知识掌握情况，给予及时的反馈，使学生清楚自己的学习情况。及时的评测还便于教师对课堂活动的设计做出及时调整，更好地促进学生的学习。

（二）课堂时间重新分配

翻转课堂的第二个核心特点是在课堂中减少教师的讲授时间，留给学生更多的学习活动时间。这些学习活动应该基于现实生活中的真实情境，并且能够让学生在交互协作中完成学习任务。将原先课堂讲授的内容转移到课下，在不减少基本知识展示量的基础上，增强课堂中学生的交互性。最终，该转变将提高学生对于知识的理解程度。此外，当教师进行基于绩效的评价时，课堂中的交互性就会变得更加有效。根据教师的评价反馈，学生将更加客观地了解自己的学习情况，更好地控制自己的学习。

学习是人类最有价值的活动之一，时间是所有学习活动最基本的要素。充足的时间与高效率的学习是提高学习成绩的关键因素。翻转课堂通过将"预习时间"最大化来完成对教与学时间的延长。其关键之处在于教师需要认真考虑如何利用课堂中的时间，来完成"课堂时间"的高效化。

（三）学生角色的转变

随着技术的发展，教育进入到一个新的时代，一个学生可以进行自我知识延伸的时代。教育者可以利用 wikis、blogs 等技术工具高效地为学生提供丰富的学习资源，学生也可以在网络资源中获取自己所需的知识。在技术支持下的个性化学习中，学生成为自定步调的学习者，他们可以控制对学习时间、学习地点的选择，可以控制学习内容、学习量。然而，在翻转课堂中，学生并非完全独立地进行学习。翻转课堂是有活力的并且是需要学生高度参与的课堂。在技术支持下的协作学习环境中，学生需要根据学习内容反复地与同学、教师进行交互，以扩展和创造深度的知识。因此，翻转课堂是一个构建深度知识的课堂，学生便是这个课堂的主角。

此外，翻转课堂的特点还可以从以下几个方面汇总：

1. 教学视频短小精悍

只有几分钟的视频长度控制在学生注意力能比较集中的时间范围内，符合学生的身心发展特征；通过络发布的视频，具有暂停、回放等多种功能，可以自我控制，有利于学生的自主学习。

2. 教学信息清晰明确

萨尔曼·汗的教学视频有一个显着的特点，就是在视频中唯一能够看到的就是他的手，不断地书写一些数学的符号，并缓慢地填满整个屏幕。除此之外，就是配合书写进行讲解的画外音。用萨尔曼·汗自己的话语来说："这种方式，它似乎并不像我站在讲台上为你讲课，它让人感到贴心，就像我们同坐在一张桌子面前，一起学习，并把内容写在一张纸上。"

3. 复习检测方便快捷

教学视频另外一个优点，就是便于学生一段时间学习之后的复习和巩固。评价技术的跟进，使得学生学习的相关环节能够得到实证性的资料，有利于教师真正了解学生。

## 第三节　翻转课堂的教学实践

3.3.1　翻转课堂的教学模型设计

翻转课堂实现了知识传授和知识内化的颠倒。将传统课堂中知识的传授转移至课前完成，知识的内化则由原先课后做作业的活动转移至课堂中的学习活动。美国富兰克林学院数学与计算科学专业的 Robert Talbert 教授在很多课程中应用了翻转课堂教学模式并取得了良好的教学效果。经过多年教学的积累，Robert Talbert 总结出翻转课堂的实施结构模型。该模型简要地描述了翻转课堂实施过程中的主要环节，然而适用它的学科多偏向于理科类的操作性课程，对于文科类课程还需要进一步完善。

根据翻转课堂的内涵以及建构主义学习理论、系统化教学设计理论，在 Robert Talbert 教授的翻转课堂模型基础上，笔者构建出更加完善的翻转课堂教学模型。该教学模型主要由课前学习和课堂学习两部分组成。在这两个过程之中，信息技术和活动学习是翻转课堂学习环境创设的两个有力杠杆。信息技术的支持和学习活动的顺利开展保证了个性化协作式学习环境的构建与生成。

（一）课前设计模块

1.教学视频的制作

在翻转课堂中，知识的传授一般由教师提供的教学视频来完成。教学视频可以由课程主讲教师亲自录制或者使用网络上优秀的开放教育资源。

自麻省理工学院（MIT）开放课件运动（OCW）以来，世界上涌现了一批高校、组织或者个人进行开放教育资源的建设，例如，哈佛、耶鲁公开课，可汗学院课程、中国国家精品课程、大学公开课等。教师可以在优质开放教育资源中，寻找与自己教学内容相符的视频资源作为课程教学内容，提高了资源的利用率，节省了人力、物力，也使学生接触到国际性优秀教师的最新教学内容，然而网络上的开放教育资源可能会与课程目标、课程内容不完全相符。

教师自行录制教学视频能够完全与教师设定的教学目标和教学内容相吻合，同时教师也可以根据学生的实际情况对教学内容进行针对性讲解，并可根据不同班级学生的差异性多版本地录制教学视频。在具备这些优势的同时，自行录制教学视频也给教师的教学技术和时间提出了挑战。

教学视频的视觉效果、互动性、时间长度等对学生的学习效果有着重要的影响。因此，教师在制作教学视频时需要考虑视觉效果、支持和强调主题的要点、设计结构的互动策略等，帮助学生构建内容最丰富的学习平台，同时也要考虑学生能够坚持观看视频的时间。

在教师开发视频课程时，还需注意如何使得学生积极参与到视频的学习中去。事实表明，当学生在首次参加视频课程时，大多数不是在认真听讲而是在做笔记。为了避免这些问题反复出现，教师应在重点内容上为学生提供视频副本，这样学生就可以集中精力思考正在解说的内容。

2.课前针对性练习

在学生看完教学录像之后，应该对录像中的收获和疑问进行记录。同时，学生要完成教师布置的针对性课前练习，以加强对学习内容的巩固并发现学生的疑难之处。对于课前练习的数量和难易程度，教师要合理设计，利用"最近发展区"理论，帮助学生利用旧知识完成向新知识的过渡。

对于学生课前的学习，教师应该利用信息技术提供网络交流支持。学生在家可以通过留言板、聊天室等网络交流工具与同学进行互动沟通，了解彼此之间的收获与疑问，同学之间能够进行互动解答。

（二）课堂活动设计模块

翻转课堂的特点之一就是在最大化地开展课前预习的基础上，不断延长课堂学习时间、提高学习效率，关键就在于如何通过课堂活动设计完成知识内化的最大化。建构主义者认为，知识的获得是学习者在一定情境下通过人际协作活动实现意义建构的过程。[11]因此，教师在设计课堂活动时，应充分利用情境、协作、会话等要素充分发挥学生的主体性，完成对当前所学知识的内化。

1.确定问题

教师需要根据课程内容和学生观看教学视频、课前练习中提出的疑问，总结出一些有探究价值的问题。学生根据理解与兴趣选择相应的探究题目。在此过程中，教师应该针对性地指导学生的选择题目。

根据所选问题对学生进行分组，其中，选择同一个问题者将组成一个小组，小组规模控制在5人以内。然后，根据问题的难易、类型进行小组内部的协作分工设计。当问题涉及面较广并可以划分成若干子问题时，小组成员可以按照"拼图"学习法进行探究式学习。每个小组成员负责一个子问题的探索，最后聚合在一起进行协作式整体探究。当问题涉及面较小、不容易进行划分时，每个小组成员可以先对该问题进行独立研究，最后再进行协作探究。

在翻转课堂中，技术工具和信息资源是学生学习的基础。个性化学习环境的创建能够使学生成为自我激励的学习者，拥有强大的自主学习控制权。学生能够通过教学指导和技术工具进行自我组织的探究性学习。个性化学习环境的设计是基于可协作学习环境中发生的学习而不是整齐划一地传授知识。

随着免费而简便工具被应用频次的增多，创建的个性化网络学习环境变得十分简单，并可利用这样的环境为学习者的社交、职业发展、学习和其它活动提供支持。一旦找到所需的网上资料，就可以使用 RSS（Really Simple Syndication，聚合内容，在线共享内容的一种简易方式）进行储存、标签识别、分类或监控，还能够非常简单地对资料进行多目的转化，无须掌握网页构成的专业知识。

在翻转课堂个性化学习环境中，教师主要发挥领路人的作用，帮助学生制订学习计划和使用学习工具。目前，具有该功能的一款工具是 Symbaloo，它已经赢得了众多教育者的青睐，该工具拥有卓越的数据库，能为一系列专业课题提供大量的参考内容。Diigo（Digest of Internet Information, Groups and Other Staff，一款网页书签工具）也在吸引着越来越多的学校用户，它能帮助学校轻松地收集、提炼和储存资料，从而改进学生的个人学习环境。

2. 独立探索

独立学习能力是学习者应该具备的重要素质之一。从个体的发展角度来说，学生的学习是从依赖走向独立的过程。著名教学论专家江山野认为，学生的"独立性"有四层意义：（1）每个学生都是一个独立的人，学习是学生自己的事情，这是教师不能代替也是代替不了的。教师只能让学生自己读书，自己感受事物，观察、分析、思考问题，帮助他们自我明白事理，掌握知识；（2）每个学生都独立于教师的头脑之外，不以教师的意志为转移。教师要想使学生接受自己的教导，首先就要把学生作为不以自己意志为转移的客观存在，作为一个具有独立性的人来看待，使自己的教育教学适应他们的实际情况；（3）每个学生都有一种独立的要求，他们在学校的整个学习过程中也就是一个争取独立和日益独立的过程。（4）每个学生（有特殊原因的除外）都有相当强的独立学习能力。

总之，独立性是一种客观存在的根本属性。在翻转课堂的活动设计中，教师应该注重和培养学生的独立学习能力。教师要从开始时选择性指导逐渐转至为学生的独立探究学习方面，把尊重学生的独立性贯穿于整个课堂设计，让学生在独立学习中构建自己的知识体系。

3. 协作学习

协作学习是个体之间采用对话、商讨、争论等形式充分论证所研究问题，以获取达到学习目标的途径。学习协作活动有利于发展学生个体的思维能力、增强学生个体之间的沟通能力及学生相互之间的包容能力。此外，协作学习对形成学生的批判性思维与创新性思维，提高学生的交流沟通能力、自尊心与形成个体间相互尊重的关系，都有明显的积极作用。因此，在翻转课堂中应该加强协作交互学习的设计。

在翻转课堂的交互性活动中，教师需要随时捕捉学生的动态并及时加以指导。小组是互动课程的基本构建模块，其互动涉及2个或2-5个人。在翻转的课堂环境中小组合作的优势：每个人都可以参与活动中；允许和鼓励学生以低风险、无威胁的方式有意义地参与；可以为参与者提供与同伴交流的机会，并可随时检查自己想法的正确性；提供多种解决问题的策略，集思广益。

指导翻转课堂小组活动的教师，要适时的做出决策，选择合适的交互策略，保证小组活动的有效开展。常用的小组交互策略有头脑风暴、小组讨论、浅谈令牌、拼图学习、工作表等。

4.成果交流

学生经过独立探索、协作学习之后，完成个人或者小组的成果集锦。学生需要在课堂上进行汇报、交流学习体验，分享作品制作的成功和喜悦。成果交流的形式可多种多样，如举行展览会、报告会、辩论会、小型比赛等。在成果交流中，参与的人员除了本班师生以外，还可有家长、其他学校师生等校外来宾。

除在课堂直接进行汇报之外，还可翻转汇报过程，学生在课余将自己汇报过程进行录像，上传至网络平台，老师和同学在观看完汇报视频后，在课堂上进行讨论、评价。

5.反馈评价

翻转课堂中的评价体制与传统课堂的评价完全不同。在这种教学模式中，评价应该由专家、学者、老师、同伴以及学习者自己共同完成。翻转课堂不但要注重对学习结果的评价，还通过建立学生的学习档案，注重对学习过程的评价，真正做到定量评价和定性评价、形成性评价和总结性评价、对个人的评价和对小组的评价、自我评价和他人评价之间的良好结合。评价的内容涉及问题的选择、独立学习过程中的表现、在小组学习中的表现、学习计划安排、时间安排、结果表达和成果展示等方面。对结果的评价强调学生的知识和技能的掌握程度，对过程的评价强调学生在实验记录、各种原始数据、活动记录表、调查表、访谈表、学习体会、反思日记等的内容中的表现。

3.3.2 翻转课堂实施挑战

(一)学校作息时间安排问题

国家一直在强调实施素质教育，为学生减负，但限于中、高考的升学压力，很多学校仍以应试教育模式帮助学生努力提高学习成绩。因此，实施翻转课堂这种需要学生在课后花费大量时间的教学模式，需要学校在教学时间安排上予以支持。

在翻转课堂的教学中，教师不应占有学生晚上学习时间，应该让其有空观看教学视频。对于不上晚自习的学校，教师要严格控制作业量，学生课后的主要学习任务是观看教学视频和完成少量的针对性练习。对于需要上晚自习的学校，在晚自习的期间教师也不要讲课，让学生在自习课完成翻转课堂的课前环节。

（二）学科的适用性问题

目前，国外开展翻转课堂教学试验的学科多为理科类课程。理科知识点明确，很多教学内容只需要清楚地讲授一个概念、一道公式、一道例题、一个实验，其学科特点便于翻转课堂的实施。而在文科类课程中，如政治、历史、语文等人文类课程，在授课过程中，会涉及到多学科的内容，而且需要教师与学生进行思想上的交流、情感上的沟通才能起到良好的教学效果。

那么，如何在文科课程教学中应用翻转课堂模式？这个问题的解决办法是对文科教师的一个重大挑战，那就是提高教学录像的质量，引起学生的思考。通过教学录像概括课程中所讲授的基本知识点，阐述相关理论，让学生在课后查阅资料并进行思考，然后在课堂中与教师、同学进行交流探讨，逐步深化理解。重庆聚奎中学高中在语文学科实施了翻转课堂教学，在《短歌行》诗歌鉴赏课中，教师收集了影视作品中的视频片段、名家朗读，做了针对这一课的导学案，视频课中除了对诗歌内容本身的鉴赏，还介绍了曹操招揽、爱惜、尊重人才的一些实例。最终，翻转式教学取得了不错的效果。[14]因此，对于不同的学科，教师应该采取不同的策略来完成翻转教学，并根据学生的反馈情况推进教学改革。

（三）教学过程中信息技术的支持

翻转课堂的实施需要信息技术的支持。从教师制作教学视频、学生在家观看教学视频到个性化与协作化学习环境的构建都需要计算机硬件和软件的支持。

网络速度较慢是当今制约众多学校开展网络教学的负面因素之一。在实施翻转课堂教学时，学校要通过各种途径解决这一问题，例如配置高性能服务器，增大网络宽带的接入量。学生在课后是需要通过电脑和网络进行学习的。对于一些缺乏硬件条件的学生，学校应该提供相应的设备支持，例如学校机房应在课余时间内仍对学生开放。

　　教学视频制作的质量对学生课后学习效果有着重要的影响。从前期的拍摄到后期的剪辑需要有专业人士的技术支持，不同学科的录像设计也会有不同的风格。实施翻转课堂教学实验的学校需要给授课教师提供技术上的支持，并在制作授课录像过程中形成流程化的发布范式，为后续教学视频录像提供经验。流程化的发布过程是麻省理工学院开放课件运动成功的重要因素之一。[15]此外，翻转课堂成功与否的一个重要因素取决于师生、生生之间的交流程度。利用信息技术为学生构建个性化与协作化的学习环境至关重要，其中涉及到教学平台的支持。前文中提到的艾尔蒙湖小学采用的开源 Moodle 平台作为交流工具便是不错的选择之一。教师可以根据自己对教学活动的设计选择不同的课程平台。

（四）教师专业能力的挑战

　　将一种新的教学模式高效地应用在教学之中，教师占据着重要的地位。在翻转课堂的实施过程中，教学录制视频的质量、学生进行交流的指导、学习时间的安排、课堂活动的组织，都对教学效果有着重要的影响。

　　加强对教师信息素质能力的培训，在视频录制技术人员的帮助下，录制情感丰富、生动活泼的教学视频，避免死板、单调的讲述。教师在网络教学平台中要引导学生积极的进行交流。通过基于问题、项目的探究式学习，调动学生的积极性、探究性。课堂活动的组织也需要教师根据学科特点来设计。

（五）对学生自主学习能力与信息素养的要求

　　学生在课余观看教学视频后，自己完成课余练习并在互联网中查找资料，总结问题，然后在课堂中与教师、同学进行讨论。这一切安排都是建立在学生具有良好的自主学习能力和信息素养的基础上的。学生只有具备较高的自主学习能力才能够通过教学视频进行课程内容的学习，在课前练习中找到自己的疑问，并能够合理地安排自己的学习时间。学生只有具备较高的信息素养才能在网络中进行资源检索，通过网络教学平台与教师和同学进行沟通交流。因此，在实施翻转课堂的过程中，要注重学生的自主学习能力的培养和信息素养的提升。

（六）教学评价方式的改变

以纸质笔试的传统测试方式是无法测试出学生在翻转课堂中全部的学习效果，因为，翻转课堂还涉及到学生合作能力、组织能力、个人时间管理能力、表达能力等。教师必须转变评价方式（具体评价方式可见翻转课堂模型中的"反馈评价"环节）。此外，应注重对学生情感、态度和价值观等方面的评价，评价方式的改变需要学校在政策体制上的支持。

《教育信息化十年发展规划（2011-2020年）》指出，教育信息化的发展要以教育理念创新为先导，以优质教育资源和信息化学习环境建设为基础，以学习方式和教育模式创新为核心。目前，我国已经拥有高校精品课程网、中国中小学教育教学网等多个教学视频网站。此外，超星视频教学网、网易公开课程网、微课网也积累了丰富的视频教学资源。为开展翻转课堂教学模式提供了资源基础。同时，以上海虹口区为代表推行的电子书包运动、因特尔一对一数字化学习项目为翻转课堂的实施提供了硬件基础。在国家教育信息化发展过程中，翻转课堂教学模式必将对我国的教学改革产生一定的影响。

### 3.3.3 翻转课堂模式应用

（一）应用于外语听说教学的策略

1. 学习方式转变

翻转课堂模式下的外语听说学习方式颠覆了传统听说法的学习模式。这种学习模式通过课前学生回家自主观看听说教学视频，完成教师设置的相应练习，辅以信息技术交互平台的讨论交流；课中是学生确定问题，创设情境和交互合作，促进外语听说能力的培养的环节。笔者认为，学生将课堂中学到的外语听说学习内容运用于课后的日常交际中，有助于通过人际协作活动实现语言的建构过程。

2. 教学内容设计

课程内容模块化。翻转课堂教学资源的内容主要以教学微课视频的形式上传到络教学平台上，以供学生在课前进行经验融入。如何在短短几分钟的微课视频中体现各知识点之间的内在联系，这就需要外语教师在制作微课视频时将教材内容以模块化的形式呈现。例如，教师可将联系较密切的内容归类到一个专题模块下进行教学视频的设计，形成一个完整的系列。这样的教学内容使学生能够形成完整的认知结构，也有利于学生在听说练习的同时，进行外语国家文化习惯方面的学习。

3. 教师观念变革

（1）将"教教材"转为"用教材教"。第二语言教学需要教师结合语言变迁以及社会变化特点而不断与时俱进。因此,外语教师在翻转课堂模式下选择或者制作微课教学视频时,不但要结合教材的基本知识点,而且要融入时代背景下的外语听说常用表达。

(2)将"主战场"归还于学生。翻转课堂模式下的外语听说教学将是对传统听说课堂的颠覆。学生在课前通过对教学视频的学习和经验融入,在此过程中产生困惑。课堂便是学生解除困惑、形成意义建构的地方。所以,此时的教师不再是课堂的主宰者,而是由语言知识的传授者转变为学生语言活动的组织者、指导者甚至是参与者。学生成为课堂真正的主人。

翻转课堂教学模式作为一个教育信息化发展的产物,它体现了建构主义理论的合理内涵,将对我国外语听说教学产生积极的影响。若能将其有效地运用于外语听说教学,必会有质的飞跃。

(二)应用于外语复习课的策略

翻转课堂模式是利用现代网络技术和资源,重构教学流程,一种学生自学和老师辅导相结合的学习模式。尽管外语学科有着自身的特点和要求,但翻转课堂模式对于外语教学方法有很大的启示,是解决外语教学存在的问题的有效途径之一。在课堂中引入翻转课堂的教学模式,进行外

语总复习课堂教学改革的大胆尝试:课前借微课为钥匙,进行知识整理;课中学生小组协作学习,进行知识内化;课后师生合力,进行知识补漏,最终开启了外语总复习翻转课堂的大门,学生因此成为乐学好学的学习主人。

(1)课前:制作微课,提供技术支持,提高学生自主能力。

教师提供单元(课文)学习视频,学生通过视频进行学习,其中包括:一是完全掌握课文单词的正确读音,能非常流利的朗读课文。采用翻转课堂后,学生借助视频里的单词音标和课文录音,自己掌握节奏复习,反复读反复听,直到能读准单词、熟读课文为止。二是完全掌握单元的重要词组和重点句子。采用翻转课堂后,学生可以在课外通过自主学习来完成,老师把课堂的时间用来组织学生课堂活动,指导帮助有问题的学生,并就学习中存在的问题,针对性地答疑。

(2)课中:小组协作学习,头脑风暴,最大化完成知识内化

根据人数把班上学生人分成了若干小组,每组确立一位组长,通过小组合作的方

式，探究学习单上的题目是否正确。同时，还让每小组准备小卡片，总结每个成员的发言次数和创新答案点，以小组成员发言次数和解题新方法、新思路来判定小组最终得分。如果小组遇到较难的知识点而组员之间无法解答的，就把难题写在黑板上，向全班同学或老师求助，超难度题用最大分值进行鼓励。小组长也可对学习稍弱的学生进行随时的指导帮助，这样的课堂模式激发了学生的学习探究兴趣，真正把课堂还给学生，学生成了真正的主体。头脑风暴，小组竞赛，相互评价，这些极大地提高了学生的参与热情，激发学生探索知识，应用创新知识的能力，真正实现了课堂的翻转。

（3）课后：问题跟踪，培优补差

通过问题跟踪的方式，调查学生对本节课知识的掌握情况，既有书面测试的习题，又有第二天新课前的口头提问。教师还可以通过学生上课的反应与表现，发现学困生的问题与困扰，课中课后均可针对性地指导，给予单独指导，这样可以有更多面对面交流的机会，学生又可在教师指导下对知识进行内化，达到培优补差的效果。

（4）亮点：反馈评价

这种创新的翻转课堂教学法让人眼前一亮，而整节课都是学生在做课堂的主人，围绕学生的提问、疑惑、问题解析、互评互助，以及学生的总结归纳中完成相对枯燥乏味的复习课。学生真正成为课堂的主体，教师不再是讲台上的圣人，而是身边的导师。

翻转课堂教学法通过授课老师制作的有针对性的教学视频，学生在家里或课后可以进行自由、反复、高效的学习，而这大大增加了学生课上参与小组活动和解决问题的自信心。课上，老师和学生有更多的时间去交流和解决问题。翻转课堂增加了学生和教师的互动和个性化沟通，使所有学生都能够实现个性化学习，充分发挥自主学习的优越性。

翻转课堂对于传统课堂而言是一场颠覆性的变革，翻转课堂教学法的确为我们带来了一种教育理念的革新和教育质量的提高。希望通过实践与反思，合理运用翻转课堂教学法，使其形成小学外语复习阶段教学新模式。

（三）应用于外语口语课的策略

哑巴外语是大部分中国学生外语口语能力的真实写照。这里的"哑"不是说中国学生一个外语单词都说不出来，而是指无法用外语进行日常会话，进行口语交际的能力低。他们或许能通读外国名著和深奥晦涩的学术文献，或许能写出洋洋洒洒的外语论文，甚至能在各种国际考试的笔试中考出令外国人瞠目结舌的满分成绩，却不能用标准流利的口语与外国人有效地沟通。除了在语音语调流利度方面表现欠佳，更令人担忧的是，许多学生不愿意开口说外语，即使在课堂上，面对教师提问督促，学生也只是勉强回答个别词句。回家之后，无人督促，更是金口难开。口语焦虑是针对"外语焦虑"的概念提出的。口语焦虑给外语口语学习者带来心理压力和负担，对外语口语教学造成严重阻碍。

（一）翻转课堂的优势

绝大部分外语口语不好的人置身于国外的语言环境，被迫使用外语一段时间后，外语口语都会得到显著提升。外语口语重在大量地练习和及时地纠正，强化正确语音。正所谓熟能生巧，当正确的口语练习积累到一定程度，才可能实现从量变到质变，学生的口语与表达才可能准确流利。翻转课堂为学生提供一个大胆说外语的平台，创造良好的语言环境，适合用于外语口语教学。其运用于外语口语教学的优势如下：

（1）尊重学生个体差异

心理学指出个体在身心发展的起始时间和发展进程具有不平衡性，思维认知能力存在差异。每个学生的口语能力不同，需要的练习时间和练习方式也不尽相同。传统口语课堂无法照顾每个学生的需求，教师对学生的个别指导有限，无法做到有针对性。翻转课堂中，学生利用教师录制口语教学视频，根据自己的情况在家反复练习，并且可以把自己的读音录下来，反复对比纠正发音。程度低的学生可以多练习；程度好的学生可以少练习。每个学生可以根据自己的学习情况制定适合自己的学习计划。接受能力慢的学生可以量少而频练；接受能力快的学生也能加快学习进度。真正做到以学生为主体，尊重学生的个体差异。

（2）节约课堂教学时间

传统课堂教学时间有限。教学内容多，教学任务重，课堂上练习外语口语的时间和机会很少。说的时候只是寥寥几句，蜻蜓点水，达不到理想练习时间。再加上中国学校普遍实行大班教学，学生人数太多，在有限的口语时间里，普遍采用"少人说众人听"的方式，无法使每个学生都得到锻炼和纠正。当学生的不正确语音没有得到及时纠正，就会形成错误的认知，存入记忆。即使延时更正，也无法收到良好的教学效果。翻转课堂模式利用学生的课外时间进行口语操练，一方面，教师在课堂上进行本课重难点语音的讲解，节约课堂时间。每个学生都能得到练习机会，上课能更好完成课堂教学任务，教学容量大，节奏加快，效率高。另一方面，学生能够通过录音比对，让错误发音得到及时纠正，正确的读音和口语表达模式得到及时强化。教学效率提高，效果增强。

（3）大胆开口，增加自信

鉴于学生对外语口语表达有紧张不安等焦虑心理，在传统课堂上，很多学生羞于开口，怕犯错，怕被嘲笑。导致学生对说外语丧失动力和兴趣。翻转课堂正是为学生提供一个私人的空间，既有老师的课堂般的教学指导，又有不被干扰的独立环境。保护学生的自尊心，让学生放心大胆地说，不用担心受到嘲笑。通过反复练习，在课堂上展示给众人的已是自己口语表达好的一面，增强学生说外语的自信，产生说外语的欲望。进而敢于开口，养成课堂说外语的习惯，在班级中形成说外语的良好氛围，最终提高说外语的能力。甚至学生在生活中用外语交流，达到外语的口语交际功能。

（4）资源丰富，塑造良好语音环境

网络有许多优秀的口语教学资源。教师不一定非得自己录制教学视频。可以收集与教学内容相关的视频，比如发音规则、情景对话、篇章朗诵等。许多大型外语学习网站都有专门的口语教学视频。这些资源语音标准，语调优美，由专业的英语口语教师和专业团队制作，保证口语教学视频 的质量。即使课任外语老师自身外语口语条件不好，学生也不会受其误导，弥补传统外语口语教学的缺陷。翻转课堂为学生营造良好的语音环境。学生不是单纯的模仿发音，而是在视频中掌握句子的使用情景，自己也能在类似情景中使用。

综上所述，翻转课堂教学模式在外语口语教学中具有显著优势。值得广大教师在教学实践中使用，改进外语口语教学。教师在外语口语教学中使用翻转课堂教学模式，应注意以下几点：第一，教师应根据实际情况定期安排口语活动课，让学生展示学习的成果。仅布置课前自学任务，不做课堂点拨指导，不是真正的翻转教学；第二，教师要根据学生目前情况调整口语教学内容和教学方案，为学生制定适合学生口语水平的目标，最大程度地激发学生外语口语潜能；第三，教师要引导学生在真实的语言情境中使用外语，正确表达。外语口语教学必须与学生的实际需要相结合，使学生真正能用外语表达自己的观点看法；第四，教师制作的视频要重点突出。翻转课堂教学视频为 10 分钟左右，实际是真实课堂的浓缩。教师需要自行把握教学重难点，在微视频中讲清知识点，让学生能理解和掌握；第五，教师要对学生学习情况进行发展性评价和及时反馈。外语口语学习投入时间长，效果产出慢，教师要关注学生的表现，肯定学生学习过程中的闪光点，指出不足并提出改进建议。帮学生克服消极不耐烦的心理。

翻转课堂符合中国外语口语教学实际的新兴教学模式，尊重学生的个体差异，保护学生的自尊心，缓解外语口语焦虑心理，获得外语口语自信。学生不再重复单一的口语练习，而是在计算机等多媒体设备带来的多种感官刺激中培养兴趣，激发说外语的动机，敢于尝试，乐于表达，从而提升外语口语能力，真正把外语作为口语交流的工具。翻转课堂能为学生提供丰富的口语练习机会，给学生创造良好的说外语环境，改善中国学生学外语的条件。

### 3.3.4 翻转课堂实践教学的建议

翻转课堂实践应用于外语课堂教学之中，不论是对教师、对学生，还是对校方都是一种挑战，都需要做好充分的准备，才能使翻转课堂起到预期的效果。

### 1、思想观念的转变

首先要求教师思想观念的转变，要实现从以教师为中心转变为以学生为中心的转变。传统教育模式更强调知识的系统性和传承，而如今的教育应更加重视学者自主能力的培养，自我探索能力的挖掘。因此，要把教师输灌式转为学生建构式、把教师传授式转为学生探索式、把课堂授课式转为课内外活动式，教师必须从单纯的授业者转为学习的激励者和启发者。

还要求学生思想观念的改变，要实现自主学习模式。让每个学习者去感悟知识，让知识就变为智慧，即创造力。中国的绝大多数学生已习惯于从教师获取知识，而不是自己探索知识。当今大学生应该从被动接受转为主动地学，主动地去获取知识。课前多学习、多钻研，课上主动参与到教学活动中去，主动发现问题、解决问题，才能达到真正学习的意义。

### 2、信息技术的支持

翻转课堂的实施过程中，需要校方信息技术的大力支持。网络速度慢将直接制约开展网络教学，从教学视频的制作到学生网上观看教学视频也都需要校方计算机硬件和软件的支持。对于缺乏硬件条件的学生，学校还需提供相应的设备支持，这些都是校方要解决的问题。

教学视频的制作质量对于学习效果有着重要的影响，不同学科的设计也会有不同的风格。因此，实施翻转课堂教学模式的学校有必要给授课教师提供从前期的拍摄到后期的技术支持，并在教学视频制作过程中形成流程化范式，以便为后续教学视频提供宝贵经验。

3、外语教师能力的挑战

　　翻转课堂能否高效地应用在外语教学之中，外语教师占据了着重要的地位。实施过程中，除了技术能力的提升外，课前、课堂和课后的准备工作同样不可忽视。外语教学不同于其他学科，外语本身不是母语，对于外语教师来说更是一个挑战，因此需要外语教师更多地研究和学习，不断地提高自身的语言水平的同时了解外国人思维方式、处事方法及国外社会文化等等知识。

　　教师平时要多和学生进行交流和沟通，及时了解学生现今的兴趣和需求，巧妙地将其需求融入到教学设计中去。外语教师还要随时把国外先进的思想和理念带入课堂，更新更快地让学生了解各国家异文化的特征，使学生的思想也与时俱进，达到精神上升华的目的。

　　大数据时代的背景下，翻转课堂在外语教学中的实践应用，对校方、教师和学生来说无疑都是一种对传统的挑战。但更严峻的挑战是，外语教师和学生是否能够改变思想观念；外语教师是否已为翻转课堂做好充分的准备、是否具备实现课堂翻转的能力；校方是否能够给予翻转课堂坚强的技术后盾，这些才是制约翻转课堂在大学外语教学中实践应用的关键因素。

# 第四章　多模态教学概述

## 第一节  多模态教学的含义

多模态教学的主张是要求教师根据教学内容，教学环境，教学目标等基本理念为学生选择一种或多种教学方法，诸如听说法，交际法、全身反应法、暗示法、直接法、情景教学法、语法翻译法等，并将其合理运用在语言环境中，这些运用对于学生进行语言的理解和掌握是必不可少的。在多模态课堂教学中，教师结合

多媒体手段创设真实的情境环境，通过听觉、视觉、触觉等多感官刺激，使学习者体验真实的目标语语言环境，提高学生输出运用外语的能力。

### 4.1.1  多模态理论

自从上世纪九十年代起，计算机与信息技术的快速发展，为教学提供了新的工具与手段。与此同时，西方国家兴起的多模态研究影响了很多学科的发展方向。1996年新伦敦小组提出了多模态教学这一新概念，把多模态理论应用到了语言教学中。多模态指的是授课培训过程中输入与输出的信息来自多种模态，并且信息交流涉及多种感官的参与。多模态教学主张教师充分利用不同的社会符号模态，调动学生多种感官协同运作参与语言学习。通过语言、图像、声音、动作等语言和非语言符号资源，给予学生视觉、听觉、触觉等多种模态的认知刺激，激发学生学习的兴趣，提高学习效率，从而提高他们语言运用的能力。

### （一）多模态话语理论

多模态话语分析理论兴起于上世纪九十年代的西方国家，西方研究学者在批评话语分析的基础上，结合社会符号学、系统功能语法和传统话语分析等领域的研究成果发展而来，它认为语言是社会符号，除语言之外的其他非语言符号，诸如绘画、音乐、舞蹈等，也是意义表达的源泉，非语言符号模态各自独立又相互作用，与语言符号共同生成意义。它突破了传统话语分析孤立研究语言文字本身的局限性，把对话语的研究扩展到了除语言之外的图像、颜色、字体等其他意义表达的模态符号，关注多种模态符号在话语中所起地作用。经过二十多年的发展，多模态话语分析已经被广泛的应用在各个学科

之列，其中多模态话语框架理论对于外语教学也有着不可忽视的重要作用。

多模态话语分析理论主要是以系统功能语言学理论为基础，概括分为五个层面（Matin1992）：（1）文化层面，主要指结合以文化为主要存在形式的社会符号和以话语模式为媒介；（2）语境层面，主要涉及语境各部分有机结合；（3）意义层面，主要指话语意义的构成方面具体包括概念人际意义等；（4）形式层面，主要包括话语各种模态的表意形体和语法之间的关系；（5）媒体层面，主要是指话语的物质形式存在的最终表现方式。

多模态话语可以将多种符号模态并用，极大地丰富了信息输入法手段，强化了学习者对教学内容的记忆。在多模态教学中，主要强调把多种符号模态（语言、图像、音乐、网络等）引入教学过程，充分调动学生的多种感官能够参与学习中来，刺激学生在词汇记忆的同时产生多方面联想，从而达到增强知识的记忆效果。这种方法比单一的语言讲解更深入，更能加强学习者的迅速记忆能力。多模态教学采用多种教学手段（网络、小组合作、联想、角色扮演等）调动学习者的积极性和主动性来参与教学互动，达到了外语教学中注重视听说写练相结合的一大特点，激发了学生学习语言的兴趣。学生不仅在亲身参与教学活动的过程中发现新知识，师生互动环节中，还掌握了大量的教学知识，在日常的趣味练习中便不知不觉的逐步提升了个人学习能力和听说能力。多模态话语的魅力就在于能够让学生在轻松、活跃、自主的学习氛围中，提高个人的学习成绩并且增强了学习能力。多种教学方法的灵活运用，在大程度上弥补了传统的单模态教学方式的不足。

随着现代信息技术的发展和多媒体教学设备的普及和完善，教学环境也得到了很大的改善，这为多模态教学引入课堂提供了基本的技术条件。尽管目前在国内多模态话语分析理论也仅仅的局限于应用于语言教学的研究,在国内还处在初步发展的阶段，但是我们有理由相信随着多模态理论与外语教学实践研究的进一步探索和深入，该理论将会日趋成熟。多模态话语作为一种新生的教学模式，势必为外语课堂的教学注入了新生命和新理念，它完全符合语言学习的规律和原则，对于外语词汇教学产生的积极影响更是不可取代，相信在以后的教学中，教师可以应用更多种的教学方法、教学手段来进行合理的结合，通过多渠道、多感官刺激的多模态教学将成为日后我国外语教学界的主流发展趋势。

（二）多模态话语符号

多模态（multimodality）亦称多符号（multi-semiotic），指包括语言、视觉（图像表格）、听觉、空间以及其他各种符号资源。Halliday(1973)认为语言是一个社会符号系统，即一个表义系统。另外，图画、雕刻、声乐、舞蹈等，这些独立于语言外的其他表义系统与语言共同构建社会意义。

专家普遍认为，语言学中多模态话语是指运用多种感官（听说触等），通过多种手段和符号资源指导交际活动的行为。在实际课堂教师与学生以及学生之间的话语交际中，通常情况下话语的意义是借助非语言因素体现，包括语言特征（语音、语调、重音、音速），身体特征（手势、身势、面部表情）和非身体特征（板书、多媒体、教具、实验室、周围环境因素）。现代教学中，课堂间的交际不再仅依赖一种感官，而是同时利用多种感官，如用多媒体 PPT 则是同时调动视觉和听觉；而模拟与讲解是听觉和视觉。（专家普遍认为，语言学中多模态话语是指运用多种感官（听说触等），通过多种手段和符号资源指导交际活动的行为。在实际课堂教师与学生以及学生之间的话语交际中，通常情况下话语的意义是借助非语言因素体现，包括语言特征（语音、语调、重音、音速），身体特征（手势、身势、面部表情）和非身体特征（板书、多媒体、教具、实验室、周围环境因素）。现代教学中，课堂间的交际不再仅依赖一种感官，而是同时利用多种感官，如用多媒体 PPT 则是同时调动视觉和听觉；而模拟与讲解是听觉和视觉。

（三）多模态话语教学

多模态从字体表面上来看似乎是新现象，其实，这一理论早已被人们广泛运用到生活中。例如中国古代的诗词配画中语言与图像的结合；在现代课堂教学中的多媒体辅助教学，则多模态运用的又一体现。

1. 文字和印刷体式的运用

印刷体式是传递信息的媒体，它具体指版面设计、间隔、缩进、字体、各种符号与图形等。在课堂中，教师利用印刷体作为辅助教学，有助于学生的辨析与理解。

2. 图片的运用

图片可以直接从视觉角度吸引学生的眼球，从而传递信息，它与文字共同构建语篇意义。因此可辅助计算机多媒体教学向学生展示更加生动多彩的图片，这样教学效果会更为理想。

3. 图表的运用

教师依据语篇素材创建图表或表格，以便学生在接收大量语篇材料时能正确引导学生把握内容。胡壮麟认为，"这包括将符号资源转变成自己的声音，将老材料作新用途"。在复杂的文字材料课文中，为了使教师帮助学生把握文章，可以结合图表文字使得繁琐复杂的材料变得清晰明了。语言文字的信息通过表格的展现出来,文章的脉络也会清楚的展现在学生眼前。

4. 现代多媒体的运用

目前,由于受到客观条件的限制,外语课堂上普遍很难存在真实的交际语境,然而多媒体技术可以为外语教学提供尽可能真实的语境。教师可以利用多媒体教学平台,如语言文字搭配动画图片,或者辅助音频视频来,刺激学生的感官,提高教学的质量和效率。

5. 角色扮演

张德禄在分析多模态外语课堂时提到了 Kress & Van Leeuven 的五个主要的教学目标类别。其中提出技能训练型是把教学过程作为帮助学生掌握技能的过程。他认为老师在这个教学过程中要结合实践活动,调节教学气氛,加强学生的理解。教学的主要步骤包括理解、训练、展示等。"教学步骤主要包括理解训练行为展示知识传授或者是辅助的,帮助获得技能,或者根本没有地位。"教师在对多模态的课堂设计过程中,除了引导学生识别多模态符号,还可以配合学生的角色扮演,借助肢体语言使学生能够积极投入到语篇的理解中,远胜于教师一个人唱独角戏。学生积极主动的参与,充分活跃了课堂气氛。而且教师在这种课堂设计中可以扮演点评、补充、纠错的角色,有助于学生充分领悟语篇信息。

6. 其他模态符号

外语教学中也可以结合客观条件,考虑利用嗅觉触觉味觉模态。这种感官体验可以在虚拟课堂(如四维视频)中得到实现。

多模态在现代语篇中逐渐发挥主导作用,外语课堂教学中师生交流互动的途径不单独依赖于文字和语言,文字的印刷体式、图片、表格、以及多媒体都可以用来构建多模态课堂。但是关于多模态的选择,一方面依赖于客观教学设施和课程设计,另一方面也要遵循"为了更好的教学效果"的原则,所以,教师要结合自身实际情况,以取得最良好的教学效果为总原则,积极选择合适的模态符号指导教学,才能调动学生的兴趣,从而使学生主动参与到多模态的课堂中,极大提高教学的效率和质量。教师可以结合多模态教学,以实现学生的二语体验和习得。

4.1.2 多模态与多模态教学

关于模态的概念,大致有三种观点。荷兰学者福塞维尔将模态定义为可以被具体的感知过程来解释的社会符号系统,如图像符号、文字符号、手势、声音、味道、接触等。美国的 G·克瑞斯认为模态是人类通过感官跟外部环境之间的互动方式,如视觉模态、听觉模态、嗅觉模态、触觉模态、味觉模态等。而在人机互动、人工智能领域，模态则被视为人体感知信息的通信模式或信息通道。

模态可以通过一种或几种媒介来实现，只使用一种模态的系统称为单模态，使用两种或两种以上模态的系统称为多模态。多模态与多媒体不同。多媒体更多地与媒介、载体相关，而多模态则侧重于人的感官对外界事物的感知通道，当人获知信息的通道是单一的，即单模态，同时包含两种或两种以上感知通道的就称双模态或多模态。

随着信息技术的迅猛发展，借助多媒体和高新技术，更多的模态应运而生，多模态已经变成了人类生活与交流的常态。多模态教学就是在多模态理论指导下，将语言、图像、声音、动作等意义构建的多模态系统协同成为最有效的意义表达和交流方式，并指导学生借助多模态手段构建意义的教学模式。

在多模态教学中，教师不再仅仅是知识的传授者和 PPT 的播放者，而是多模态的选择者、协同者、示范者，教师运用多模态系统对课堂教学进行设计，借助网络学习平台，建设多模态课程资源，充分调动学生感官潜能，为学习者提供多模态交互学习环境，促进学习者对学习内容的多模态理解和多模态意义建构。

伴随着科技的发展和多媒体的推广，话语的多模态化发展成为现代话语的突出特点之一，其重要性也引起普遍关注。多模态理论主要基于语言学中的系统功能学理论，通过符号资源辅助指导交际交流活动。因此，在课堂教学中选择合理有效地运用多模态话语分析理论，能够提高学生的课堂学习效率和教师的教学效

果。当今，我国的国际竞争力不断加强，与国外的合作也与日俱增，社会对高素质外语人才的需求正不断扩大。对于这些外语人才而言，在其所涉足的对外事务、商贸、

法律、文化、传媒、教育等领域中，都需要具备能在各个正规场合中能运用规范的语篇结构、正式的语言以及富有表现力的言语进行介绍、说明、告知等的公众交际能力。然而，我国高校的外语交际能力方面还存在不足，因主客观条件的制约，接受到系统的、专业的学习和训练机会非常有限。因此，作为发展高校学生语言综合运用能力的主要渠道之一，多模态教学正日益受到重视，既体现了大学外语教学改革的方向与精神，又成为培养学生国际视野、文化素养与创新能力的重要手段。

## 第二节　多模态教学的特点

多模态模式是一种新兴的教学模式，将多种模态融为一体，充分调动学生的多模态认知，注重培养学生的多模态学习能力和交际能力。将课堂由沉闷变为灵活，使学生由被动变为主动，提高了学生的学习能力。

### 4.2.1　多模态教学模式

人类通过视觉、听觉、触觉、嗅觉和味觉这五种感官来感知世界，通过各种感官跟外部环境之间的互动方式即为模态。由五种感官渠道产生了五种交际模态，即视觉模态、听觉模态、触觉模态、嗅觉模态和味觉模态。在教学过程中，利用多种渠道多种教学手段来调动学习者的多种感官协同运作，以达到加深印象强化记忆的目的的教学方法，即多模态教学模式。多模态教学模式的特点具体表现在如下四点

（1）强调多感官并用

根据多模态类型来对学生的学习类型进行分类，大致可分为五种：视觉学习型学生、听觉学习型学生、触觉学习型学生、嗅觉学习型学生，以及味觉学习型学生。传

统教学模式是以教师讲授为主的单一线性模式，未考虑学生的学习类型。因此，很多学生学习积极性不高，教师教得累，学生学得苦。而多模态教学方式使多种感官并用，通过不同的媒介把静态资源和动态资源纳入教学过程，给学生以全方位多感官充盈的体验，激发学生多层次的联想。有助于学生更好地掌握枯燥晦涩的专业难题，在多种身体力行的体验后，学生才能记牢。

（2）多种教学法联合运用

常见的教学方法有：传统的讲述法、PPT 演示法、案例分析法、角色扮演法、课堂讨论法、实验操作法等。然而，单一一种教学方法有其侧重点和不完善性，一般只能解决一个侧面。而要培养具有多元化的识读能力和良好的交际能力的学生的目标，需要有一种新的教学方法来满足要求。多模态的教学模式就是在多媒体技术的辅助下，将多种教学模式并用，兼收并蓄，激发学生学习的兴趣，营造良好的教学气氛。

（3）教师引导，学生主导

多模态教学方法没有固定的模式，老师可以自己动脑动手，设计教案，制作教具，也可充当导演，布置任务，由学生完全独立完成。学生不再是被动学习，而是主动融入到教学过程中，实现了教学的环境化、交际化和生活化。

（4）教学相长

学生是课堂的主体，是多模态教学过程中的主要组成部分。在多模态的教学环境下，教师处于课堂的主导地位，不仅要向学生传授知识，更要调动起学生学习的积极性。教师可能是导演、策划者，又可能是执行者、审核者。这就需要提高自身素质才能更有效地组织课堂，达到教学效果。

4.2.2  多模态协同式外语教学

多模态教学模式是以多媒体网络技术的发展与应用为技术平台，塑造文字，声音，影像相结合的教学环境，通过多样化的教学资源和教学手段来调动学生多种感官参与语言学习，从而培养学习者的多元学习能力的一种教学模式。

（一）多模态间的协作关系

多模态话语指运用听觉，视觉，触觉等多种感觉，通过语言，图像，声音，动作等多种手段和符号语言进行交际的现象。多模态话语分析理论于 20 世纪 90 年代兴起于西方国家，最早由 Kress 和 Vanleeuwen 提出，该理论以韩礼德的系统功能语言学理论为理论基础，主张话语分析不应该值局限于语言文字本身，还应该注意到图像、声音、动作、颜色等其他表现形式的社会符号性。此后，关于多模态话语的理论和实证研究成为国内外学者关注的热点之一。

从听觉模态上讲，主要为老师讲、学生听；在双边交流中，学生也讲话。只在学生到讲台汇报时，才主要为学生讲老师和其他同学听。在第二个案例中，听觉模态还表现在阅读 PPT 上的内容和动画发出的声音；同时还在开始和结尾时放音乐。而视觉模态比较丰富，学生要看黑板、看 PPT 上的文字、画面、动画；老师的表情、动作，其他同学的活动等。大学外语课堂教学的目标是教师在规定的课时内教会学生规定的语言项目。教师既有责任教会学生，又有权力管理学生。教室的布局和教学的过程都基本上是按这种理念来组织的。

1. 课堂布局为视觉模态，它确定了老师和学生的权力关系。讲台、黑板、PPT、老师是学生的视觉对象，讲桌和讲台树立起老师的权威和权力，老师在讲台上，俯瞰学生，PPT 和黑板是老师实施这种权力的主要工具。

2. 教学的主模态是听觉模态，因为教学的进程在这两个案例中都是由口头交际的进程决定的，所以，尽管由视觉模态实现的课堂布局确定了老师的地位和权力，但它提供的只是背景信息和条件，对听觉模态起到强化作用。

3. 从听觉模态的角度讲，老师的话语占据主导地位，占到整个话语量的 60% 到 80% 左右，而且老师的话语对学生来说是主要的接受对象，这对老师的话语的质量提出了很高的要求：意义要求准确深刻、语法要求正确、词汇要求精确、发音要求准确、速度要求适中。这就是为什么大学英语课堂教学的质量的评价通常对老师的口头语言要求很高，达到一票否决的程度；同时老师发声的响亮度、调的高低、语调、节奏、重读的正确度都对教学效果产生很大影响。在听觉模态内部，各种媒体相互之间协同和配合，对口头话语媒体起到补充和强化作用。

4. 老师本人也通过视觉模态来补充和强化自己的话语，包括用手势来表示节奏、模拟所讲的事物和概念，用表情的变化来显示所讲内容的重要程度。同时，老师也要通过人际意义来提高教学效率，如表情亲切、着装比较标准、正式、正规、面对学生、腰板挺直、一定量的移动等。所以，两个人的表情都不微笑和亲切会在一定程度上影响教学效果。

5. 然而，教学不同于一般的日常交际，通常局限于交流难度不大的信息，通常不需要记忆。它所交流的信息总是有难度的，而且不仅是信息的传递，更重要的是学生能力的培养，教会学生要获得相关的语言能力。这就要求对教学内容进行多方面和多次强化，所以老师要利用一定的工具，如黑板和 PPT。

这些工具媒体都可以既对教学内容进行强化，如用黑板把关键知识和词重现；用 PPT 提供知识的纲要等，又对其进行补充，如用 PPT 提供背景信息、具体细节；用画面提供真实场景；用动画提供真实过程等。

6.话语交际是双边的,特别是学生能力的培养更要求学生 亲自去说话来提高讲外语的能力。在第一个案例中，学生的话语量小是这个教学案例的一个缺陷。在第二个案例中，学生不仅话语量大，而且还亲自到讲台讲，从而从服从和从属的地位上升到模拟主导地位，对于培养学生的能力是十分重要的。同时，他们组成小组讨论和研究也从被动角色上升到 模拟主动角色，也是学生能力培养的主要渠道。这涉及听觉和视觉角色的转化，是培养学生能力的主要手段。

（二）多模态协同式教学对外语教师的要求

1. 教师的口头话语特别重要，这就要求老师本人要提高自 己的外语口头表达能力，在发音、语调、音量、速度、连读、重音、口气、口音等方面都要尽量做到准确、精确、贴切、合适。

2. 教师要学会利用不同模态和媒体的协同、强化和互补关系来提高教学效果，如有效地利用手势、黑板、ppt、实物等来提高教学效果。

3. 教师要学会利用环境，包括已有的环境和创造的环境来 提高教学效率，如着装、站姿、身形、动作、空间、音乐、图画等。

4.教师要学会用人际意义来提高学生概念意义的获取，如表情一般应该亲切、微笑、幽默、语言要诙谐些；要尽量缩短老师和学生之间的距离，创造轻松的氛围，在讲台和学生之间移动，把学生的注意力吸引到主要的学习任务上来。

5. 教师要学会利用工具，特别是现代教学媒体，如 PPT 同声传译室、录像、电影等模拟真实语境，提高教学效果。

6. 教师要学会转换角色，为学生提供实践的机会，使学生们成为听觉和视觉模态的发出者，而不总是接受者，如作演讲、汇报、辩论、表演等。

## 第三节  多模态教学的实践

多模态教学模式不仅关注各种感官在学生对知识建构中的作用，还强调图像、动作、视频、录像等视听、行为相结合的非语言文字符号模态在意义传递和建构中的作用。提高了学生学习的兴趣和积极性，实现了教学的语境化、交际化和生活化。

### 4.3.1  多模态翻转课堂教学模式实践

翻转课堂对传统课堂上的知识传授和知识内化过程进行了翻转，将知识传授放在课下，由学生自主完成，将知识内化放在课上，由大家讨论交流，协作完成。翻转课堂解放了学生，把课堂交给了学生，践行了"以学生为中心"的教育理念，它作为一种新型的教学方式，引领了课堂教学变革的新方向。

美国富兰克林学院的罗伯特·塔尔伯特是最早关注和实践翻转课堂教学的学者之一，提出了"课前+课中"的教学结构模型，在此基础上国内外学者围绕翻转课堂构建了诸如环形四阶段模型、太极环式模型等多个教学模式。这些教学模型对当前的翻转课堂实施起到了积极的推动作用，在一定程度上引领了翻转课堂的深化与发展。这些教学模式过于单一，尽管关注了学生的学又关注了教师的教，将视域由"课前+课中"拓展到"课外+课中"，将变革聚焦于学习环节和具体流程，但仍未突破传统教学模式的藩篱，未能充分彰显技术的作用和价值，以至于在现实的翻转课堂教学中，并没有获得期望中的变革效果。

### （一）多模态翻转课堂教学应用

多模态理论与翻转课堂的诸多特点相契合，且多模态理论有利于凸显信息技术多种功能在课堂教学中的应用。借助多模态理论，以多模态教学思想为核心，构建多模

态视域下的翻转课堂教学模式，揭示翻转课堂的真正意蕴，实现翻转课堂应有功效。

首先，翻转课堂需构建有效的教学模式加以指导。知识的获得与内化是学习者在一定情境下通过人际协作活动实现意义建构的过程。课上的知识内化，是翻转课堂的核心所在，将知识传授移至课下，目的是为课堂教学留

出足够的空间和时间，让学习者通过探索、交流，形成对知识的深层次理解。大家在这一点上已达成普遍共识，已有的翻转课堂教学模式大都注意到了创设情境、协作活动的重要性。但目前的模式缺乏对教学环境的深层次认知，未能充分揭示个体与环境、媒体以及人工制品之间的交互关系，局限于对学生活动的中观维度的理解，导致教师在设计和实施活动时的简单化，为活动而活动。

分布式认知理论启示教学设计者不仅要关注学习资源、媒介工具的设计，更要关注学习活动和交互的设计；技术不仅仅是用于传播知识的媒介，也是支持学习者进行认知和学习活动的工具。由此可见，只有促进学习者与外界事物的深层交互，在学习者与外界事物之间构建多种连接渠道，发掘各种媒介资源潜能，充分展示从他人的、时间的、空间的、媒介的、工具的以及社会和文化的层面所表征的知识和信息，才能支持和丰富学习者认知。

其次，多模态教学为翻转课堂实施提供了广阔空间。多模态教学借助于各种模态及模态整合，为翻转课堂提供了广阔的空间，有利于翻转课堂功能的充分发挥。多模态教学通过多模态手段可以为学生提供包括视频、文本、图片、音频等多种模态的课程资源，不仅可以满足不同学习性向的学习者需要，而且恰当的模态转换能增强知识内化；也可以建设蕴含多种模态的复合型资源供学生学习，实践证明多模态学习比单模态学习更能增强学习者的记忆。

多模态教学可以为学生提供多模态网络交流平台和多模态学习工具，可以调动各种资源、系统，为学生学习构建多模态学习环境，不仅有利于培养学生的多模态交际能力，而且通过师生互动、生生互动、小组互动及人机互动的多模态交互方式，实施角色转换、角色扮演、虚拟现实、课堂报告、社会协商等多模态教学策略，再施以多模态的评价，足以促进学生对知识的建构和内化，达到培养实践能力和创新精神之目的。

（二）多模态翻转课堂教学模式设计

多模态翻转课堂教学模式设计主要包括教学结构、多模态手段两个维度的设计。依据翻转课堂的特点，借鉴前人研究经验，仍将教学结构分为课上、课下两个教学实施环节，针对课上、课下学生学习的不同特点，施以多模态课程、工

具和环境的支持。

1.课下环节。学生通过自主学习，实现对新知识的感知和初步内化。此阶段，多模态教学主要通过多模态课程资源和多模态交流平台等对学习者自主学习提供支持。

2.课上环节。学生课下的自主学习，只能完成对新知识的简单认知，对于更为复杂的多模态问题，即涉及面广、结构不良的问题，单靠学生独立学习是无法完成的，需要在课堂上和老师、同学们共同协商、讨论完成。某种程度而言，课上的集体讨论和交流才是翻转课堂的真正要义所在。之所以要实施翻转，就是为了将最重要的内容、学习的难点放在课堂上由大家集体学习完成，并在完成学习任务的过程中培养学生的实践能力、创新意识和创新精神。课上环节，多模态教学更有用武之地，通过提供多模态课程资源、多模态交互方式、多模态交流平台以及多模态评价，为学生构建多模态学习环境，以促进课堂教学的最优化。

多模态手段设计是多模态教学模式设计的重点。兼顾符号系统说和交互方式说，我们将多模态手段从这两个维度进行设计，即符号系统的多模态和交流方式的多模态。符号系统的多模态显现出意义表达的多模态化，如多模态课程资源；交流方式的多模态则反映出信息交流的多样性，如多模态互动方式、多模态互动策略、多模态学习环境以及多模态评价等。充分发挥各模态优势并挖掘各模态潜能，使其相辅相成，和谐统整，避免单一模态局限性。

(三)多模态教学模式构建过程

基于上述教学结构设计思路，将多模态教学分为课下和课上两个主要环节或过程，课上与课下以"多模态问题"相互衔接。课下以学生自主学习为主，包括了解学习任务、观看视频、搜索资料、交流讨论、完成练习和课前测评等活动环节。以认知新知识、掌握事实性知识、形成自主学习的能力为学习目标，通过课前测评，让学生得到及时反馈，了解自己的学习效果，并确立学习中遇到的多模态问题，为课上集体协商提供问题来源。课上是针对多模态问题，大家集体讨论协商，主要包括问题交流、自主探究、小组协作、成果展示、自我评价与小组评价、总结反思等活动环节。这一过程，主要围绕学生在自主学习中遇到的复杂的、劣构的多模态问题，

在教师的指导下，借助于多模态资源、多模态交互平台、多模态学习方式等，提高解决问题的能力。

此种结构设计给人以动态之感，意即多模态教学是一个鲜活的、动态运动系统，课上、课下像传输带的两个齿轮，同等重要，缺一不可；再者，教学结构是一个动态系统，一个循环后，再接着进行下一轮的循环，循环往复。除核心的翻转课堂教学结构之外，该模式突出了支持翻转课堂教学的多模态学习环境的构建和作用。模型中，将开放式的多模态学习环境设计为包围式结构，环绕整个教学结构，意即多模态学习环境要为多模态教学提供 360 度的全方位支持。

360 度全方位的多模态学习环境支持，有利于学习者对知识的认知和内化。在翻转课堂中，对学生学习最有益的改变不是课下学习，而是课上的多元互动交流。多模态环境下的多元互动活动是课堂活动设计的核心，如何设计多模态的、互动性强的活动很大程度上决定了学生知识内化的质量。应该充分利用多模态教学资源，借助于多模态的学习平台和交互方式，在与环境、社会、时间、空间、学习共同体深度交互中促使学生完成对新知识的认知和内化。

（四）多模态教学模式实施建议

应用多模态翻转课堂教学模式进行教学时，建议外语教师注意以下几点：

1. 利用多模态思想设计翻转课堂的全过程

多模态思想很好地契合了翻转课堂的特点，在进行翻转课堂的教学设计时要充分运用多模态思想，体现多模态教学模式的特点，以促进翻转课堂教学质量提升。首先，用多模态思想统筹设计整个翻转课堂教学过程，无论是课下的自主学习设计还是课上的交流活动设计都要体现出多模态思想；第二，将多模态思想落实到教学实施的具体环节中，在教学资源、教学方法、教学策略和教学评价的设计中要充分运用多模态理念和多模态方法，挖掘资源与环境潜能，尽可能满足不同性向的学生需求，切实促进每位学生的发展。

2. 课上多模态互动是教学设计的关键

翻转课堂的初衷是将相对容易的知识传授过程移至课下由学生自主学习，以释放宝贵的课堂时间用于促进学生知识内化。课堂知识内化是翻转课堂的重心，教师需要在评测学生课下学习情况的基础上对课上的交流活动进行精细化设计，让学生在高质量的交互中完成知识内化。在课上活动设计中，不仅要借助于多媒体和网络等信息化资源，也要利用好面对面交流、集体面对面协商的契机，发掘、开发、利用各种信息通道，发挥各种模态优势，促进学习者对知识的理解和内化。

3. 创设适宜的多模态学习环境

适宜的学习环境是保障学习顺利进行的前提。一个适宜的学习环境至少应具备如下功能：帮助唤起学生过往的经验和理解；提供丰富的互动和协作手段；提供丰富的学习情境支持；无缝集成丰富的课程资源；提供即时反馈方法和手段。教师可以借助于文本的、图像的、视频的等多模态资源唤起学生过往的经验和对新知识的理解，通过多模态交互以及角色扮演、虚拟现实等策略为学生提供丰富的互动手段，通过多元、多渠道评价机制为学生提供及时的反馈和指导。

4.将多模态评价贯穿翻转课堂的始终

多模态评价具有诊断、激励、调控和教学的功能，在整个教学模式设计和实施中，应充分发挥多模态评价的功能，使多模态评价贯穿始终。依据"评价设计先于教学设计"原则，教师应首先从学习目标出发，设计一系列的多模态交互活动以保证每个学生都有出色表现，以便搜集学生在思想、感受、行为、认知、交往等多方面的发展信息，更好地管理和调控翻转课堂。

在课前练习和课前测评中，教师要对学生在自主学习阶段应掌握的知识技能以及

应达到的程度有清晰的认识，并设计出相应的测量方法和测量指标。通过学生的课前练习和测评，教师可以了解学生学习的具体情况并诊断学习中的问题，为学生课上的交流讨论提供依据。在课上环节，教师应根据课前学生反馈，及时调整教学方案，校正事先设计的多模态交互活动，并在学生活动中通过各种模态方法及时全面地搜集课堂信息，为学生提供恰如其分的帮助和支持，及时引导学生讨论的方向，满足不同学生学习需求，调节气氛，控制节奏，保证翻转课堂顺利运转。

此外，多模态评价不是游离于教学之外的其它事件，多模态评价本身就是一种宝贵的学习资源，具有教学的意义和价值。教师通过让学生进行自我评价、小组评价，体验各种多模态评价方法，不仅可以使他们的学习更具有自觉性和目的性，而且可以使他们自然而然地学到评价的方法和技巧，形成评价能力。

为便于全面收集测评信息，也为了避免学习者对测评的负面情绪，特别是在课前学习的练习和测评时，教师要尽可能变换使用文本、图表、语音、视频等模态，避免学生对测试产生厌烦心理。在评价时，要坚持评价方式、评价手段以及评价维度的多

模态化，最大限度发挥评价功能。

### 4.3.2 多模态外语阅读教学实践

随着新媒体时代的不断发展，在外语的阅读教学中更重视多模态识读能力的培养。在新媒体时代的外语教学具有新的特点和任务，教师可以在外语阅读之中采用有效的指导和引导、批判性解读等辅助的方法，通过多种工具和多种符号进行整合教学，使学生多模态识读能力不断提高，最终促进学生的批判性思维能力和跨文化意识的形成。在外语阅读教学中培养多模态识读能力，可以加深学生对外语文章的理解。教师采取多层次的教学方式，满足学生对知识的需求。

（一）多模态识读能力的含义

多模态识读能力的概念在 1994 年由美国、英国和澳大利亚的科学家首次提出。在全球经济飞速发展的今天，为了适应科技发展所带来的多元化的语言文化趋势和多重性的通讯渠道，他们讨论了在这一形势下外语教学的新发展，正式提出了多模态识读能力的概念。新媒体时代的发展使传统的识读方式放生了巨大的转变，一些语言符号，例如：空间、图像、声音等的地位不断突显出来，再加上传统的语言文字符号，一起在社会生活之中发挥着重要作用，深刻地影响了外语教学的理念、方法和内容。为了培养学生多模态识读能力，外语教师可以在阅读教学之中采用多元化的教学手段，结合现代的信息技术进行辅助教学，培养学生多模态识读能力，能够使学生的创造力和美感得到提高。例如在学习阅读中某一个句子的时候，教师可以在句子旁边配上相关的图画，或者使用录音、动画的形式将句子的意思更好的表现出来，让学生可以深入的认识到外语句子的实际情况。通过培养学生多模态识读能力，使外语阅读教学产生良好的效果。从学生的角度来说，培养学生多模态识读能力可以促进外语教学的发展。具体来说，多模态识读能力指的是依靠外语阅读接触到多种模态和媒体，并在此的基础上使学生产生新的信息能力，这种多模态识读能力是一个多层次的能力。在外语阅读过程之中通过对多模态符号系统的整合和分析、筛选、比较、吸收、理解、批判新媒体所提供的信息的能力。

（二）培养多模态识读能力的意义

在外语阅读教学中培养多模态识读能力可以转变传统识读能力给学生带来的缺

陷。传统的识读能力是将语言文字作为识读的核心,学生在阅读之中仅仅通过文字获得相应的知识,满足不了学生对信息的需求。在外语阅读教学中培养多模态识读能力可以从视觉图像、绘画、声音和文字等多方面获取知识。将传统识读能力的范围不断扩大,使用多种手段获得知识,有助于学生高效、广泛的获取知识。在外语阅读教学中培养多模态识读能力可以激发学生外语学习的积极性和创造性,加深学生对外语阅读的理解。在新媒体时代的很多外语阅读文章与传统的文章不同,通常都有两个以上的符号组成。与单纯使用文字作为符号的语言相比,这种表达的模式范围更加广泛。传统意义上的识读的培养可以帮助学生掌握阅读之中的基本技能。而在外语阅读教学中培养多模态识读能力可以调动学生在学习中得积极性和创造性。新的外语阅读之中通过对信息高效的生动的传递,使学生的各个感官都得到调动,提高学生的学习兴趣。学生可以从更多的角度对外语阅读进行理解,对作者使用多模态的意图进行了解,最终深入了解外语阅读的深刻含义。在外语阅读过程之中的重要目标是培养学生的语言交际能力和多种文化意识。在外语阅读教学中培养多模态识读能力可以使学生吸收多元的文化,并及时的进行阐释和比较。

培养学生多模态的外语识读能力,能对现实的生活进行模拟,通过情景化的教学,使教授的内容更具有实际意义。外语语言的学习与学生的日常生活和社会文化有密切的关系,因此在外语阅读教学之中,应该重视语言技能、语言基础和语言的运用。多模态化的教学方式能够提高学生对外语阅读课程的兴趣。通过这种教学方式,能够减少学生对外语阅读的畏惧感,提高学生学习外语阅读的兴趣,使学生的识读能力得到提高。同时,可以提高学生在课堂上的注意力,通过动画模态和图片的结合,使学生长时间的关注教师所讲授的内容,在课堂上还可以将对时事的讨论和对新闻的观察相结合,将阅读知识与音乐的形式相结合,通过不同的模态进行组合,提高学生对外语阅读课堂的兴趣,最终提高学生的识读能力。

（三）培养多模态识读能力方法

在培养学生多模态识读能力的过程中,可以相应的使用多模态化的教学方式。多模态化的外语阅读教学是在信息时代之中教师改革课堂教学方式的新尝试,在这种教学方式之中,可以允分调动学生学习的积极性和创造性,最终提高教师的教学效果,但是教师应该根据学生学习背景和学习基础的实际情况,设计不同的多模态化教学方式,使这种教学方式的有效性得到大幅度提高。

在外语阅读教学中培养多模态识读能力可以通过四个步骤:情境操练、改造式操练、批判性框定和明确指导。这种教学理念的提出,极大的启发了外语阅读教学。外语教师应该转变自己的角色,将在课堂上的主导性角色转变成引导性角色,引导学生分辨不同的符号,获得新知识,帮助学生们接触多模态话语,选取合适的多模态材料的阅读,使学生具有分辨多模态资源的能力。让学生了解到除了文字之外的模态,例如图像和颜色等。让学生切实的参与到构建意义的过程之中。充分的利用网络技术和网络资源,培养学生的批判性思维和跨文化意识。网络教学指的是充分利用计算机技术和现代化的通信技术,构成的多渠道、全方位、交互式的教学知识传播系统和信息处理系统。在多媒体技术和计算机技术的支持之下,外语阅读教学拥有应用网络教学的很大优势。教师可以将大量的外语阅读教学资料、教学的辅助资料等上传到网络之中,学生可以随时通过网络对这些知识进行自主性的学习,提高知识容量,及时了解最新的知识动态。教师在阅读教学之中运用多模态符号能够调动学生学习的积极性和创造性,从多角度向学生传授知识,提高教学效果。多模态教学环境下的外语阅读教学强调通过对动画、图片、文字和声音等符号的综合使用,建立起一个阅读的情景,从心理语言学的教学出发,多模态的教学方式能够加强学生对信息的了解、储存、感知和编码,通过自动化的使用语言进行输出,培养了学生的识读能力,帮助学生对外语阅读技巧进行掌握,提高学生的外语阅读水平。逐步培养学生主动接受知识的能力,让学生有意识的培养自身对语言学习的能力,帮助学生提高知识的记忆水平和学习水平,在提高学生识读能力的同时,提高了学生口头表达能力和书面表达能力。

综上所述,随着社会的不断发展和人们交流方式的多样化,在外语阅读之中使用多元化的教学方法提高学生的识读能力受到教师和学生的欢迎。在我国已经有很多教室配备了投影仪和电脑等设施,这是这种教学方式实施的物质基础。在多模态化的外语阅读课程中,要注意教学的灵活性和开放性,使学生成为课堂的主体,将色彩、图片、音乐、声音和动画等模态应用于阅读教学之中,最终构建信息文本,使学生的触觉、听觉和视觉充分的调动起来,提高学生的识读能力。

在新媒体时代的外语教学具有新的特点和任务,教师可以在外语阅读之中采用有效的指导和引导、批判性解读等辅助的方法,促进学生的批判性思维能力和跨文化意识的形成。多模态教学环境下的外语阅读教学强调通过对动画、图片、文字和声音等符号的综合使用,建立起一个阅读的情景,加强学生对信息的了解、储

存、感知和编码,通过自动化的使用语言进行输出,培养了学生的识读能力。

### 4.3.3　多模态外语写作教学实践

外语写作涉及外语词汇及语法的掌握,是学生知识水平、思维能力及外语综合能力的集中体现,因此,写作教学一直以来是大学外语教育中的重点。传统写作教学课堂以老师单一讲授为主,学生学习积极性差,参与率低,写作水平未能得到有效提高,综合素质和能力没有得到培养。随着现代社会信息化及教学多媒体化进程的推进,越来越多的社会符号开始涌现并被大量使用来构建和传达意义,例如图像、声音、光线等。语言不再是唯一的交流途径,而是交流的一种模态。近几年来,各种社会符号逐渐得到学术界的关注,如何解读及利用这些社会符号成为研究的焦点,多模态话语理论应运而生,并得到广泛应用。本文认为,把多模态话语理论应用在大学外语写作教学中,可以激发学生创造力,有效培养学生多元读写能力,提高学生外语写作水平。

### (一)多模态话语理论应用

多模态话语自从产生以来,其理论研究逐渐深入,理论的应用范围也越来越大。o'toole(1994)把多模态应用到了油画及建筑物的解读上,分析了悉尼歌剧院建筑结构的意义。kress 和 van leeuwen(1996)把多模态运用到了静态图片的解读上。韦琴红(2008)利用多模态话语分析理论,分析了英国《泰晤士报》上的一则多模态语篇,阐述了语言符号与其他社会符号共同进行意义构建的过程。多模态也应用在其他社会科学领域,如音乐与声音(van leeuwen,1999),数学符号(o'halloran,2005),运动与手势(martinec,2000),计算机科学(baldry,2004;王立非、文艳,2008),电影语篇(baldry&thibault,2006;;lemke,2002),广告研究(王红阳,2007)以及三维空间(pang,2004)等。在教育领域,royce(2002)研究了多模态话语中,不同符号的互补性以及多模态在第二语言课堂教学中的协同性;张德禄、王璐(2010)分析了各种模态在多模态话语中的协同作用以及在外语教学中的体现;张德禄(2010)探讨了外语课堂教学中的设计及其对模态系统的调用和选择原则;朱永生(2008)讨论了多元读写研究的开始和多元读写的含义,重点说明了如何培养学生的多元读写能力;胡壮麟、董佳(2006)和韦琴红(2009)对 ppt 作品进行多模态分析,指出图像和音像对主题意义的表达起到辅助作用,也呼吁教师和学生注重多元读写能力的培养。多模态也应用于外语听力教学(龙宇飞、赵璞,2009)和词汇教学(孔亚楠,2008)等,但对外语写作教学的应用研究仍然不足。

### (二)多模态写作教学模式

高校外语培养重视学生听、说、读、写、译全方位发展,其中外语写作最能反映学生知识水平、语言掌握以及逻辑思维的综合运用。然而，传统大学外语写作课堂"粉笔加黑板"的形式单一乏味；"老师讲授为主，学生被动接受"的模式往往造成学生缺少兴趣，写作水平得不到有效提高。而且传统写作教学往往只注重语言词汇及句法层面，而忽略了意义构建及逻辑思维的训练，在培养学生综合能力素质方面更令人不甚满意。教学中应用多模态辅助教学，可以激发学生创造力，增加学习兴趣，扩充知识储备，提高写作水平，培养多元读写能力。

1. 可行性分析

国家教育部高教司于 2004 年印发了《大学英语课程教学要求》，提出了"各高等学校应充分利用多媒体和网络技术，采用新的教学模式改进原来的以教师讲授为主的单一课堂教学模式。"多模态教学模式要求教师课堂上利用多模体技术以及信息网络技术，结合文字、图像、声音以及姿势等多种符号，使用视觉模态及听觉模态，充分调动学生的学习积极性，例如上课使用 ppt 或者音频资料，利用校园网与学生互动等。多模态教学是一种新型的教学模式，它打破了传统教学模式以教师讲授为主的单一线性模式，主张利用多种教学手段来调动学生的多种感官，是一种全面的立体化的教学方法。因此，多模态教学模式符合教学的要求，是超文本思想的集中体现。随着科学技术的不断进步和创新，先进的科学手段和信息技术已经应用到社会多个领域，教育领域也不例外。为了更好地开展高校素质教育，现在绝大多数高校已建立了多媒体教室、语音教室等教学场所，大部分普通教室也配备了计算机、投影仪等多媒体教学设备；不少高校还建立了校园局域网以及数据库，有的甚至开通了网络在线学习平台，这些都为多模态教学提供了充足的物质基础和有力的技术支持。

2. 有效性分析

多模态带来的是多元读写能力（multiliteracies）。多元读写能力最先在 1994 年由"新伦敦小组"提出，它不仅包括传统意义上的读写能力，还包含"文化"识读和"技术"识读，其中的技术识读也就是多模态识读，指参与者能够识读包含视觉、听觉、空间、姿态以及现代信息网络时代的技术读写（胡壮麟，2007）。面对现代社会文化多元化以及科技信息化的飞快进程，传统的文字读写能力已经不足以应对当今社会的挑战。多元文化的碰撞与融合以及各种模态及大量符号的交错使用要求当代大学生具备良好的多元读写能力。多模态教学模式可以有效地培养学生多元读写能力。在写作教学中，教师可以利用多模态建立多元化话语，在课堂上使用图片、音乐等非文字话语或者把文字与其他符号系统相结合，例如视频等，让学生进行多元语言解读，解析多模态话语中所含有的意义和传达的信息，进而鼓励学生利用多模态自主构建意义，表达自我。教师可以安排学生制作图文并茂的电子报纸，或者音乐网站，例如介绍歌手专辑等，在锻炼学生写作能力的同时，培养学生对图像、声音、色彩等社会符号的读写能力，以及对计算机技术的掌握能力。教师也可以安排学生进行自我作品展示，学生在展示自己文章的同时配以插图及音乐来辅助意义表达。多模态外语写作教学模式既可以使教师通过在课堂上使用多模态话语来培养学生多元识读能力，也可以使学生利用多模态话语及计算机技术自主进行知识与意义的构建，在提高多元读写能力的同时，提升自身综合素质。

3.对教学实践的启示

多模态应用到外语写作教学实践中可以有效提高学生写作水平，培养学生多元读写能力。教师在践行这种教学模式的过程中，要做好充足的课前准备。教师要根据学生的实际需要和实际水平，确定教学目标，制定教学计划和教学内容，尽可能多地收集相关教学资料，但也不能被大量的多模态资源所淹没，偏离教学目标。教师在准备教学内容时要注意，写作教学中，语言和文字话语始终是主要模态，其他模态是辅助作用，不能只注意图像或者声音而忽略文字。在教学过程中，教师要经常询问学生对课程的接受情况，根据学生的反馈及时调整教学内容和教学策略，结合多种教学方法，充分利用多媒体和信息技术，全面调动学生积极性，培养学生写作能力。

在实施多模态写作教学中，教师要注意各种模态之间的适配性和协调性。在教学中使用二个或二个以上模态时，教师要注意一般选定一种模态为主模态，其他模态起强调和强化作用，使传递的信息更加突出。在实际写作教学实践中，教师应注意不要出现"百花齐放"的现象，要注意图像、视频的使用比例，要做到吸引学生注意力，但不能干扰学生思维的逻辑性和整体性。多种模态之间要相互适应和配合，共同做到信息的有效传递和理解。另外，教师还要注意各模态间的协调性，努力创造出真实自然的社会环境和交际语境，只有在真实的语境下，学生才能有效地学习和掌握语言知识。在实际写作教学实践中，教师要选择与学生自身生活或者与现代社会密切相关的话题语料，利用相关多模态资源，培养学生写作水平和多元读写能力。

在培养学生多元读写能力的同时，教师也应该不断地培养和加强自身多元读写的能力。多元读写能力近十几年来才开始在中国兴起，属于新型知识和理论。对多模态理论的认识和理解以及多元读写能力的培养不仅是学生，也是教师所面临的挑战。所以，教师不能松懈自己，要不断的对新知识领域进行探索研究才能充实自我，不被社会淘汰。教师要主动学习多模态知识，多

听一些关于多模态以及多元读写能力的讲座以及学术报告，加强自己对文化、视觉、听觉、姿势等符号系统的解读能力以及意义构建能力，还需加强自身对计算机技术、多媒体技术以及网络技术的掌握和使用能力。

多模态教学模式可以结合文字、图像、声音等多种社会符号，全面调动学生视觉及听觉感官同时作用，激发学生想象力和创造力，集中学生注意力，增加学习兴趣和学习动力。在写作教学实践中可以帮助学生有效地理解和记忆词汇、句法以及写作技巧，提高学生写作水平，也可以培养学生多元读写能力，在高校学生能力培养中值得借鉴。

# 第五章　微时代背景下文化视角外语教学

# 第一节　外语文化教学现状

　　早在 20 世纪四五十年代,美国的语言教学专家弗里斯和拉多就提出在外语教学中要注重文化差异,进行文化对比。语言教学和文化教学之间关系的研究随着语言学和教学法研究的发展也越来越受到外语界的重视。将社会文化知识融入外语教学,提倡文化教学和语言教学并重,培养和提高大学生的跨文化交际能力是摆在每一个外语工作者面前的重要任务。

## 5.1.1　语言与文化的关系

　　语言与文化有着十分密切的关系。早在本世纪 20 年代,美国语言学家萨皮尔(E. Sapir)在他的《语言》(Language)(1921)一书中就指出:"语言的背后是有东西的,而且语言不能离开文化而存在。"文化无处不在,语言也渗透在人们生活的方方面面,可以说,有人类活动的地方就有语言,同时有语言的地方就有文化的痕迹。人们借助语言进行沟通和交流, 文化也由于语言的使用得以体现、传承和保留。所以语言既是文化的表现形式,也是文化体现和作用的重要载体。而文化又制约着语言形式,不断将自己的精髓注入到语言之中,成为语言文化内涵。所以语言教学离不开文化教学,文化教学依靠语言教学。首先,语言教学与文化教学密不可分,两者应有效地结合起来。只教语言不教文化,学生学到的可能是除母语以外,表达本族文化的另一组语言符号,是一个没有血肉的空壳。这显然不是我们学习的目的。其次,将文化

教学与语言教学融为一体,是一个非常有效的增强学生学习英语兴趣和动力的方法。将语言教学置于丰富多彩的文化背景之中,学生在了解真实的人,真实的国家的同时,不知不觉地习得了语言知识。

　　文化与语言的关系在具有不同文化背景的人们的交际活动中表现得最为明显。对语言与文化的关系的研究,从 50 年代开始,在美国得到了十分迅速的发展。1959 年,随着霍尔(E. T. Hall)《无声的语言》(The Silent Language)一书的出版,跨文化交际学(Intercultural Communication)这门新兴的学科便确立了其学科的地位。跨文化交际学除

研究文化和交际的定义与特征以及文化与交际的关系之外，还着重研究干扰交际的文化因素。

文化教学并不是历来就受到重视。尽管近 20 年来学术界和教育界对其在教学中的地位和作用有了新的共识，但无论是理论上还是实践中都还与外语教育目的的客观要求有一定的差距。因此，我们认为有必要就此问题展开讨论，尤其是一些理论问题，如文化教学概念的内涵，文化教学的作用，文化教学与外语教学的相互关系，文化教学的内容，文化教学的原则，文化教学的步骤，文化教学的方法及跨文化交际意识的培养等。

### 5.1.2　外语文化教学研究现状

在 20 世纪 80 年代，我国外语学界针对传统外语教学的不足提出了文化教学这一观念。文化教学就是在外语教学实践中，植入目的语的文化，在外语教学中进行文化教学具有十分重要的意义。许多专家学者著书立说探讨了文化导入的内容、原则、方法及途径，并在外语教学中进行有意识的文化导入实践。经过 20 多年的发展，文化教学的研究与实践取得了丰硕成果。

（一）文化教学研究的状况

1.基本趋势

过去 10 年检索统计的结果显示：从 1997 年到 2002 年间，国内文化教学研究论文呈上升趋势，共计 72 篇论文，占总数的 70.6%。但从 2002 年到 2007 年却呈下降趋势，共计 30 篇论文，占总数的 29.4%，从 2003 年到 2007 年间年下降趋势更明显，2007 年跌入谷底，一篇论文也没有。这说明国内对文化教学研究的关注程度不够高。另外从研究中还可以看到各个核心期刊对文化教学研究的关注程度也不同。

2.研究方法

目前国内外学者对外语教学研究的方法越来越关注，但是仍存在不同分类方法。

刘润清（1999）把教育科研和外语教学科研方法分为两类，即定性研究（qualitative approach）和定量研究（quantitative approach）。定量方法又分为两部分：统计方法（statistical method）和实验方法（experimental method）。从各项研究中可以了解到：在过去 10 年里，关于文化教学的实证性研究太少，大多

是非实证性论文,从理论的角度探讨文化教学的相关问题。

3.外语文化教学研究现状分析

近 10 年来外语界努力探讨了文化教学的相关问题,取得了不少成绩,但是也存在一些问题。本文针对存在的问题分别从以下几点加以讨论。

(1)实证性研究比例偏低

在过去 10 年中,国内文化教学研究以非实证性方法为主(96.1%),如对理论的引介,对文化教学原则、教学方法、教学大纲的探讨等,实证性研究所占比例相当低(3.9%)。当然,并非所有研究都必须采用实证的方法,适当的理论引进和理性探讨也是有必要和有益的。但是在文化教学研究中,和其他研究领域一样,以系统的统计数据为基础的实证性研究显然要比空洞的论述更有说服力。

(2)研究内容层面存在不足

从近 10 年来文化教学研究内容来看,外语界注重探讨了跨文化交际对文化教学的影响,语言与文化相互关系,从语义和隐语的角度分析文化教学,但是对于文化教学与具体课型的结合以及外语文化教学中母语文化的研究不足。学者们注重对学习者文化意识的培养,增强文化理解力,尤其重视单纯的文化教学课堂教学层面的研究,比如文化教学内容、教学方法、教学原则等,但是文化教学大纲的研究,文化教学的教材研究太少。

4.基于现状的分析与思考

(1)加强文化教学理论研究的实际运用

从以上的总结可以看出文化教学的理论研究在中国已取得了可喜的成就,但这些理论成果在课堂上的实际运用并不尽如人意。从报刊和一些研究者的调查可以看出文化教学在语言课堂上的实施远远落后于理论研究,多数教师仍以输入语言知识为主,即使一些教师在课堂上涉及了文化内容,也是只凭他们自己个人的喜好,文化教学的内容很不系统,学习者的文化能力仍旧很弱。因此在语言教学中应在各个方面采取措施,确保文化教学的理论研究成果能在促进课堂教学中发挥积极的作用。

（2）引导学生增强对母语文化的理性认识

在外语文化教学中应关照母语文化内容这种观点已经得到大家的认可，但目前对应涉及的母语文化的内容和涉及的方法尚无具体的研究。外语课堂上母语文化的导入应主要以和目的语文化进行对比的方式进行。因为大学生们经过十多年的学习和在母语文化环境中的耳濡目染，对本国的文化已有了一定的了解，但这些了解多是感性的东西，通过对比可以使学生对本国文化有一个总体的把握，把对本国文化的认识从感性上升到理性，对本国文化的理性认识可以加深对目的语文化的理解。比如在介绍西方个人主义的价值观念时，可以适时导入中国的集体主义价值观念，让学生自己去发现二者的差异与共性，寻找两种文化特征之间的关系，这也有助于加强两种文化之间的沟通，培养学生们的文化理解力。

## 5.1.3 文化教学的必要性

### （一）文化教学与外语教学

人们普遍认为，学习者通过对语言的学习应获得两方面的能力，一是掌握语音、词汇、语法、篇章等知识，即语言能力；二是运用这些语言知识进行交际的语用能力，即交际能力。交际能力又包括听、说、读、写、译五种运用能力。然而人们却忽视了对第六种能力的培养文化素养能力，也称社会文化能力。以至于很长时间以来，人们认为语言学研究的对象只是语言本身，在整个外语教学活动中只注重语言知识技能的培养，忽视了对社会文化这一因素的关注，文化教学在整个教学任务中只不过是蜻蜓点水。

文化是语言的纽带，语言的教学必须紧密围绕文化的交流来进行。从长期以来的大学日语教学现状来看，大学日语课程的教学还是延续着以应试教育为主，教学内容主要围绕日语过级考试而展开，大多数日语课堂仍处于一种知识灌输的状态，课堂互动也只是停留在单一的问答模式上，甚至还存在无课堂互动的现象。传统大学日语教学模式没有充分利用现代化教学手段和网络资源，教学内容主要来源于课本。从学生的日语实际应用能力来看，日语听说写的能力普遍较低，大学日语的教学效果很不理想。随着信息技术的发展以及文化元素的渗透，信息传递已呈现多元化多维度发展趋势。

语言与文化是密不可分的，语言中有文化，文化因语言而行

远。伴随大数据时代的到来，新理念和新技术不断涌现，信息技术与课程的整合也日渐深化，与之相适应的教学改革也呼之欲出。语言是文化的载体，同时又是文化的一部分，语言不能脱离文化而存在。在商务往来过程中，脱离语言目的国的商务文化知识就无法准确理解和得体地运用语音，文化往往决定语言学习的效率。日语教学中要明确语言与文化的关系，只有充分的重视，才会以一个正确的轨道引领学生有成效得愉悦学习日语。

随着跨文化交际一语的出现，文化教学逐渐被引入到外语教学中，且越来越受到重视，但目前的外语教学只是一味强调外族文化导入的重要性。实际上，本族文化在外语教学中也起着重要的作用：一是作为与外族文化进行对比的参照，更能深刻地揭示出外族文化的一些主要特征，也可以加深对本民族文化本质特征的了解；二是通过对学生本民族文化心理的调节，培养了学生对外族文化和外语学习的积极态度，调动学生学习外语和外族文化的积极性，增强他们的学习动机。忽视本族文化在外语教学中的重要作用，学习者在学习外语时就感受不到两种不同文化的交流和融合，无法处理本族文化和外族文化之间的关系，在跨文化交际的过程中常常丢失自己的文化身份，出现语用失误。

（二）外语教学中的能力培养

外语学习是由几个部分组成，包括语法能力，交际能力，语言能力，以及对自己的文化与另一种文化的转换能力。 对于学者和外行人来说文化能力，即知识的惯例，习俗，信仰，和其他国家的系统意义一样无疑都是外语学习的一个不可分割的一部分，许多教师已经将文化纳入外语课程的教学视为自己教学的目标。它主张交际能力的概念，在过去十年左右的时间里，这一领域被开发出来，可以说，在外语教学中，强调的背景和环境可以使语言运用的更准备更适当。 换句话说，由于语言的背景更广，也就是说，社会和文化，已变成很多变量的难以捉摸的定义，这令许多教师和学生不断地谈论它，不知道其确切含义—是交际能力变成了一个空话的原因，没有其他的办法比它将作为一个"教育点"好。在现实中，大多数教师和学生似乎忽视了一个事实，即'要理解文化的具体含义，必须有一个补充的语法能力的语法系统知识（交际或文化能力）。

当然，我们早在第一语言习得和第二语言或外语学习的"行为主义的模具"的时代，就有了语言模仿和语言"操练"的能力，并且被认为作为一个规则的汇编语言，所附带的单词和句子，就是用来形容关于国家事务。 在过去二十年里，对社会的研究的兴趣又复现，这导致了从行为主义和实证焦点转移到建构主义批判理论。 然而，仍有一些根深蒂固的信念，以语言学习、语言教学以及外语学习课程的自然性质来确定方法，不知不觉地，正在人为的破坏着文化教学。

已经渗透到外语教学的误解之一是，语言仅仅是一个代码，一旦掌握，主要是凭着自己所了解到的语法规则和社会环境的某些方面，使其中'一种语言（虽然不容易）转译到另一中语言的本质译学观。在一定程度上，这种信念一直以来成为来促进外语教学中语用学、社会语言学、交际学的工具，这无疑赋予了语言研究的社会性质。然而，口惠而实的社会动态没有通过试图识别和增加社会结构或文化的洞察力来巩固语言，即使以多种多样的方式来扩充语言也只能造成误解，甚至导致跨文化误解。

无论如何，外语学习是外国文化的学习，并且，以一种或某种形式，即使出于不同的原因，文化甚至含蓄地出现在外语教学的课堂上。具有争议的是，尽管是由"文化"一词决定了它的含义，后者则是如何使它与语言学习和教学成为一个整体。Kramsch在这方面表现的敏锐洞察力及其发现不应当被我们忽视。

在语言学习中文化是不消耗第五技能的，对于教学听、说、读、写，可以说还会使其能力提升。它始终不够显眼，从一开始，它就给优秀的语言学习者带来了不安，在表明自己来之不易的交际能力的限制，挑战世界围绕着他们能力。方面，他们的期望最少。

尽管目标群体的知识是信息传递的一个重要组成部分，文化教学也不同于信息传递，信息传递时关于目标团体或国家的知识的传递（更不用说体验的人）。如果说文化仅仅是任何一个在有需要时可以有追索的知识库和经验库，这将是一个荒唐可笑的断言。此外，Kramsch 要暗示的是，学习一门外语不仅是学习如何沟通，而要学会发现目标语言还有多少空间可以让学习者巧妙的处理语法形式，声音和意义，并有所反思甚至质疑他们自己或目标文化的社会公认准则。

（二）文化教学对外语教学的影响

语言和文化关系十分密切，两者相互依存，并行发展。语言与文化的不可分割性决定了大学外语教学在完成培养具有一定交际能力的学生这一任务的过程中必然有文化的渗透。社会文化因素对外语教学的影响是显而易见的，对外语能力起着重要的支撑作用。听和读是语言输入的两大途径，也是语言学习者应该掌握的接受能力。听力对语言学习者来说一直是个薄弱环节，听力资料的理解需要根据上下文推断意义和运用背景知识辅助理解，这就使得社会文化背景知识在听力训练过程中显得尤为重要。而听力教学中学生必须掌握的一种预测技能是能够利用自己所掌握的知识，对即将听到的对话或段落内容进行预测；或者根据已获得的信息预测说话人下面要讲的内容或情节的进一步发展。通过预测，学生可以将注意力放在捕捉重要的信息上，减轻大脑处理信息的负担，做出准确的判断。但如果听力材料中出现了学生不熟悉或不能理解的外国文化，他们的预测能力将会受到阻挠。

外语的听读能力之外，翻译能力也是一直被重视的。翻译是语言的翻译，而语言又是文化的一部分，所以语言的翻译也是文化的翻译。文化渗透于社会生活的各个方面，外文翻译不可避免地受到文化因素的影响。外文翻译不仅是一种语言翻译，更是一种文化翻译。文化因素处理的好坏决定着翻译成功与否。因此，我们不仅要学习语言本身，更要学习语言文化，包括交际模式、习俗、价值观、思维方式及处世态度等，这些翻译工作者一直关注的问题。只有深刻把握不同文化背景

知识、不同民族思维模式的差异，以及两种语言风格的异同，才能正确处理好文化因素的影响，进行成功的翻译交际。

## 第二节　外语文化教学策略

### 5.2.1　外语文化教学的作用

学习一种语言，不单单是学会其语音、词汇与语法知识；而且必须同时学习有关国家和民族的历史文化传统和社会风俗习惯，这样才能真正掌握这种语言的精髓，才能保证正确理解和运用这种语言。如果我们能在教学中积极主动地进行文化教学，那么通过教学双方共同的努力就可以对学生和教学效果产生双重的效应。

（一）文化教学可以优化学生的知识结构

我们知道，文化教学通常是通过所学语言本身向学生传授文化知识的，学生可以通过语言获取所学语言国的人文、地理、历史、政治经济、教育、文化、社会制度、生活方式、风土人情、社会传统、民族习俗、社交礼仪以及民族心理、伦理道德、行为规范、传统观念等一系列知识，从而使学生的知识结构发生优化。

（二）文化教学可以优化学生的能力结构

文化教学致力于外语教学交际文化各因素的揭示，给外语教学诸如语构、认知、语用等交际文化知识，以及体态语、社交礼仪、交际环境、交际方法、交际态度等方面的非语言文化知识，这无疑能有效地促进学生跨文化交际能力的生成。尤其是语言

文化因素的教学，使学生在解决说什么的问题后进一步提升其语言的实际能力，防止和克服"社交语用失误"，及因不了解谈话双方背景差异而影响语言形式选择的失误，有效解决怎么说、怎样说更得体的问题。此外，文化教学还可以解决话语行为的准确度问题，并对交际模式的选择、话语结构的优化、个人言语行为的提高也都有直接的影响作用。

（三）文化教学可以提高学生的社会文化悟力

文化悟力是透过语言的外表进而对语言所反映的内容的综合理解能力。我们在外语教学实践中经常听到学生这样说：我的听力不好，我的阅读能力差，我记不住单词等等。实际上，一个人能否听懂一段话，读懂一篇文章和有效地记住所学的外语单词，并不完全取决于其听、读以及记忆的能力和技巧。在这个"力"之外，也可以说在这个"力"之中，有一个重要和十分关键的因素——社会文化能力和文化悟力问题。显然，文化教学的性质恰恰是以培养文化悟力即社会文化能力为出发点和归结点的。从另一个角度讲，外语教学的目的是培养学生的跨文化交际能力，而文化悟力本身就是一种交际能力。所以，培养文化悟力亦即培养跨文化交际能力，前者是后者必备的基础和条件。

（四）文化教学可以激发学生的学习兴趣

心理语言学的基础理论告诉我们，兴趣是最好的老师，是学生学习活动的内驱力。外语词形变化多，语法结构复杂等多方面的因素，致使学生学起来感到难读、难记、难懂、枯燥乏味；又由于学生对学习外语缺乏明确目的等因素，致使许多学生对外语失去间接兴趣，即自觉的、有目的的学习动机。在这种情况下，培养学生的直接兴趣，即通过学习本身和知识内容引起的兴趣就格外重要了。实践证明，只有我们不断地改进教学方法，增加新的教学内容，将趣味性贯穿于整个教学过程中，才能引起学生的直接兴趣和无意注意。文化教学无论在方法上还是在内容上，都有别于传统教学模式，其最显著的教学特点是不就词讲词或就话语论话语，不局限于对语言材料作机械的、枯燥的解词释义，而是透过语言看文化，通过所学语言学习了解其中的民族文化语义，这样就能有效地激发学生的学习兴趣；文化教学不仅有利于培养学生内在的学习兴趣，激发学生的学习热情，而且也有助于调动教师授课的兴趣和积极性。

5.2.2 文化教学的策略原则

（一）交际性原则

既然文化教学的目的上为了培养和提高学生的跨文化交际能力，那么充分考虑文化内容的"交际性"就理所当然了。从语言的交际概念看，我们已经说过，需要教学的只是那些容易使中国学生在理解和使用上产生误解以及可直接影响其进行有效交际的交际文化知识。就具体词语来说，遵循交际性原则，重点教学的交际文化内容应是反映目的语词语的民族文化语义部分。

（二）文化背景原则

文化背景原则是应用语言文化学的基本原则之一。对于学习外语的中国学生来说，所学语言与母语之间的差异和文化背景知识的不同，是他们掌握所学语言和进行跨文化交际的最大障碍。因此，文化教学的出发点就是要以所学语言的文化知识为背景，深刻揭示隐藏于语言和非语言形式与意义之外的文化内涵，以有效解决语言教学中跨文化交际能力生成的制约因素。

（三）对比性原则

一种语言或非语言中的文化知识对不同文化背景的人来说，其属性是不尽相同的，这里存在一个文化对比问题。而进行对比，就需要首先确立一个文化参照系。从中国人的角度看所学语言的文化，即从所学语言和汉语言文化比较的角度来确立中国学生文化教学的范围和内容，应该是我们在教学中依循的参照系。

（四）阶段性原则

外语教学是由浅入深、由简到繁和循序渐进进行的。因此，文化教学也应依照学生的实际语言水平和领悟能力，与外语教学中的年级或等级同步进行，这也应成为文化教学的原则之一。这里的阶段性，一是指移入的文化知识本身应相对有序，不可过于零碎；二是指移入的文化内容应有自己的等级体系。比如说在初级阶段就教学中、深层的交际文化，就不符合语言教学及学生的实际情况，即便在中、高级阶段，文化教学的内容也应有选择和分层次的。

（五）普遍性原则

文化与语言一样，同样也存在着一个普遍性问题。实践证明，交际文化因素中掺杂着许多非普遍的文化现象，而我们所要教学的应该是目的语国家共通的文化知识和模式，而不是某一群体的文化或地域的文化，更不是个别或单独的文化现象。当然，我们也要顾及语言本身和非语言所承载的典型性民族文化。

## （六）适度性原则

所谓适度，就是根据教学任务和目的的需要，适度地教学所需要的文化内容，而不是无限制的或不考虑学生接受能力的文化教学。适度的标准，我们认为以能扫除"当前文化障碍"适当考虑"尔后文化障碍"为限，即在教学中遇到文化障碍时只根据此时此景的障碍而进行必要的背

景文化介绍，其面和度可适当放宽一些，以便为今后遇到相同或类似障碍时扫清道路。另外，适度性原则也是有限的教学时数的要求，缺乏针对性而宽泛、深入地介绍文化背景知识，势必占用宝贵的教学时间。因此，我们认为点到为止或稍加发挥就是所谓的适度。

### 5.2.3 文化教学的策略方法

所谓文化教学的方法，是指外语教学中怎样或用什么手段来进行文化教学或实行文化教学的过程，展现文化教学的效果。桂诗春教授认为可以采用文化旁白(cultural aside)、同化法(cultural assimilators)和文化包(cultural capsules)等方法。文化旁白指教师在教学中见缝插针，作一些简单的介绍和讨论；同化法又分三种：一是指出某文化交往中的文化误解，二是解释误解产生的原因，三是让学生作出反应——选择正确答案；文化包是指一个文化包有介绍别国文化的一个侧面材料，后再进行一次文化对比讨论。

我们欲把文化教学的方法仅限于具体的语言教学方法的范围内，即讨论的重点应是采取哪些具体的切实可行的方法才能揭示语言或非语言中隐含的文化信息。我们认为，选择文化教学的方法不能一概而论，必须要依照教学目的、教学层次、教学科目、教学对象以及教学阶段的不同而有所不同。具体可采用以下一种或多种的并用：

### （一）双向融合法

变传统的只重视语言形式的单向教学为融语言形式与文化内容为一体的双向教学，即在对语言材料的内容进行语言知识讲授和言语技能训练的同时，适度地阐释其蕴含着的文化意义，以促使学生从更深、更广的意义上全面领会和掌握所学知识。

### （二）背景阐释法

对语言材料所涉及的文化内容从背景知识的角度或直接进行阐释和解说，或说明

其文化含义，或指明其使用的文化规约和使用的不同情景场合。阐释时可用揭示、注释和联想为主要手段。揭示——对母语与外语概念上对应的词语，尽可能揭示其不等值的文化信息；注释——对母语与外语概念上不对应的词语进行必要的注释和讲解；联想——对两种语言概念上相同但文化背景不同或不完全相同的词语进行信息联想，可以是同类联想，也可以是对比联想，还可以是情景联想和主题联想。

（三）信息集约法

改变过去那种对语言知识的讲解面面俱到或广种薄收、靠增加教学量来提高教学效果的粗放式教学模式，转而采用在现有语言材料的基础上靠扩大语言的文化信息量来实现教学目的的集约式教学方法，以提高教学的"单位面积产量"。如可以对具有文化信息的基础词汇或用法进行纵横两个方面的延伸和扩展，以强化学生对所学词语和用法的理解及记忆；也可以以点带面、抓住具有文化信息的信息点或关键词语，分析领会材料的整体内容。

（四）异同对比法

教学中对母语文化和所学语言国文化的异同点进行对比，使学生理解和掌握两种语言使用过程中的文化规约和行为规约的异同，利用"同"来获得语言学得和习得的正迁移，指出"异"；来防止文化学得和习得的"负迁移"。这种从语言深层次出发，透过语言的表层进而对所学外语所反映的与母语文化的相同点或不同点进行对比的方法，具有方法论的意义，实践证明是行之有效的，它有助于克服学生在学得和习得所学外语和文化的过程中的心理障碍。

（五）交际实践法

交际文化不仅体现在语言材料上，而且还表现在典型环境中人的行为举止即行为文化方面，因此教学中必须给学生设置真实的语言环境。除进行必要的典型句型操练外，还可以在课堂上设置一定的交际文化氛围，使学生有意识地置身于所学语言国典型的现实生活中；也可以利用现代化教学手段，如通过多媒体、网络、电视、幻灯等播放外语录像、外语电影等资料给学生直观的感受，使学生对英语的实际使用耳濡目染。

5.3.4 跨文化交际意识的培养策略

在过去相当长的一段时期里，由于种种原因，我国外语教学中重语言形式、轻文化因素现象在教学的各个环节都相当普遍，从而使相当多的教师形成了较为固定的思维定式和教学模式：注重的只是学生对语言形式的掌握是否正确，或语言使用是否流畅，而较少注意学生跨文化条件下语用能力和行为能力的培养。自20世纪80年代中期起，随着语言与文化研究领域大量新理论、新概念的引进，以及新的语言理论在教学中逐步应用，我国外语教学界对文化教学在外语教学过程中的重要性和必要性的认识有了长足的提高，甚至可以说是质的飞跃。然而，认识的提高并不说明我们已经具备了这方面应有的素质。重视外语教学中文化因素的教学，重视学生跨文化交际能力的培养，不是靠有意识或有意注意就能顺利实现的，这里还有个如何上升到无意识或无意注意高度的问题，即跨文化交际意识的培养问题。所谓跨文化交际意识的培养，主要是指如何用现代语言文化学理论的基本观点来指导具体的教学，使教学内容、教学方法和教学过程符合培养目标要求。这无疑是摆在我们教师目前的重要课题。

培养跨文化交际意识，实际上是要建立现代外语教育的一种新理念。显然，高素质外语人才的培养，需要有新的教学内容、教学方法和新的教育理念予以支持和保障，否则，培养目标的实现就会成为一句空话。

从外语教学的性质、规律以及跨文化交际的具体要求看，我们以为培养师生的跨文化交际意识，主要有以下六个方面的内容：

1. 交际意识

交际是语言最基本的功能，也是外语教学的实质体现。跨文化交际脱离交际这一外语教学的核心，就失去了其存在的意义。倘若师生缺乏强烈的交际意识，即不从交际的目的以及交际的形式出发去了解和把握外语教学的全过程，势必会削弱教学基本功能的发挥，影响学生跨文化交际能力的生成和提高。从教学内容和教学形式看，就会有意无意地走老路，把注意力集中在纯语言知识的掌握和纯语言形式的教学上，而不去注重学生跨文化条件下综合运用语言能力的培养。因此，我们认为培养交际意识是首要任务。

2. 双向意识

教学的过程是施教者与学习者双向交际的过程，离开两者的双向交际，而只局限于其中的任何一方，就难以有效达成教学目的。跨文化交际意识的培养也是如此。过去往往只强调教师在教学中的主导作用，而忽视学生主体的积极性和创造性，实践证明这是有百害而无一利的。因此，我们说跨文化交际意识应该是一种双向的意识，不但教师要有，学生更应该有。

3. 对比意识

指对目的语与母语、目的语文化与母语文化对比的意识。惟有对比方能发现差异，方可有的放矢地进行语言与文化知识的教学。对比不能仅限于表层的形式对比，还应该有深层的内涵对比；不仅要进行语言的对比，还有非语言的对比；不仅要作语言、非语言形式与意义的对比，还要作言语交际行为的形式与意义的对比，等等。对比的目的主要是发现异同，正确区分知识文化因素和交际文化因素，以便能在文化教学时"对症下药"。

4. 洞察意识

语言或语言使用中包含着许多文化因素，有些是显性的，但更多深层次的文化背景知识是隐性的。教学中若对此缺乏应有的认识，就难以揭示语言中深刻的文化内涵。这就要求我们对文化因素要有相当的敏感度，尤其是对文化相关现象的洞察，切不可被貌似相同的形式和相同的意义等表面现象所迷惑；另外，洞察意识还要求正确区分出教学中两种不同功能的文化因素，即什么是知识文化，什么是交际文化，以便有针对性地进行交际文化教学。当然，是否有洞察意识还取决于师生本身文化素养的高低。因而，只有大力提高自身的文化素质，尤其是两种语言与文化的素质，才是确保具备洞察意识的关键。

5. 求真意识

它包括两个方面:一是去伪存真，二是去粗取精。思维去伪存真，就是从纷繁多样的文化因素中，去掉虚假的表面的东西，二保留真实的典型的东西。 也就是说，对于交际文化因素要选择那些具有真实和典型意义的部分，即能儒士反映所学语言过现实的材料，二不是虚假的或孤立的 属于个别现象的材料；所谓去粗取精，就是通过有目的的选择，除去文化因素中消极的糟粕的部分，二留取积极的精华的部分。着一点对我们来说至关重要。因为除有交际功能文化载蓄功能外，还有其特有的教育教养功能。我们切不可不加分辨，一味地照搬照抄。对于西方文化，我们必须作出符合思想道德标准的选择，着也是我们在教学文化时所应有的价值取向。

6. 存我意识

西方语言教学界曾流行这样一句话:一旦学了一种外语，你便不再是原来的你了。它说明这样一个事实:外语教学中通常会出现"文化化"现象,即自觉不自觉地用目的语文化的思维方式和表达方式来"规约"自己的言语行为。究其原因，是"因为学习外语几乎每时每刻都要理解生活在另一种文化中的人所致"。过去大部分学者关注文化教学中的目标文化部分，大量的研究也是关于目标文化，而忽视了本土文化，导致了学生无法用英语表达中国文化。现在一些学者认为应该将目标文化和本土文化放在同等重要的位置。丁往道认为我们的学生花太多的时间去学习外国语言，读外国的书籍，听外国人说话和看外国电影，这样的结果是本土文化的缺失。中国学生在跨文化交际的实践中由于对中国文化了解不到位，无法用恰当的英语表达中国文化，导致出现了"中国文化失语"现象。跨文化交际是双向的，只强调一方的文化而忽略另一方的文化无疑会给交际带来障碍，也就无法实现有效的跨文化交际。

## 5.2.5 跨文化交际下的语境构建

### （一）外语教学中的语际转换

翻译涉及语言的方方面面，也正是因为这个缘故，许多人将翻译定义为语际转换。虽然不能简单的将翻译定义为语际转换，但语言在翻译交际中的重要性无论怎么强调也不为过。用系统功能语言学的观点看，如果说翻译是转换，翻译是一个不断地从语篇到意义、从意义到语境然后又从语境到意义、从意义到语篇的一个转换过程。毋庸讳言，这个过程的出发点是一种语言的语篇，这个过程的归宿是另一种语言的语篇。从这个意义上说，没有语言就没有翻译。但也应该看到，从一种语言到另一种语言的转换是在意义与语境的制约下进行的，因此，翻译不是简单的语际转换，而是从语言到意义、从意义到语境再从语境到意义、从意义到语言的语际转换。这样说，一点没有看轻语言的意思，相反，我们认为语言是翻译的依据与依归。而语言又是个"混沌乾坤"，因此，需要用科学的分析体系对之进行切分与研究。人们常说，人是会说话的动物。换言之，语言是与人类同日而生的，但长期以来人类对语言的认识一直在摸索中前进，直到十九与二十世纪之交结构主义语言学问世，才算有了真正科学意义上的语言学。后来，经过捷克的布拉克学派、美国的描写语言学派、英国的伦敦学派、美国的转换生成学派和英澳的系统功能学派等语言学派的长期的多角度的研究，人类对语言才有了比较接近于真理的科学认识。语言是语音与意义的结合体，但发展到后来，又产生了一套记音符号即书写符号。语言的语音系统是有结构的，语言的书写系统也具有结构。人们常说翻译就是翻译意义，这话当然不无道理。但同一个姑娘，穿一身漂亮的衣群与衣衫蓝缕时的意义肯定是不一样的。同样，语音与书写符号，虽常被人们称为物质外壳，然而这两个外壳，可以将一个姑娘妆扮得袅袅婷婷，也可以使她看上去像一个要饭花子。语言的语音、结构与意义严格地说密不可分，人们将它们分开研究是为方便起见。符号学家将语言研究划分为三个层次：句法、语义与语用。暂且不过问这种划分方法是否得到了语言学界的普遍认，但语用学成了当代语言学研究的一个热门课题，则是活生生的事实。语言结构的层次性及其相关的意义是普通语言学的研究范畴，语言单位与语言单位的常规的与非常规的排列组合而产生各种常规的与非常规的意义，则是修辞学所关注的重点，语言结合语境所产生的常规的与非常规的意义则是语用学的主要研究领域。因此，我们在讨论翻译与语言的时候，将从普通语言学出发，从语言的语音、书写与语言的各个结构单位如语素、词语、句子以及段落与语篇等角度对语言与翻译进行探讨，从语义学与语用学的角度对语言与翻译进行探讨，在探讨的过程中附带讨论不同层次的语言单位的修辞作用。

1.外语翻译与语音

语言学家，或者说语音学家，从语音的发生与接受、语音的物理性质、语音系统及其结构与语音的润饰等角度来研究语音，产生了相应的各种语音科学——语音学、音系学与超音段音系学，统称语音学。语音学是研究语音的生成、语音的成分、语音的性质、语音系统与语音是如何相互结合表示意义的，语音学的发展为翻译研究中的语音描写与探索提供了极大的便利。语音具有生理、心理与物理属性，也具有社会属性。如果说语音的生理属性是全人类共有的话，语音的社会属性则因言语社团而异，因为语音与意义的结合基本上是约定俗成的，同一个意义，不同的语言用不同的语音或语音组合表示，同一个意义在同一种语言的不同方言里往往也用不同的语音表示，这就给翻译带来了机遇与挑战。各种语言如果没有音与音、音与义的结合上的千差万别，就无需翻译；有了音与音、音与义的结合上的千差万别，翻译才有必要，才会遇到各种各样的挑战。

语音在语言中的作用，不同语言的语音具有不同的特点，这些特点给翻译带来了困难与挑战。从语音学的角度看，人类的发音器官是相同的，发音机制是相同或相似的，但音与音的结合、音与义的结合是任意的，是因言语社团而异的，这就决定了翻译的必要性与翻译的困难性。

2.外语翻译与文字、词汇

文字是语言的书写形式，是用书写符号来记录语言语音的产物。因此，用语言发展史的观点看，语音先于文字。我们可以说，语音是第一性的，文字是第二性的，是派生的。语音与文字从理论上说，应该是一一对应的，但实际上并不是这样。有些字读音相同，书写却不一样；有些字书写相同，读音却不一样。语音因文字而行远，让形形色色的口头文学得以流传下来；语音因文字而升华，即席发言，经过梳爬整理更有层次性与条理性，更有说服力与感染力。日常生活中我们发现，用口头表达不甚方便甚至不太合适的事是常有的。例如邀请外籍教师来华授课，除了使用电子邮件外，还要签署一份合同；布置教学任务，口头说过之后，还要下教学任务书；邀请他人参加婚礼，为表示郑重其事，拿着请帖登门邀请等等。语音形式与书写符号之间的关系，除少数拟声词之外，基本上是约定俗成的，拟声符号与语音之间的关系也因语言社团而异。当然，语音与书写符号之间也有对应关系，但不是一一对应的，而是因语境而异。

关于文字发展的早期情况，至今没有定论，故事与传说认为是某些神或人的发明创造，辩证唯物主义与历史唯物主义的观点则认为是人民大众共同创造的，一定的文字，是使用这种文字的语言社团约定俗成的结果。随着考古事业的发展，我们看到，现代文字，主要可能都是从图画发展而来的，现代的拼音文字与方块文字可能都是由象形文字发展而来的。世界上的主要书写文字有以字母为基本单元的拼音文字与以笔顺为基本单元的方块文字。汉语的书写形式是由笔顺构成部首、由部首构成汉字、由汉字构成单词、由单词构成词组、由词组构成句子、由句子构成段落、由段落构成语篇。但也有一个笔顺构成一个部首、一个部首构成一个汉字、一个汉字构成一个单词、

一个单词构成一个词组、一个词组构成一个句子、一个句子构成一个段落、一个段落构成一个语篇的情况。也就是说，汉语最小的语篇可以是一个笔顺。汉语的笔顺，除非单独构成单词，一般是没有意义的，但是汉语的部首是有意义的，例如汉语的形声字，就是利用偏旁部首表示声音与意义。如果说口译是以语音翻译语音的话，笔译则是以文字翻译文字。因此，讨论翻译与文字，就是讨论笔译时文字与文字之间如何在语境与意义支配下的相互转换。汉语基本上是方块文字，虽然近来人们不时地使用汉语拼音，但还没有人也不太可能有人用汉语拼音写诗作文。

从语言的文字形式的角度看，可以将笔译分为拼音文字语言间的翻译、方块文字语言间的翻译与交叉翻译即拼音文字与方快文字语言间的翻译。一般说来，拼音文字语言间的笔译是比较容易的（可方便地采用字母对译），方块文字语言间的笔译也是比较容易的（可方便地采用直借，外语就可以直接借用汉语的方块字那样），难的是交叉笔译，将拼音文字翻译成方块文字，将方块文字翻译成拼音文字。

虽然说笔译是用一种语言的文字来翻译用另一种语言的文字表达的意义，但一般意义上的笔译不涉及译出语与译入语的文字结构，涉及文字结构的翻译主要是异化翻译。由于汉字是方块字，汉语在构词上就可以充分利用汉字的这一特点。汉语的叠字就是一个极好的例子。汉语的叠字可以有多种形式，如AABB式、ABAB式等，前者如重重叠叠，后者如研究研究。汉语的成语多为四字结构，这一方面固然是受《诗经》等先秦文学的影响，另一方面与方块汉字的灵活性不无关系。龙腾虎跃、生龙活虎、瓜田李下、杯水车薪、车水马龙等，其内部结构虽不尽相同，但方块汉字的灵活性无疑发挥了重要作用。

日汉两种语言各有不同的文字形式，翻译中，如原文不是刻意利用其文字的特点，

一般不会给翻译来什么困难，但如果刻意利用文字上的特点，就会给翻译带来许多麻烦。在有些情况下，如能做到顾此失彼，恐怕就可算佳译了。

词汇所包含的内容很多，有构词、语义关系包括语义场、词语搭配、词汇的历史变迁、外来词语以及短语、熟语与成语等。外语的构词涉及假名、汉字和罗马字，汉语的构词涉及汉字。词汇的历史变迁，是一个很复杂的课题，有语言的内部动因，也有社会、文化等外部动因，部分地是大量使用外来词语的结果。词汇搭配问题是一个棘手问题，但有规律可循，因为词汇搭配问题主要是多义词的搭配问题。

3. 外语翻译与段落、篇章

翻译与段落和篇章方面的内容很多，这里主要讨论语篇的衔接（cohesion）与连贯（coherence）。讨论之前，先粗略地讨论一下段落与篇章这两个概念。段落与篇章，许多情况下都可以称为语篇，但是一般认为，篇章是完整的语篇，段落只是完整语篇的一个组成部分。特殊情况下，一个段落甚至一个句子，也可能是一篇完整的语篇。大于或等于句子的语篇单位只有句子、自然段与语篇。汉语里有"大段"的说法，但似乎也不是一个专业术语。在此倾向于使用自然段、大段与语篇三个术语，并且认为，自然段大于或等于句子，大段大于或等于自然段，语篇大于或等于大段。自然段、大段或语篇之所以成为自然段、大段或语篇，是因为它们意义上是连贯的，形式上是衔接的。

语篇的衔接与连贯是语言学的重要概念，系统功能语言学对之有深入的研究。衔接与连贯相互关联，讨论衔接的时候，往往要涉及连贯，讨论连贯的时候，往往要涉及衔接。但从连贯是意义层面上的现象来看，衔接是词汇语法层面上的现象；连贯是目的，是结果，衔接是实现连贯的手段。它们虽然关系密切，但毕竟是两个性质迥异的现象，可以分开讨论。在此章节中，将先讨论衔接，再讨论连贯，然后讨论二者之间的关系，讨论衔接与连贯对日汉互译的影响。关于衔接，系统功能语言学派对衔接进行了大量的开创性的研究。系统功能语言学通过在国外学习的留学生与访问学者们的介绍，在我国语言学界已深入人心。以他们为核心，在我国也形成了一个系统功能语言学派。通过与其他一些语言学家们的努力，系统功能语言学在我国经过引进、消化、吸收已安家落户，现已经进入了独立研究、大胆创新阶段，论文与专著不断面世。这些论文与专著大都谈到了衔接，虽说还没有穷尽衔接的方方面面，但涉及的面都很广，分类也比较繁杂。

在此倾向于将衔接分为句内衔接与跨句衔接两大类，将传统意义上的句子与从句都视为句子。句内衔接，就是句子或从句内各语言单位之间的衔接，跨句衔接就是句子与句子、句子与段落、段落与段落之间的衔接。语篇的衔接手段主要是词汇-语法手段，因此，既有结构上的，也有词语上的。结构上的除了传统意义上的省略与替代之外，我将连接句子的连接词语也看成是结构衔接手段。此外，平行结构（包括对偶）、层递与统帅段落与全篇的特殊句型都是结构衔接的例子。词语衔接涉及词语层面的方方面面，有语音学与形态学，也有词汇学层面上的，甚至有人将及物性(transitivity)、主述位结构(thematic structure)与信息结构(information structure)都看成是衔接与连贯的手段，这些都属于结构衔接。关于结构衔接，专家学者们对省略与替代已经讨论得很多了，目前还没有什么新的东西可资补充，这里不予讨论。

衔接是词汇语法层面上的，而连贯是意义层面上的，衔接是手段，连贯是目的。但是，衔接并不是实现连贯的唯一手段，甚至不是最重要的手段。语篇的连贯首先依赖语境，其次依赖逻辑，第三依赖衔接。关于逻辑与连贯，逻辑是广义的，是通常所说的"合乎逻辑"的"逻辑"。许多语篇，词汇语法层面上虽然不衔接，但意义上合乎逻辑，仍然是连贯的语篇。

所谓的逻辑，还包括逻辑顺序、时间顺序与空间方位顺序。说话或写文章，一个问题一个问题地说，一个问题一个问题地展开，有时从最重要的说起，有时从最不重要的开头，这是一种逻辑顺序；描写事件，可以从现在写到过去，也可以从过去写到现在，这是时间顺序；描写空间方位，有时从里到外、从右到左，有时则从外到里、从左到右，这是空间方位顺序。这里讨论的都是自然顺序。符合一定的顺序的语篇，即使衔接得非常松散，也不太妨碍理解。但必须特别指出，一旦自然顺序被打乱，衔接对确保语篇连贯就是至关重要的了。

语法结构是实现语篇意义重组的重要手段。在此不是讨论语法，而是讨论衔接与连贯。这里所说的语法结构，是实现结构衔接的手段。可见，适当地使用结构衔接手段，能够实现语篇的意义重组，使得本可以按照自然逻辑顺序排列的语篇意义，变得跌宕起伏、一波三折。

在语篇层面上，外语可利用自己的句型与语法结构上的完整性来实现倒装或部分倒装，可利用关联词语来实现语篇意义的局部重组，汉语遇到这些情况多遵循自然逻辑顺序与自然时空顺序展开语篇。因此，日译汉时，有些倒装部分、倒装的句子成分，汉语往往要遵循自然逻辑顺序与自然时空顺序来翻译；在外语原文利用关联词语实现意义重组的时候，汉语往往也要遵循自然逻辑顺序与自然时空顺序来翻译。

翻译与语言是翻译的一个核心问题，也是翻译学的一个核心问题，涉及的面很广，要讨论的问题很多，总的题目需要有专门的书籍来讨论，各方面的问题也需要用专门的书籍来讨论，在此所讨论的只是其中的一个很小的部分，而且是点到为算，因此是很肤浅的，很不彻底的。另外，语言研究的方方面面，都已经有了专门的书籍，如语音学、音系学、超音段音系学、形态学、词汇学、文字学、句法学、语义学、语用学、模糊语言学以及许多边缘学科如社会语言学、心理语言学、生理语言学、病理语言学等，还有与语言密切相关的一些学科与逻辑学、哲学等。除此之外，还有各个流派的语言学，如系统功能语言学、转换生成语言学等。这些学科与许许多多的其他学科对研究翻译与翻译学都至关重要。翻译还有自身的规律性。有的倾向于较多地利用母语的语音的特点写作或讲话，有的则倾向于较多地利用文字、形态、构词、句式、意义、语用方面的特点。翻译这些各具特色的语篇，需要采用不同的翻译策略，如此等等。

（二）语用蕴含与外语言语行为

语用是一个非常辽阔的领域。从广义上讲，所有的语言使用以及与语言使用有关的现象都在语用的研究之列。现代语言学将语用学看成是它的一个分支，虽然传统上语用学是符号学的一个分支。这里主要讨论语用学范围内的一些与翻译有关的问题。现代语用学主要关注指示、预设、蕴涵、言语行为、合作原则、会话隐含与礼貌原则等，它们与翻译的关系都非常密切，下面将逐一择要予以讨论。

1. 指示

指示是语言层面与语境层面的接口，是用特定的语言项指称语境中的事物，这些语言项的意义要结合语境来理解，离开语境，往往无法理解指示词语的确切意义。语言学界一般将指示分为人称指示、地点指示、时间指示、话语指示与社会指示等。指示词语一般所表示的是指称及相关意义，这种意义的产生是人类表达自己与外部世界的关系或者说是切分外部世界的结果。人类所在的世界是没有端点的，是无极的，但人类在与外部世界打交道的时候，必须分出经纬。如何分出经纬呢？从哪几个方面来分出经纬呢？可以看到，人类本身的介入，就使人类有了一个观察世界的出发点，因此，人们在切分人类所在的这个混沌乾坤时，总是以"我"为视角，或者说以"我"为中心。首先，人类以我为中心梳理人际关系。人们在交际中用"我"来指称自己，用"你"来指称对方，用"他"或"她"来指称第三者。人类在切分空间世界的时候，以自己所在的位置为参照点，用"这里"来指称离自己近的地方，而用"那里"来指称远离自己，而相对于听话人进的地方。同时以自己所处的位置为参照点来分出前后、左右、上下；人们在切分时间轴的时候，以自己眼下所处的时间为参照点，用"现在"来指称，而用"那时"来指称过去或将来，用"今天"来指称自己眼下所处的日子，用"昨天"、"前天"、"大前天"来指称在此之前的日子，用"明天"、"后天"、"大后天"来指称将来几天。人称指示。人类与周围的一切事物的区别在于人是有生命的，人与植物的区别在于，人是可以运动的，人与其他动物的区别在于人是可以用语言来交际的。在典型语言交际中，必定有一个发话人，有一个或几个受话人。发话人用"我"来指称自己，用"你"来指称对方，用"他"或"她"来指称局外人，分别称为第一人称、第二人称与第三人称。第三人称所指的是局外人，因此，只有第一与第二人称代词有指示功能，第三人称代词主要起衔接作用。上面所说的"我"和"你"都是单数，它们的复数形式是"我们"与"你们"。必须注意，"我们"可用来指称包括发话人在内的人，指称包括对方在内的人，指称包括语境外的人在内的人。"你们"也可指称包括对方与语境外的人在内的人。

在语用学中，人们研究指示时往往只研究人称代词，其实，专有名词、亲属称谓词、社会称谓词等也都有指示功能。专有名词常常用来指称对方，偶尔也有用来指称发话人自己的，人类一般不用第二人称代词指称植物与无生命的物体，但有时可用第二人称指称动物，尤其是指称自己所喜爱的动物，这种情况常见于人与动物对话的时候。人类指称植物与无生命的物体的时候，是用距离发话人的远近为参数来指称的。了解人称指示对翻译具有重大意义。首先，通过分析指示词语，能了解语境并通过语境把握意义。

社会指示主要指称话语情景中的以及情景外的人的社会地位，如张局长、李书记等，也包括尊称与谦称。汉语中尊称的例子很多，如您、令尊、令堂、仁兄、令爱、令郎、足下、教授等；谦称如愚兄、小弟、妾、贱妾、犬子、小女等。这些尊称与谦称有的是同时标示被指称人的性别的，如令尊、令堂、仁兄、令爱、犬子等；有些尊称或谦称是专用的，如寡人、本府、陛下，有的甚至有个人专用的倾向，如老佛爷。社会指示有的既可以用于第一人称如写信时的落款"外语系主任、教授洪增流"，也可以用于第二人称，如"尊敬的洪增流主任"，还可以用于第三人称"洪增流主任上次说过，有事可以写信或直接与他本人联系。"尊称一般只能用于指称对方而谦称一般只能用于指称自己。

话语指示是对上下文的指称，例如，在写文章时常用"如前所述"、"下面将要详细讨论"等。此外，还常常用到一些表示上下句关系的词语如"因为……所以"、"由于"等。

研究中发现，外语的指示词语与其他语言如汉语的指示词语一样具有系统性，所有的指示词语都是发话人以自己所处的时空参照系中的位置为中心运用词项来指称语境内外的现象的。发话人之所以需要发话是因为他或她要将自己的所见、所闻或所思告诉他或她要告诉的人。这个人或这些人可能在现场，也可能不在现场。如果对方在现场，那就是面对面(face-to-face)交际，如果不在现场，就是非面对面(non-face-to-face)交际或远程(distant)交际。但不管是面对面的交际还是远程交际，都在一定的语境中进行，不同的是，进行远程交际时，对方不一定能看到发话人所指的一切事物。

2. 预设与蕴涵

"预设"的英语对应词为presupposition，也有人将它译为"前提"。"前提"在哲学与逻辑中沿用已久，为避免混淆，在此倾向于将在语用学中使用"预设"。首先对预设进行研究的是哲学家与逻辑学家，语义学家也对预设感兴趣。因此，人们对预设的界定也不尽相同。一般都倾向于将预设分为两部分，即语义预设与语用预设。由于语义预设与蕴涵常常是放在一起进行对比研究的，故将蕴涵放在预设中进行讨论。语义预设是建立在句子的真值条件的基础之上的。语用预设将预设与语境联系起来，或认为自然语言是对语境持有某种设想，或认为预设是满足言语行为所必须的社会适应性条件，或认为预设是交际双方的共有知识。

学习预设与蕴涵对翻译来说意义重大。首先，翻译的成功与否在很大程度上取决于意义。按照系统功能语言学关于语境、意义与词汇语法之间的关系的观点，在此认为译者理解原文文本时是通过词汇语法获得意义进而了解语境的，译者在表达时是通过语境把握意义然后选择词语的。预设与蕴涵都是研究意义的，因此，是译者必须了解的内容。至于共有知识更是翻译时不可或缺的。

3. 言语行为

言语行为理论是由Austin 提出的，认为传统观点将所有的语句都认为是陈述性的，其实也不尽然。言语行为理论提出了一个带根本性的问题，即用语言可以做事。做有些事，做事人必须具备一定的身份，而且所做的事必须在一定的场合下进行；做另一些事对做事人的身份与做事的场合没有特定要求。那么，除此之外，还有没有其他言语行为呢？后来的研究又延伸到了施言行为(locutionary act)、施事行为(illocutionary act)与施效行为(perlocutionary act)。所谓施言行为就是说话时有固定的意义与所指，所谓施事行为就是用言语来做事即用言语来陈述、承诺、警告等，所谓施效行为就是用言语来影响交际的对方以获得一定的效果。

言语行为理论在语用学中占有很重要的地位，其内涵也极其丰富，近来在这方面的研究也有许多新的进展，这些对翻译的理解与表达都极为重要。

推理是以一定的常识、一定的共有知识、一定的背景知识包括交际参与者的社会地位与身份等因素为基础的。那么，能不能将这些因素整理出来或加以形式化呢？于是，合作原则就应运而生了。合作原则认为，交际的参与者们既然参加交际，在交际中就会持合作态度；既然持合作态度，就会使用适当的量、以适当的质、贴近话题并以适当的方式进行交际。这些可能是Grice当年的想法，于是，他将这些想法整理成一条总原则与四条准则。即：合作原则和质量准则（不要说自己认为是不真实的话；不要说没有充分根据的话）、数量原则（根据目前交际目的的需要提供信息；不要提供超出交际目的所需要的信息）、相关准则（说话紧扣话题）和方式准则（避免晦涩难懂；避免歧义；要简洁；要有条理）。必须承认，人们说话时一般是遵循这条总原则及其四条准则的。

合作原则的真谛就在交际的参与者们在交际中常常不是直接说出本意，而是将话语意图深深埋藏，使对方或捉摸不定或费些周折才能琢磨出来。换言之，合作原则的可贵之处在于提出了一个假说，即人们在会话中通常都是合作的，都是遵守规范的，如有违反，一般不能理解为交际参与者彼此不合作，而应理解为另有他意。这种弦外之音，利用常识、共有知识与语境知识是可以推导出来的。在合作原则的基础上，Leech(1983)又研究了礼貌原则。Leech的研究认为，人们在交际中违反合作原则有时是出于礼貌上的需要。Leech在研究礼貌原则时，将言外行为分为四大类：矛盾类、共生类、协同类与冲突类，并将礼貌准则又分为六大类：策略准则、宽宏准则、褒扬准则、谦逊准则、认同准则与同情准则。这些准则各有各的用处，但总的说来离不开使对方受惠、自己失利或者相反，使对方失利自己受惠。礼貌原则与合作原则一样，因社会文化不同而不尽相同。

学习语用学对翻译大有裨益。首先，如果将指示与人类观察世界的路径联系起来，并进一步分析人称指示系统、时间指示系统、地点指示系统、社会指示系统与语篇指示系统。另外，指示词语主要从发话人的角度研究的，预设与蕴涵既可以看成从发话人也可以看成从受话人的角度研究的，而会话隐含、合作原则与礼貌原则则主要研究受话人如何运用语用推理理解发话人的话语意图的。总之，语用学结合交际语境研究意义，与将翻译看成是交际是不谋而合。

另外，研究语言不能离开使用语言的人，翻译也不能离开使用语言的人。因此，在语境中研究语言，在语境中研究翻译，在语境中研究翻译所涉及的语言。在此只讨论了翻译与语言，没有提及语言与文化的关系。语言与文化是密不可分的，语言中有文化，文化因语言而行远。在翻译理论与实践中，一个令人头痛的问题是如可将语言与文化结合起来。之后的讨论中，将使用语言文化这样的概念，并借助系统功能语言学将语言与文化结合起来研究的语言学来深入探讨翻译与语言文化方面的问题。

（三）语境构型与译型配置的逻辑构建

讨论翻译，讨论翻译交际，希望能将讨论的问题具体化，而不是满足于泛泛而谈。翻译与翻译交际都是包罗万象的大概念，实际生活中存在着各种各样的翻译，存在着各种各样的翻译交际。翻译理论的一个任务就是要对翻译与翻译交际进行分类，找出某些规律，指导翻译实践。这项工作虽然许多人都已做过，但这是一项很不容易的工作。这项工作传统上多半是采用归纳法来做的，用归纳法来研究这个问题是可以的，但也有不尽人意的地方。乔姆斯基认为，用归纳法研究语言学要收集样品（sample），可是无论怎么努力，样品总是收集不齐的。一是因为样品太多，二是因为在收集样品的时候，新的样品又出现了，层出不穷。这就容易以偏概全，缺乏系统性。看来，用归纳法研究翻译译型与译型配置也容易以偏概全，容易缺乏系统性，难以具有解释力。例如，传统上从这样或那样的角度对翻译进行分类，使人不禁要问，分类标准有没有系统性？分类有没有解释力？因此，在此主张用演绎的方式研究翻译译型与译型配置。但是，用演绎的方式来研究也不是没有问题的。翻译是一种多变量、多层次、动态性的交际形式，要将所有的变量、所有的层次与各种动态性囊括无余，绝不是一件容易事。那么，什么是问题的关键，什么是解决问题的钥匙呢？

本书是用描写的方法从交际的角度切入的方式来研究翻译。研究翻译译型（translation typology）与译型配置（translation configuration）也必然用描写的方

法从交际的角度切入，否则，整个理论框架就缺乏系统性，就显得零零散散、支离破碎，给人东一榔头西一棒子的感觉。既然翻译是一种交际，翻译的译型自然就是一种具体的交际类型，译型配置自然也就是将翻译交际中的各种变量具体化了的结果。必须说明的一点是，将翻译交际分为表层与底层，认为表层交际的读者是翻译作品的实际读者，底层交际的读者是译者心目中的读者，译者翻译时与其心目中的读者而不是与译作的实际读者进行交际。译作可能行远，译者也希望自己的译作能够行远。但是，他不可能预测将来的读者是什么样子，也不可能预测将来的读者的语言文化是什么样子，他唯一能做的工作就是根据心目中的读者的现状，在理解原作的基础上，在表达上下功夫。因此，翻译译型只可能建立在翻译中的交际及其从属交际的基础上，不可能建立在表层交际的基础上。至于如何建立翻译译型，如何研究译型配置，将从语境构型(contextual configuration)入手。

1.语境构型

系统功能语言学认为语境是由三个变量即语场、语旨与语式构成的，但是他们所说的这些变量，都是极其抽象的量，与代数中的 X、Y、Z 一样。要将它们变成具体的量，就要令 X、Y、Z 分别等于一个数，例如，令 X=a, Y=b, Z=c, 将它们代入抽象的语境=X+Y+Z 的公式中，就可以得到具体的语境=a+b+c。这种具体的语境，哈桑称为语境构型。翻译是交际，翻译的译型可仿照语境构型来确定。也就是说，前面讲的翻译语境都是抽象的，都是由 X、Y、Z 构成的，只要将具体的数值代入这些抽象的语境，就可以得到具体的译型。换言之，具体的译型是由 X、Y、Z 这三个变量的具体数值决定的，是由具体的语场、语旨与语式构成的。

首先，翻译中的语境的底层语境，在翻译中的语境中都有所反映。例如，作者与其心目中的读者的交际是反映在原文文本上的，通过分析原文文本的语篇，再结合对其他材料的分析，就可以分析出作者与心目中的读者的交际语境。同样，译者与心目中的读者的交际在正在翻译的译文文本与已经翻译好了的译文文本中都有反映，通过分析正在翻译的译文文本与翻译好了的译文文本，可以了解译者与心目中的读者之间的交际语境。

其次，在翻译中的交际中，有关作者、译者与读者的社会语旨是基本上固定不变的，原文文本与正在翻译的译文文本或翻译好了的译文文本的表现方式与渠道基本上是固定不变的，有关语场从宏观的角度看也是固定不变的。虽然，在交际的过程中，时间在推移、地点在变更、事件在发展、人物在变换，但人物与事件的变化主要是底层语境中发生的现象。因为，将翻译中的语境分为创作语境与译作语境，在这两个语境中，交际的参与者作者与心目中的读者、译者与心目中的读者都是固定不变的。从事件的角度看，小事件是大事件的一个组成部分，而在整个翻译中的交际过程中小事件虽然在发展变化，大事件是固定不变的。时间与地点的变化是小事件发展变化的标记，既然大事件固定不变，标记大事件的时间与地点是固定不变的。总之，翻译中的语境是一个动中有静的语境，翻译中的译型是一个动中有静的译型。

综上所述，决定译型主要应考虑五个变量：作者、译者、读者、原文文本与正在翻译的译文文本，至于如何看待这些变量，将在下一节中作进一步的探讨。

2. 文化与译型初探

决定翻译译型的主要是作者、译者、读者、原文文本与正在翻译的译文文本五个变量。在此认为，划分翻译译型，可以先依次按照这五个变量的分类来划分，然后可以将这五个变量交叉起来划分。下面，将按照这个原则，先依次按照上述五个变量来划分，然后再交叉划分，最后引入语境构型概念来讨论译型配置。

关于正在翻译的译文文本在前面的讨论中没有对其进行分类，但是，对正在翻译的译文文本的分类，一方面可以参照原文文本的分类，另一方面可以参照译者心目中的读者与译者本人来进行。因为，在写作译文文本时，译者一方面要尽量考虑原文文本所含的信息与作者的交际意图，另一方面读者与译者本人对正在翻译的译文文本有调节作用。但是归根结底，作者、原文文本、读者与译者本人对正在翻译的译文文本的影响都是通过译者来施加的，因此，正在翻译的译文文本问题归根结底是个译者问题。

还有一点必须说明的是，话语的问题主要是个话题的问题，同时还有个话语的表达方式问题；同样，文本或语篇的问题，主要是一个体裁、题材与写作方法的问题。本书虽然不准备讨论翻译与题材、翻译与写作方法，但设有专章讨论翻译与文体和体裁、翻译与语体和风格。由于翻译与文体和体裁、翻译与语体和风格等问题将在后面进行讨论，而翻译与题材本书中将不进行讨论，因此，这里讨论翻译译型时，可以暂不考虑文体、体裁、题材与语体、风格对翻译译型的影响。但必须指出的是，基本上是就翻译中的语境来讨论的。从翻译语境的层次性与动态性的角度，可以将翻译语境分

为翻译中的语境、创作语境、译作语境、人物语境与戏中戏语境。需要补充的是，交际具有阶段性，在交际过程中，事件在发展、地点在变更、时间在推移、人物在更迭，

这些动态进程都可以划分阶段。因此，将翻译中的语境称为宏观语境、将各从属层次的语境称为局部语境、将各动态语境的阶段性进程称为阶段语境；相应地，将与上述语境对应的翻译译型分别称为宏观译型、局部译型与阶段译型。译型配置就是用系统功能语言学关于语境的三个变量及其子变量来配置上述三种译型中的具体译型。例如，翻译中的语境，从译者的角度看，是由理解语境与表达语境构成的。只要具体分析理解语境中的语旨、语场与语式，就能完成理解交际，在此基础上，进一步分析表达语境中的语旨、语场与语式，主要是结合读者的实际情况，在调整语旨的基础上，适当地调整语场与语式，就构成了一个翻译译型。

例如，如果将日本歌舞伎翻译给普通读者来阅读，其译者与读者之间的关系就得适当调整，而语场与语式也得适当地作相应调整。这些在具体的语境的具体语旨、语场与语式，就是该译型的配置。这里讨论的实际上还是语境配置，但是，只要将这些语境配置植入具体的翻译译型中，就成了具体翻译译型的具体配置。

必须指出，在交际框架中，正如在前面指出的，译者虽然是替他人服务，却是一个主动的交际参与者。记得在西方有人说过，作品写成之后，作者就"死了"。这话乍一听难以让人接受，细玩却颇有趣味，在翻译交际中尤其如此。在翻译交际中，也正如前面说的，是底层交际决定表层交际。在底层交际的第一阶段，同译者进行交际的作者实际上就是译者理解中的作者，不是现实生活中的作者。在底层交际的第二阶段，同译者进行交际的读者是译者心目中的读者，不是译作的实际读者，不是现实世界中的读者。从这个意义上说，翻译译型大可以从译者的角度来划分，译型配置也大可以从译者的角度来配置，只不过在划分译型、配置译型时要充分考虑作者与读者方面的制约因素罢了。但考虑到这样划分与配置译型，会显得过于激进，也由于如果这样来考虑问题，译型的层次会显得过于复杂才作罢。

阶段译型的配置原则是相同的。可以从用两种译型的角度对之进行了翻译。现在再设想一下，有人要求将那一段翻译成戏剧。既有叙事又有对话，换言之，叙事是一个阶段，对话是另一个阶段。翻译成戏剧，译者得与演员和观众交际。这时译者就得承担起翻译与改编的双重任务。戏剧交际中，一般没有独立存在的叙事人，原文的叙事部分，要么改用戏台指令，要么改用前凑（prelude），要么改为人物的台词。因此，原文中的叙事得改用人物的语言来叙述，其他方面也要作相应的调整。

必须指出，这里的讨论对日后的继续研究有指导意义。例如，译界经常讨论的一个问题是，有没有译者的风格和什么是译者的风。持信达雅论者认为，译者不应该有自己的风格，翻译只能有作者的风格，译者的任务是翻译出作者的风格。持对等论者虽没有说，但可以推导出来，如果让他们讨论这个问题，得出的结论也会大同小异。

但从翻译译型与译型配置的角度看，翻译中，作者与读者都是相对于译者而言的，作者是译者理解中的作者，读者是译者心目中的读者，不可能没有译者的风格。翻译的制约因素与译者的平衡手段，这与翻译译型和译型配置有十分密切的联系。在这一章节的讨论中，可以看到译者虽受到来自读者方面与作者方面以及自身方面众多因素的限制，但不是一个消极的、被动的交际者，而是一个能发挥主观能动性的交际者。

（四）共有知识与外语教学中的翻译

本书中，将引入语言学中的共有知识（shared knowledge）的概念，将其扩大到文化与经验，认为交际与外语教学中的翻译都离不开共有知识、共有文化（shared culture）与共有经验（shared experience）。外语交流是一种交际，交际是以共有知识、共有文化和共有经验为基础的。外语交流与其他交际一样，也是以共有知识、共有文化与共有经验为基础的。人们常说，交流的过程分为理解与表达两个阶段。理解原文文本与原文文本的作者，不光是个语言问题，而且有知识问题、文化问题与经验问题。表达是译者与译者心目中的读者的交际，要使交际得以畅通，也不光是个语言问题，也有知识问题、文化问题与经验问题。在交际中如果没有共有知识、共有文化与共有经验，没有亲身经历、知识与文化方面的积累，交际是难以进行的。外语交流既然是交际，共有知识、共有文化与共有经验就必然是不可或缺的。本章节将重点讲解一下共有知识在外语教学中的翻译时的意义存在。

1. 共有知识

所谓共有知识，就是交际双方共同拥有的知识，它主要包括常识、专业知识、语境知识与上下文知识。常识主要指与人们的日常生活与生产活动息息相关的普通知识，它包含的面很广，有生活常识、生产常识、百科常识、语言常识、法律常识、社会常识、地理常识、历史常识、天文气象常识、公关常

识、交际常识等，下面略举数例，以资说明。在日常生活中，先人以及某些地区的现代人，基本上是日出而做、日落而休，农村尤其如此。企事业单位与党政机关，实行的是上下班制度，大致是早晨八、九点钟上班，下午五、六点钟下班，中午有一小时左右的休息，这是人们生活常识的一部分。又如，每天早晨起床之后，就上厕所、洗脸、刷牙、做早餐、吃早饭、将家里收拾收拾如涮涮碗、洗洗锅就上班，这也是生活

常识的一部分。交际中，可以将这些常识看成交际双方已经具备的共有知识，以共有知识为预设，精练地表达自己，如说：今天早晨一起来就上班了。通常说话人说这句话的意思是，他今天早晨起床之后就上厕所，然后洗脸、刷牙、做早餐、吃早饭，吃完早饭将家里收拾收拾，没有耽搁就上班了。听话人也会这样理解。如果实话实说，将上面的那句话说成"今天早晨起床之后就上厕所，上完厕所就洗脸、刷牙，洗脸、刷牙之后就做早餐，早餐做好就吃早饭，吃完早饭之后就去涮涮碗、洗洗锅，然后将家里收拾收拾，没有耽搁就上班了"，如果没有特定的语境要求，不但听话人觉得累赘，说话人自己也觉得罗嗦，也许大家都觉得十分好笑。

语言常识也是人们共有知识的一部分，人们的语言常识大致可分为语言知识与语言使用知识两部分。人们知道什么是恰当的语言，也知道怎样恰当地使用语言。换言之，人们既具有语言知识也具有使用语言的知识，用乔姆斯基的话来说就是语言能力(competence)与语言使用能力(performance)。人们的语言知识包括哪些语音是他们使用的语言的语音、这些语音是如何排列组合构成单词、这些单词的音与义是如何结合用于指称或描写外部世界包括客观世界与人们的主观世界的、这些单词是如何排列组合构成句子的、这些句子又是如何排列组合构成篇章的、这些句子与篇章是如何表达意义的、书写系统是如何记录语音的、书写系统与语音系统有哪些联系与区别等等。人们的语言使用知识就是通常所说的语用学知识。其实，人们的语用知识也是极为丰富的，例如，人们说话时总是将已知信息置于句首将新信息置于句末。比如：老张今天来了。在说这句话时，说话人与听话人都知道"老张"是谁，这是他们的共有知识。说话人要告诉听话人的主要是"今天来了"这个新信息，是他们没有共有的知识。又如，人们说话经常使用指示词语，指示词语是语境与语言的一个接口，其意义离开了语境是难以理解的。但是，在说话时使用指示词语的时候，大家都知道这些词语在语境中的所指。如：请把那个东西从那边搬到这边来。说这句话时，说话人与听话人都知道，"那个东西"指的是哪个东西，"那边"指的是什么地方，"这边"又指的是什么地方，这也是他们的共有知识。人们在会话中使用预设时，会话的双方都知道预设的隐含意义。再如：他侄子今天来了。会话双方都知道，他有个哥哥或弟弟，这个人已经结婚，生了孩子，其中有一个是男孩，这些是他们的共有知识。大家还知道，具有语言常识的人在交际中是遵循合作原则与礼貌原则的，如有违反，必定另有他意。

比如，甲问：现在几点啦？乙答：学生都下第二节课了。从表面看乙违背了合作原则中的相关准则，但仔细推敲，就会发现，乙这样说，意思是说，"我没有带表，不能告诉你准确时间，但是，你知道学生一般在八点五十下第二节课。现在他们下第二节课，大概是八点五十了。"这个推论也是建立在共有知识的基础上的，没有共有知识，就无法进行推理。又如：甲（一位学生从另一位学生身边走过）问：请问小姐芳名？乙（另一位学生）答：原来是你。抱歉，刚才真的没有看见大驾。"请问小姐芳名"是古代询问不熟悉的女性姓名的一种礼貌说法，今天一般不用了，"大驾"今天也不用了。从整个对话看，两人彼此熟悉，用已经废弃不用的礼貌用语与熟人交谈，只能理解为是一种幽默。这也是交际双方的共有知识。交际中，另一种需要掌握的共有知识是专业知识。古人说得好，"知音说与知音听，不是知音莫与谈"。如果对方不是知音或者说不懂行，你与他谈，是对牛弹琴。语言学专家只有与语言学专家谈语言学才能谈得投机，历史学专家只有与历史学专家谈历史才能谈得投脾气。如果一位语言学专家对一位历史学专家滔滔不绝地讲语言学如何如何深奥，历史学专家对语言学专家诲人不倦地讲他如何引经据典，那么，在很大程度上，只能是"一言堂"，对方是很难与其合作的，因为他们的交际缺乏必要的共有知识。

2.共有知识中的文化因素

文化的分类比较复杂，将语言与文化揉合在一起，则称为语言文化。与翻译密切相关的文化问题主要是跨文化问题，其次是由于历史的变迁而产生的跨时空文化问题。换言之，对与翻译密切相关的文化问题必须从共时与历时两个角度进行研究。翻译的共时文化问题主要是跨文化问题，翻译的历时文化问题，既有跨文化问题又有跨时空问题。共时角度的跨文化问题，主要指翻译所涉及的两种或几种语言文化间的差异，即一种语言文化中有另一种语言文化中无或者虽有但有差异的语言文化现象。例如，日本文化中，人们早晨起来有洗澡的习惯。我国基本上没有人这么做，今天虽然有人这样做，也很不普遍。又如，日本的住宅中一户建很多，多半是两层或多层，一楼为客厅、厨房、卫生间，楼上为起居室等。我国虽然也开始建造这样的住房，到目前为止仍很不普遍。这些是中日起居文化差异的例子。经济生活中，我国在解放后一个相当长的时间内是以农业为基础工业为主导的经济格局，发达国家则称它们自己为工业国，许多产粮大国的农牧业生产也工业化了。过去，我国的国民经济成分主要是国有经济，辅以少量的无足轻重的集体经济与个体经济。经过改革，现已形成以国有经济为主体，集体经济与个体经济并存的经济格局。过去，经济生产与经济生活都是政府行为，靠计划与行政命令来运作。现在，经济生产与经济生活已经基本上转变为企业行为，计划经济也逐步转变到市场经济的轨道上来了。这是我国简略的经济体制及其发展轨迹。日本很早就实行市场经济体制，经济运作主要是企业行为，政府的职能主要是宏观调控。我国的政治体制与国外的政治体制也不尽相同。民俗文化中的例子更是不胜枚举。在日本，在高等学校从事教学工作的大多获得博士学位，只有少数例外；教授一般都带博士生；在我国许多博士生导师由于历史原因都不曾有过攻读博士学位的机会，虽然近年来情况有所改观。相应的许多高等学校为具有博士学位的教师制定了许多优惠政策，而许多教授虽然很有才华，由于不是博士，享受不到这些特殊待遇。交流中涉及的另一个文化问题是跨时空问题。在两种语言文化中，既跨时空又跨文化的例子到处存在。

3. 共有知识与义素分析

要了解义素、义位这类术语的意义，还必须了解音位与音素以及语素等术语的意义，而且还要了解义位与义素在汉语语言学中的意义，要了解这些，不是一堂课或两堂课就可以解决的问题。义素分析的基本原则有：1. 对等性原则。义素分析与一般定义一样，要遵守对等性原则，即分析出来的义素组合必须与义位的所指范围相等，不能过宽或过窄。如把"灯"分析成[照明的+工具]，就范围过宽，因为"蜡烛""火把"也是照明的工具。又如把"黑板"分为[黑色的+用于写字的+木板]，就范围过窄，因为深绿色的玻璃板或水泥板也可叫"黑板"。2. 系统性原则。义素分析必须在一定的词义系统中进行。如分析"父亲"这种亲属词的义素，就必须在表示亲属的词义系统中进行，将"父亲"与"母亲""儿子"、"女儿"等邻近的亲属词加以比较，找出它们不同特征与共同特征，这样才能分析出各个词的义素。如果将"父亲"与"老师、师傅"等非亲属词比较，就难分析出各自的义素。系统性原则是义素分析法的一个特点，它能系统的反应相关词义的区别与联系，而不只是孤立地解释某个词义。3. 依存性原则。一个义位的义素之间有依存关系。根据义素间的依存关系，可以从一个义位的一种义素推知另一种义素。如[男性][-女性]这种义素依存于[人]这种义素。如根据义位中的[+男性]或[-男性]可推知[人]这种义素；又如"哥哥"中的[+同胞关系]可推知[亲属]这种义素。根据依存关系原则还可推断一种义素与另一种义素不可能组合。如[±同胞关系]依存于[亲属]，那么，[±同胞关系]与[-亲属]不能在同一义位中相组合。4. 系统性原则。义素分析必须在一定的词义系统中进行。如分析"父亲"这种亲属词的义素，就必须在表示亲属的词义系统中进行，将"父亲"与"母亲""儿子"、"女儿"等邻近的亲属词进行比较，找出它们不同特征与共同特征，这样才能分析出各个词的义素。如果将"父亲"与"老师、师傅"等非亲属词比较，就难分析出各自的义素。系统性原则是义素分析法的一个特点，它能系统地反应相关词义的区别与联系，而不只是孤立地解释某个词义。专业知识的积累对保证翻译交际的流畅是必要的，同样，文化知识的积累对保证翻译交际的流畅也是必不可少的。

共有知识在翻译中的作用无论怎样强调都不为过，共有知识是交际的基础，然而，交际双方拥有完全相等的共有知识的事是很少的，这时，一方就必须为对方进行解释或说明，以便使自己的交际对象具有必要的共有知识，使交际得以畅通无阻。在翻译交际中，由于语言文化与时空上的隔阂，交际的双方缺乏这种或那种共有知识就更加不足为怪了。如果教师知道学生缺乏或可能缺乏某种知识，就可以采用归化、添加词语或添加注释的办法来进行翻译指导，使学生获得必要的知识，以填补交际双方的共有知识的鸿沟。

（五）跨文化交际中的共有文化与经验

语言的交流是一种交际，交际是以共有知识、共有文化和共有经验为基础的，跨文化交际与其他交际一样，也是以共有知识、共有文化与共有经验为基础的。上章节重点讲解一下共有知识在外语教学中的翻译时的意义存在，本章节中将会针对跨文化交际中的共有文化和共有经验进行详尽地述说。

下面通过两个例子解释一下什么是共有文化和共有经验。比如，甲问："上哪儿去？"，乙答："王芬今天结婚，喝喜酒去。"甲回："才十二点，就喝喜酒，太着急了吧？"，乙无语……。这个对话中，甲是安庆人而乙是淮南人。在喝喜酒的时间问题上，安庆与淮南的风俗有所不同。安庆是晚上喝喜酒，淮南是中午喝喜酒。安庆人不了解淮南的风俗，听说中午十二点喝喜酒，感到莫名其妙；正因两人无共有民俗文化，所以淮南人因不熟悉安庆人喝喜酒的习惯，听安庆人说十二点喝喜酒太着急了也不知所云。再举个共有经验方面的例子。我国人常说，"当家方知柴米贵，养儿才报父母恩"，这种说法是很有道理的。不当家，不知道当家的难处，当家的所说的话无法理解，至少理解不透。没有生孩子的年轻人，也不知道父母的心情，要使他们理解自己的父母，除非他们有了自己的孩子。上面的例子充分说明在交际中如果没有共有知识、共有文化与共有经验，没有亲身经历、知识与文化方面的积累，交际是难以进行的，更别提跨文化交际了。

1.共有文化与跨文化交际

共有文化也是跨文化交际中值得认真研究的一个重大课题。共有文化是交际参与者之间共同拥有的文化与文化知识了。一方面，跨文化交际中的译者必须与作者共同拥有一定的文化与文化知识，另一方面，译者必须与读者共同拥有一定的文化与文化知识，以日译汉为例。如果译者与作者都是使用外语的，他们就拥有共同的语言文化；如果作者是使用外语的，译者是使用汉语的，他也必须具备有关作者的外语语言文化方面的知识，否则就无法理解作品的字面意义更无法理解作者的交际意图。同理，译者与读者之间也必须共同拥有必要的日本文化与文化知识，否则译文文本就无法为读者所理解。如果作者是使用汉语的，译者是使用外语的，他必须具备必要的汉语言文化知识，如果译者是使用汉语的，他就与读者共有一定的汉语言文化与汉语言文化知识。但是还不够。因为翻译交际的表层是译文作者与译文读者的交际，他们之间还必须具备一定的共有文化与共有文化知识，否则交际仍无法进行。如何使他们之间具备一定的共有文化与共有文化知识则是译者的任务。应该看到，世界各地的不同肤色、不同种族的人们之间虽然有许多差别，但也有许多共同之处。例如，全世界的人都是白天工作夜晚休息，全世界除少数原始部落都实行男婚女嫁制度，全世界的人们都生活在一定的国家里，这些国家的政治制度虽不尽相同，组织形式则大同小异。生产与生活中，大家都有许多共同之处，这些共同之处是人们的共有文化的一个组成部分，翻译交际在很大程度上正是依靠这些共有文化取得成功的。但是，这些固有的共有文化只是翻译所涉及的文化的一个部分，令译者头痛的是各民族和各语言文化社团之间的语言文化差异。如果说译者本身如不与作者共有一定的文化或文化知识就无法翻译的话，译者如不解决好译文作者与译文读者之间的共有文化差异的话，他的翻译就不会为读者所接受，就不是成功的翻译。因此，翻译对译者本身来说，他必须与作者或读者共同拥有某种语言文化或语言文化知识，对表层交际来说，译者必须解决译文作者与译文读者之间的文化差异，从而使翻译交际得以畅通。

以上是从共时层面上来研究共有文化对翻译的作用的，还可以从跨时空的角度来研究文化对翻译的作用。从空间的角度看，文化的各个层次都是按照空间的区划划分的。将文化划分为语言文化、国度文化、民族文化、方言文化、区域文化、社团文化与个体文化，基本上是按照空间层次划分的。语言有跨国度现象，一国之内可能有各种不同的民族，同一民族中可能有各种不同的方言，同一方言区内可能有更小的方言区域等。社团文化与个体文化都是社会概念，而社会本身也是个空间概念，因此，语言文化层次本身就是空间层次。从时间的角度看，文化的发生与发展具有历时性。现代的我国人不一定都了解古代的我国文化，现代的日本人也不一定都了解古代的日本文化。如果让现代我国人将先秦两汉时期的作品翻译成各国语言，如果让现代日本人将古日本时期的外语作品翻译成汉语或别的语言，都会遇到语言文化上的困难。如果让现代日本人将先前秦两汉时期的汉语作品翻译成外语，让现代我国人将用古外语写作的外语作品翻译成汉语，都会遇到更多的困难。就读者而言，无论翻译哪个朝代的作品，都是翻译给现代读者阅读或欣赏的，就必须填平古代作者与现代读者之间的语言文化方面的鸿沟，换言之，大家必须为现代的读者补充必要的语言文化知识，使翻译交际得以畅通。

2. 共有经验与跨文化交际

要使跨文化交际得以畅通，交际双方必须拥有一定的共有经验。要弄清楚什么是共有经验，得先弄清楚什么是经验。《现代汉语词典》将经验定义为：由实践得来的知识或技能和经历。在定义的基础上，可以将共有经验定义为交际中交际参与者所共同拥有的经验。语言学中，索绪尔（de Saussure）将语言分为语言与言语；乔姆斯基（Chomsky）则分为能力与使用能力；海姆斯（Hymes）在他们的基础上划分出交际能力与communicative performance（交际实用能力），这些都是语言学界尽人皆知的，但是，他们都没有谈及经历。

经验可定义为个人经历和个人知识与文化方面的积累，接下来的讨论将根据这个定义进行。从个人经历来看，翻译交际中的参与者之间如具有相同或类似的经历，跨文化翻译交际就会非常流畅，否则交际就会受到梗阻。例如，有一次参与接见日本友人，跨文化交际谈到日本某地在线路地图上的位置时说"山手线"，由于到过日本，使用过日本的地图，换言之，有这方面的经验，知道这位日本有人是利用地图上的网格参照系来说明该地在地图上的位置。同时也知道，当时我国的线路地图还没有使用网格参照系，换言之，本人同样具有使用国内路线地图的经验，因而翻译时就感到比较容易处理。虽说本人的翻译经历不长，但在国外生活的时间比较长，但深深感到的是，到没到过国外是很不一样的。在去国外留学之前，虽然也翻译了许多东西，也不能说那些翻译都是错的，但总感到心中没底。到国外去一趟之后，碰到经历过的、熟悉的东西总感到要得心应手得多。当你翻译的东西与你的经历有共鸣的话，读起来会格外亲切，译起来也会格外得心应手。也就是说，翻译交际的参与者之间俩俩具有共同经历，不是三者都具有共同经历。翻译中最佳的情况当然是所有的交际的参与者都具有共同经历，但是这种情况是不多见的，俩俩具有共同经历的情况则是常见的。同时，必须指出，在翻译交际中，关键是译者必须一方面与作者、另一方面与读者具有共同经历，否则，即使是作者与读者具有共同经历，也是枉然。因此，翻译需要知识与文化的积累也是不言而喻的。

### 3. 共有文化与经验在跨文化交际中的意义

将文化视为语言文化，将经验定义为个人经历与个人知识与文化的积累。在跨文化翻译交际中，参与交际的各方必须共同拥有交际所必需的知识、文化与经验，否则交际就无法进行。拥有共同的知识、文化与经验，交际参与者就可以在此基础上，经济地进行交际，否则言辞就会十分累赘；有了这些基础，交际参与者就会心有灵犀一点通，否则交际就会受阻。翻译交际中，所有的交际参与者都拥有共同的知识、文化与经验，固然是最理想的，然而，这样的事是不多见的。由于翻译是跨语言、跨文化、跨时空的交际，翻译交际的所有参与者不会也不可能都拥有共同的知识、文化与经验，否则就无需翻译了。但翻译交际中的中心人物——译者则必须一方面与作者另一方面与读者拥有交际所必需的共有知识、共有文化与共有经验，否则交际就无法进行。这意味着，翻译交际中，一方面译者要量力而行，在自己可以选择翻译材料的时候应注意不要选择那些超出自己的知识、文化与经验的材料，另一方面，也应该看到，翻译中遇到这样或那样的难点是常有的事，翻译的困难一般不在于理解之后找不到合适的词语去表达，只可意会不可言传的事虽然也很常见，但如果真的理解了，还是可以找到适当的词语去表达的，可以绕道去表达的，可以采用增加注释或其他办法将意义说清楚的，问题在于是否真正地理解了。如果有的地方没有听懂或没有看懂，就要勤查勤问，查阅有关资料与工具书，问那些具有这方面知识、文化与经验的人，甚至要不耻下问，切不要自以为是。在此提出，共有知识、共有文化与共有经验，不但是为了更好地描写翻译的本质与过程，更重要的是使描写交际翻译学的理论框架具有更强的

解释力。例如，严复为什么使用他那独有的策略来翻译《天演论》呢？其他译者为什么采用他们那种独特的方式来翻译呢？个中当然有个人的倾向，但共有知识、共有文化与共有经验是译者决定翻译策略的基础。翻译一部作品，对作者一无所知，对作品一无所知，就没有资格去翻译；翻译一部作品，对读者一无所知，也没有资格去翻译。后面将要讨论的译者的平衡手段，就是建立在这个"三共"的基础上的。

还记得在中学的时候，遇到一件很有趣的事。有一次，街道里让一位著名的黄梅戏演员上台讲话。大家想当然地认为，她的讲话一定

会生动活泼、富于表情，可是没想到，她拿着讲话稿，站在台前，两手直哆嗦，话也讲得疙疙瘩瘩，连头也没抬，表情就更谈不上了。道理很简单，她虽然唱戏时轻松自如，让人看得如痴如醉，可没有上台发言的经历与经验，心里很紧张，哪能把话讲得与唱戏一样让听众听得如痴如醉呢？再说，一般人找领导谈工作，希望他们解决一些实际问题。有时领导也耐心地听了，虽说也把话讲到位了，但问题依然没有得到解决。心里可能认为，这些领导不通情理。但是，也可以看到有些人在适当的时候找到领导，在他或他们面前嘀咕了几句就把事情办好了。这里有讲话的艺术问题，也有经验问题。有经验的人认为，找领导办事，首先要了解领导，要了解他的工作与职责范围，了解他当前的工作重心。此外，还要摸透领导的脾气。在此基础上，再加上合适的语言艺术，没有多少事办不成。还有另外一种情况，有些领导真的愿意为大家办实事，但由于种种原因，在许多场合下，不能将话说得很具体，不能实话实说，而代之以种种暗示。那些找领导办事的人，往往由于没有经验，许多暗示都没有领会，让机遇擦肩而过了。这方面，日常生活中的例子是很多很多的。比如，我国人对婴儿讲话，总是将字叠起来，这种讲话策略就是建立在婴儿的话语经验的基础之上的。例如，给婴儿一个鸡蛋，不直接说"鸡蛋"而说"蛋蛋"；让小孩坐在椅子上，不说"椅子"而说"椅椅"，都是这方面的例子。教师给没有专业知识学生的讲授专业知识，例如语言学，一开始不会使用一套一套的名词术语，更多的是用浅显的语言，在非要使用名词术语不可的时候，使用一个解释一个。而在讲解某些专业原理的时候，不是使用一系列名词术语进行阐释，而是尽量地使用比喻。例如，索绪尔（de Saussure）在讲解对语言进行共时研究与历时研究时，将语言比喻成一棵大树。如果将大树截成两段，研究其横断面，就是共时研究；如果将大树劈成两半来研究其纵剖面，就是历时研究。在讲解词的值的时候，他将词的语义场比成一盘棋，每个棋子的值，要以它与其他棋子的关系而定。

经验对阅读也很重要，例如大家在阅读《红楼梦》时，每人的感受是不一样的。那"太虚幻境"到底如何理解，有生活经验的人很可能结合自己经历来理解，没有生活底蕴的人，恐怕是无法理解的。让下面再来看看知识与文化积累方面的例子。作为经验的知识与文化方面的积累，与经历有着不解之缘。之所以这样说，是因为，经历的积累实际上也是知识与文化的积累的一个组成部分。毛泽东主席曾经说过，人不能事事亲身经历，因而将知识分为直接知识与间接知识，后者指那些从别人那里得来的、从书本或其他渠道得来的知识，应该说，也包括文化知识。知识与文化的积累，既有直接的，也有间接的。由于上面讨论了经历，又由于经历都是直接的，下面的讨论将以间接的知识与文化的积累为主。

翻译本身必须具有一定的经验，记得第一次给日立公司翻译压缩机使用说明书的情景。当时可以说对于机械类一点经验也没有。于是，找来了一些翻译理论，找来了一些专业书籍。因为我第一次读到的翻译理论就是"信达雅"，于是就逐字逐句地翻译，译完之后，将有关的名词术语与汉语专业书籍上的名词术语进行对照，并参照汉语的名词术语加以更正。本以为这样的翻译一定是译得不错的。译完之后自己一读，才发现我的汉语读起来不象汉语，也就是说，译文只有懂外语的人才能看得懂。翻译本来就是译给不懂外语的人看的，这样翻译能行吗？带着这个问题，将译文交给了教专业课的老师，请他们看看。他们中有的懂外语，动了几个句子。拿回来仔细一琢磨，悟出点道道来，于是，对译文进行大幅度修改，最终顺利过关。后来，在翻译文学作品时，如果是日译汉，就看些相应的汉语文学作品，如果是汉译日，就看些相应的外语文学作品。本人的翻译就是这样"上路"的。这里面有本人的亲身经历，但主要是汲取间接知识以补充自己的经历。当时认为，翻译要摸索，现在才弄明白，寻找专业书籍、求助专业课教师都是在补充自己的知识与文化积累，以便与自己的读者共有必要的、使交际得以畅通的经验。

关于共有文化积累方面的例子。在东北到人家正式作客，吃饭时如何坐非常有讲究。过去的桌子都是用木板拼成的，有缝。请客吃饭，一般都在堂屋里进行。摆桌子有两种方式。如果房子是坐北朝南，桌子缝的方向也是南北向的，东边上首为一席，对面为二席，一席的旁边为三席，三席的对面为四席，桌子的北边从东到西为五、六、七席，南边从西到东为八、九、十席。如果桌子的缝是东西向的，北边自东至西为一、二、三席，东侧上首为四席，四席对面为五席，四席旁边为六席，六席对面为七席。如果有个不懂事的小孩坐错了地方，大人一般不明说，而是让他换个地方。小孩没有这方面的文化知识，往往会说："这里行，我就坐这里。"可见交际需要共有文化的积累。

共有知识是翻译的必要条件。经常会遇到这样的情况，一个外语专业的大学生毕业分到了一所工科院校来教外语。要不了多久，就有许多人来找他翻译各种专业的论文摘要，有的甚至让他翻译准备出席国际会议的论文。这些人又分三种情况。有的就拿来了汉语的论文摘要或论文,有的提供了部分专业术语,有的拿来了他们自己翻译的论文摘要或论文初稿。他们都想当然地认为外语专业毕业的学生,翻译这种浅显文字不会有问题,尤其是后两种人,他们认为,外语专业毕业的人顶多是不了解其他专业的专业术语,于是提供了专业术语甚至提供了初译,应该没有问题。换言之,他们认为,提供了专业术语或初译,剩下的就只有语言问题了。其实,他们的想法是完全错误的。各种专业的论文摘要或论文的上下文语境,不是纯粹的语言问题,还有个专业知识问题,没有必要的专业知识,就理不清上下文之间的逻辑关系。理不清上下文之间的逻辑关系,就无法翻译成恰当的外语。汉语语法缺乏形态,以词序和虚词为主要语法手段;词类具多功能性,与句法成分之间不存在简单对应关系;句子与短语的构造原则基本一致;有独具特色的词类和短语,句式多样化。现代汉语的词类缺乏词形变化形态,也缺乏构词形态。词在任何语法环境中基本上不改变词形,不像一般印欧语那样名词有性、数、格等变化,动词有人称、数、式、态等变化。汉语在构词形式上也不同于印欧语,缺乏附加在词根上只改变词的语法性质而不改变词汇意义的词缀。现代汉语共同语不像印欧语那样语法意义、语法关系主要依靠形态变化来表示,而是以语序和虚词作为表达语法关系、语法意义的主要语法手段,这点上要特别注意。

所谓共有知识、共有文化与共有经验就是翻译交际中所有的交际参与者共同拥有的知识、文化与经验。跨文化交际中,译者有没有翻译所必需的有关知识与文化方面的积累决定交流的成败。有积累就能译好,没有积累就译不好。应该说,这也对于教学工作包括翻译教学工作提出了要求,给学生布置任务时必须为他们补充他们完成任务所必需的知识,包括文化知识。

## 第三节　外语文化教学实践

### 5.3.1　跨文化教育

1992 年,联合国教文组织在其召开的国际教育大会上颁布了文件《教育对文化发展的贡献》。文件正式提出了跨文化教育的思想,希望通过跨文化教育实践来促进人们对文化多样性的尊重和对其他文化的了解,并在充分理解本族文化的基础上培养对其他文化积极、欣赏的态度，提高跨文化交际能力，最终促进世界各种文化积极健康发展。2006 年该组织又颁布了《跨文化教育指南》，对跨文化教育的目的、原则和标准进行了阐述，并从课堂设计、教学材料、教学方法和教师培训等方面对跨文化教育的具体实施提出了建议。这一文件还明确指出跨文化教育不是一门独立的、新增加的学校课程，它的理念应该融入学校的教育体制和各门课程的教学，尤其是外语教学在其中发挥着非常重要的作用。

针对如何在外语教学中重视和开展跨文化教育，欧美地区的教育行政部门和学者已经给予了极大关注，取得了另人瞩目的成绩。美国在 1996 年颁布《面向 21 世纪的外语学习全国标准》中指出：外语教育应该包括 5 个目标：语言、文化、联系、比较和群体。其中，语言交际能力是外语学习的重点，文化知识是交际的基础保障，联系是外语学习的重要目的，这三方面是外语界普遍认同和长期践行的目标。而"比较"和"群体"则是针对 21 世纪时代特征提出的新的目标概念。通过比较目的语和母语以及目的语文化和本族文化，学习者不仅增强了对两种不同语言和文化的认同，而且也认识了语言和文化的本质，了解了文化差异可能导致的交际困难。"群体"作为一个目标概念指的是外语学习者融入国内外多元文化环境，应用所掌握的外语技能和文化技能有效地工作，愉快地生活。这两个目标概念强调了外语学习对于学习者认识本族文化、参与多元文化活动的重要作用。

在欧洲，为了增强各国经济、政治和文化在国际竞争中的实力，自 2002 年以来欧洲委员会的语言政策就一直致力于帮助各成员国改革其语言教育政策。2003 年颁布的《从语言多元化到多元语言教育：欧洲语言教育政策发展指南》指出：当代语言教育的目的是进一步维护和发展欧洲语言和文化多元化特征，同时帮助学习者适应这种多元化社会环境，通过国际交流和跨文化交际，促进相互理解，培养对不同文化包容和尊重的态度，加强欧洲各国间的紧密合作。虽然这一指导性文件强调发展和应对欧盟内部的文化多元现象，但这种面向地区的跨文化语言教育思想同样适用于全球化的国际环境。

在我国,来自教育学和外语教学领域的学者构成了跨文化教育课题研究的主体。具有代表性的研究成果包括胡文仲分别于 1988 年和 1990 年出版了《跨文化交际与英语学习》与《跨文化交际学选读》两书,以及邓炎昌、刘润清 1989 年出版的《语言与文化》,对我国语言与文化教学产生了较大影响。赵贤洲于 1989 年发表的《文化差异与文化导入略论》以及 1996 年林汝昌发表的《关于外语教学三个层次与文化导入三个层次》等文章都是当时具有一定影响力的论文。此外,有不少学者对跨文化交际有所研究和论述。文秋芳等人(1999)提出了包括前人所提出的交际能力以外的兼具交际能力和跨文化能力的跨文化交际能力模式,即交际能力包括语言能力、语用能力、策略能力;跨文化能力包括敏感性、宽容性和灵活性。许力生(2000)对跨文化交际能力的各种问题进行了探讨,并介绍了 Canale 和 Swain 提出的包括语法、社会语言、语篇和策略四方面的语言交际能力。高一虹(2002)在《跨文化交际能力的培养: 跨越与超越》一文中探讨了跨文化交际能力培养的几种重要模式,并对文化的跨越与超越进行了比较。张友平(2003)在重新审视和剖析"文化导入"的基础上,提出了跨文化交际能力培养的整体教学构想和框架以及相应问题的对策和建议。这些成果拓展了当前外语教学研究和实践的视角与途径,唤醒了人们对外语教学中文化教学和跨文化教育的认识。但上述著作在研究深度、广度和系统上都各有不足。我国外语教学中的跨文化教育存在着两个最为突出的问题。其一,将文化教学作为语言教学的附属品。只在时间和条件允许的情况下关注文化教学,文化教学因此不成系统,学习者学到的往往是零碎的文化知识和信息。这种将文化作为零碎知识和信息进行介绍、学习的方法很容易导致对目的语片面、甚至错误的认知。其二,外语教学中的文化教学长期以来目标不明确,教学内容不完整。很多外语学习者和外语教师只关注影响外语阅读、交际的文化因素和内容,没能充分认识到外语教学在培养学习者人文素养和综合素质层面的作用,外语教学的潜力因此没有得到充分开发。

### 5.3.2 外语词汇教学实践

学语言的目的是为了交流。毫无疑问,词汇教学也要为这一目的服务。人类的交际不单是一种语言现象,也是一种跨文化现象。在教学中,要对两种交际文化进行对比,首先要从文化谈起。文化culture一词是一个含义极度其广泛的词语。它狭义指文学,音乐、美术等,而广义讲是一个社会学术语,按照社会学家和人类学家对"文化"所下的定义,这里所说的"文化"是指一个社会所具有的独特的信仰、习惯、制度、目标和技术的总模式。

### (一)词汇与文化

词汇是语句的基本单位,通常所说的话都是由一个个词构成。语言是文化的一部分，并对文化起着重要作用。有些社会学家认为，语言是文化的冠石——没有语言就没有文化；从另一方面看，语言又受文化的影响，反映文化。可以说语言反映一个民族的特征，它不仅包含着该民族的历史和文化背景，而且蕴藏着该民族对人生的看法、生活方式和思维方式。

在某些人看来，学语言，就是把一个个的词、词组、短句学好，掌握其读音、拼写及意思，同时掌握一些基本语法，知道如何把一个个的词、词组及短语连接起来。掌握了这些，外语就学得差不多了。其实不然，如果我们只是把单位按字母意义串起来，而丝毫不懂有关文化背景知识，在实际运用中是行不通的。例如：（例1）英语中：green with envy是什么意思？人们忌妒或羡慕时脸色真的变绿或发青吗？（例2）英语中说：paul was in blue mood；paul（保尔）是什么情绪？高兴、激动两、悲哀，还是什么？再如：（例3）日语中：あの女はピンク系の仕事をしている。那个女人是做什么工作，是粉红色的工作吗？还是其他意思？在上列三个句中，green（绿色）和blue（兰色）ピンク（粉色）都不是指

颜色，这三个词都有别的意思，是某种文化方面的联想，但是从字面上看这种意思不明显。在词典上，green这个词有"（脸色）变绿"的意思，但例1的green with envy是个固定词组，不过表示"十分妒忌"而已；blue这个词与mood之类的词连用估现某种情绪时，表示"沮丧的"、"忧郁的"，例2之意保尔情绪低落；例3中的ピンク指的是色情方面的工作。以上三个例子就涉及到词的字面意义和联想内涵意义，这就是语言文化差异问题，在教学过程中发现许多学生在理解目的语（target language）时，遇到的障碍并非语言知识造成的，而是由文化差异导致的。由此可见，在词汇教学中加强语言文化因素的对比显的尤为重要。

（二）外语词汇教学的主要问题。

过去中国人学外语（大多数地区是英语）大多数从初一开始，近年来开始从小学就开设外语课。在外语学习过程中，外语教师授课都存在一个普遍特征，那就是先教单语、短语，再讲授课文和做练习。对于单词的讲授无不遵循三个原则：音、形、义，其中"义"也仅仅停留在单词的讲授无不遵循三个原则：音、形、义，其中"义"也仅仅停留在单词本身的字面意义上。而对于课文的讲授则过分强调语言规则，即一个个的单词是如何按照一定的语法规则组合成句子以及某些单词和短语在这个句子中充

当什么成分。另外，对学生所掌握词汇的考核也仅仅停留在要求学生会读、会写以及会运用单词简单造句，对于文化知识或是自身缺少了解，知识面不够广博，或是以为文化知识对学习语言，对提高考试成绩无多大关系，因此往往一带而过，甚至干脆置之一旁。这种做法的弊端是显而易见的。绝大部分学生完成六年的英语学习，脑袋中也装满了单词和短语，可惜无法说出一个完整的句子，学到的仍然是"哑巴英语"。即使在外语新教材已经全面使用的今天，由于以上种种原因，虽然平时注意听、说训练，学生能够运用所学的词汇进行简单交流，但由于对语言差异问题缺乏了解，以至于词汇使用不当，出现诸如把"力大如牛"译成"as strong as cow"，把"凡人皆有得意的"译成"Every person has a happy day."，产生交际方面的一系列错误。

（二）中外文化与词汇教学

1.字面意义和涵义

字面意义就是基本的或明显的意义。词的涵义是词的隐含或附加意义。从这个定义的解释看，对于学外语的学生来说，不仅要掌握词的字面意义，而且要知道词的涵义。不了解词汇涵义，会在语言上犯严重错误，有时误把好言当恶语，引起谈话者的一方或双方不快；有时误把嘲讽当称赞，被人暗笑。

2．日常会话的文化判别

关于见面打招呼，各国就存在很大差异。比如，中国人在见面打招呼是常喜欢用"吃了吗？"，而美国人则用"Hello"或"Hi"，日本人用"こんにちは"。如果不理解中国的文化及其涵义，美国人或日本人都会认为，这种打招呼是想说："没有吃的话，我正要请你到我家去呢。"总之，这样打招呼有时意味着邀请对方去吃饭。

3，称呼语中的政治地位差异

无论在英国、日本或是在中国，人们的政治地位及身份是有所差别的。不同地们、身份的人在日常的工作、生活中不可避免地会碰到一起。这就产生了不同地位、身份的人们之间的交际问题。

5．英汉语言中的性别差异

英、汉两种语言中，在区分禽兽的性别时，用词也有区别。在汉语中，一般只用"公"和"母"（或"雌""雄"）二字来区分性别；比如"公牛"、"雄鸡"、"雌鸡"等等；在英语中则往往各有单独的称呼，小动物也另有名称。当然，并非所有禽兽都要用自然现象名称来区分雌雄，也有其他情况。

6．不同语言文化中的感情色彩差异。

以"颜色"为例，不同颜色在不同语言中表达的方式并不一样。在中国代表一种意义，在西方又表示一种涵义，甚至对"颜色"的涵义理解恰恰相反。

词是语句的基本结构单位，是进行交流必不可少的重要因素。词汇教学不能为教词汇而教词汇，文化差异是词汇教学的一个重要组成部分。只有通过对中英文化差异进行比较，是学生在学习词汇的过程中真正集领会到词的涵义，并能正确运用所学到的词汇进行交际，才能真正达到词汇教学的目的。

### 5.3.3 外语翻译教学实践

翻译是语言的翻译，而语言又是文化的一部分，所以语言的翻译也是文化的翻译。文化渗透于社会生活的各个方面，英文翻译不可避免地受到文化因素的影响。外文翻译不仅是一种语言翻译，更是一种文化翻译。文化因素处理的好坏决定着翻译成功与否。因此，我们不仅要学习语言本身，更要学习语言文化，包括交际模式、习俗、价值观、思维方式及处世态度等，这些翻译工作者一直关注的问题。只有深刻把握不同文化背景知识、不同民族思维模式的差异，以及英汉两种语言风格的异同，才能正确处理好文化因素的影响，进行成功的翻译交际。本文着重从思维方式、文化背景和社会习俗、宗教信仰、生存环境四个方面论文化差异对翻译有影响。

（一）翻译与文化

1、翻译与文化的定义

所谓翻译，就是运用一种语言把另一种语言所表达的思维内容准确而完整地重新表达出来的语言活动，是两个语言社会之间的交际过程和交际工具，它的目的是要促进本语言社会的政治、经济和社会文化进步。翻译的诞生给说不同语言的人们带来了很大的方便，它是人们彼此之间进行信息交流的桥梁。

文化是一种社会现象，是人们长期创造形成的产物。同时又是一种历史现象，是社会历史的积淀物。确切地说，文化是指一个国家或民族的历史、地理、风土人情、传统习俗、生活方式、文学艺术、行为规范、思维方式、价值观念等。

2、翻译与文化的关系

任何翻译都离不开文化，许多有经验的译者或翻译研究者都比较注意文化与翻译的关系。谭载喜说："翻译中对原文意思的理解，远远不是单纯的语言理解问题。语言是文化的组成部分，它受着文化的影响和制约。在翻译过程中，译者对某段文字理解的正确与否，在很大程度上取决于他对有关文化的了解。对于译者来说，没有两种文化的对比知识，就无从谈起对语言文字的正确理解与表达。"

在翻译过程中，表面上存在着中外文字表达上的差异，仅仅从文字技巧上来着手是难以解决含义差异的，必须要从文化的差异上来处理中外文字在表达内涵上的不同，因为这些差异源自生活上的不同。对文化的理解对翻译是极其重要的，缺乏文化元素的译文等于缺乏了灵性的翻译。所谓"文化元素"其实也包括了译者对原文化背景、译文、译文文化背景、原文作者的气质和风格的了解、译者的气质和风格的混合体。

（二）文化因素对外文翻译的影响

1、思维方式的差异

各国在思维方式上存在很大差异。西方民族惯用抽象性、"由一到多"的分析型思维方式，句子常以主语和谓语为核心，统摄多个短语和从句，由主到次，但形散而意合。中国人受儒家"仁"、"和"等思想的影响，惯用综合思维的方式，注重整体和谐，强调"从多到一"的思维方式，句子结构上以动词为中心，以时间顺序为逻辑顺序，横向铺叙，层层推进，归纳总结，形成"流水型"的句式结构，在语言上重意合，讲求对称与和谐的完美性。英汉民族思维方式的不同决定了两个民族审美情趣的不同。汉语中的四字成语形式整齐，意境性强；英语中的审美则在于其严密的结构和丰富的表现力。英语着重于对事物的客观描写而汉语则强调对事物的主观描绘。这就要求翻译者在英翻汉的过程中要注意个人情感的融入，而在汉翻英的过程中要注意客观朴实，这样才能使得译文分别符合中西方不同的思维方式。

2、文化背景和社会习俗的差异

不同的国家具有不同的文化背景，文化背景差异对翻译实践产生很大的影响，并对翻译实践提出了更高的要求。民族文化背景对语言的发展有极大的影响，每个民族的语言都会带有各自历史文化的痕迹。各个民族的历史发展不同，因而语言中沉积的文化内涵也不相同。历史文化的一个重要内容体现为历史典故和习语；要译好不同语言中的习语和历史典故，就必须对该语言所反映的历史文化有所了解。社会习俗也是如此，它影响和制约着翻译的精确性。各民族习俗的差异是多方面的。这就使得在翻译过程中会出现对某些词汇的理解大相径庭的现象。总而言之，还是由于各个民族习俗的差异导致理解与翻译的偏差。

3、宗教信仰的差异

宗教信仰是每个民族文化的重要组成部分，每个民族也都有不同的宗教信仰，翻译时把宗教差异因素考虑进去是很有必要的。中西方的宗教差异在于中国人信奉佛教，而西方人信奉基督教。这使得在汉语中涉及到宗教的词汇多与佛教有关。比如借花献佛、菩萨、佛祖、玉帝等。西方的宗教词汇中则多基督、洗礼、修女等词汇。由于不同宗教之间是水火不相容的，所以在翻译含有宗教的句段时就要特别注意，以免引发错译、漏译，而使翻译失去了其文化交流的作用。要真正处理好宗教差异对翻译的影响并不只是了解了中西方信教差异就行的，还需要对西方宗教的渊源有较为全面的了解，否则就会造成误解。

4、生存环境的差异

因为各民族所处地理位置、天然前提和生态环境等的不同，形成了不同的地域文化。这不仅影响着各民族语言的表达方式，也直接影响着人们对同一事物不同的理解、语义联想和情感，这就对翻译提出了进一步的要求。最典型的要数中西方对"风"这一事物的看法。中国属于典型的大陆性气候，春天不论是降水还是温度都很适中。尤其是当"东风"从海面吹来，让人心旷神怡。因而中国人总认为"东风"是美好和希望的象征。与此相反，在英国"西风"报告着春的来临，所以英国人总对"西风"有好感，"东风"在他们看来是凛冽刺骨的寒风。

总之，文化与翻译关系密切，不可分割。翻译离不开文化因素的影响，翻译不仅是语言表面上的题目，更是文化层面上的题目。因为"翻译实质上是文化翻译"，终极目的除了传递原信息外，更要传递文化，促进文化间的交流和理解。在翻译的过程中，译者要让目标文成功地表达源文的内涵，不但要求译者有扎实的语言功底，而且还要熟悉和了解两种语言的文化背景。因此归根到底，语言的翻译就是文化的翻译，其根本任务不仅是翻译文化，而且是翻译容载或蕴含着文化信息的意义，达到中西文化相互交流、融合的目的。

因此要准确的翻译一个句子，一篇文章，达到严复所提出的三个翻译标准——"信"、"达"、"雅"，就必须关注各民族文化的差异给翻译带来的影响。降低这些影响的最根本的办法就是放眼看世界，多去了解学习各民族不同的文化。具体来说可以通过多阅读有关各地不同差异的书籍，从而对不同的文化有全面的了解。以致进一步增加文化信息摄入的渠道，强化文化意识，提高跨文化交际的能力。只有如此，才能提升自身的翻译能力，提高翻译质量。其次，还应充分地利用网络资源。网络的功能是强大的，不论是文章、图片还是视频，应有尽有。可以在网上看一些外国电影，增加对其国家文化的感性认识。此外，百闻不如一见，如果有机会亲自出去看一看，不仅能够亲身感受异国文化，还能提高外语水平，这对处理文化差异与翻译是大有裨益的。

5.3.4　跨文化教学反思

　　首先，建立一支综合素质较高的教师队伍。培养具有跨文化交际能力的国际化人才，教师要具备以下条件：1. 具备正确的跨文化态度：平等对话的文化相对主义态度。摒弃文化中心主义和崇外主义，承认文化差异的合理性，用客观、宽容的态度对待文化间的交流与对话。2. 教师的理念要能适应思辩能力的培养。这就需要教师自身具有辨证思想观念和意识，具有开阔的跨文化视野和较强的跨文化理解力，具有对多元文化的包容性和对文化差异认识的准确性、相关性和深刻性，并具有分析、推理和评价能力。3. 教师具备较强的案例教学调控能力。教师要有充足的文化知识储备和熟练的操作能力既能多视角解读案例，又能设计教学活动，有效组织和控制课堂教学，激发学生学习文化的好奇心，使学生充分发挥主动性和创造性，积极主动参与讨论和分析，从而提高跨文化交际能力。

　　第二，跨文化教学应采取"学生为主，教师引导"的原则，充分调动学生对文化学习的兴趣，引导他们自主学习。自大学外语教学改革实施以来，课堂上教师和学生的地位和角色关系发生了根本变化。教师不再是所有知识的传授者和学习过程的操控者，同时学生也不再完全依赖教师而是主动承担责任来满足个人学习的需求。通过承担更多的责任，学生变得更加自主，发现自身在学习过程的优势和弱势，从而引导其语言能力发展。跨文化教学应由教师指导，鼓励学生通过各种渠道主动探索本族文化和异国文化，根据切身感受认识并认同文化差异，实现从"民族中心主义"向"民族相对主义"的转变。

　　第三，跨文化教学应采用对比分析法。跨文化交际研究使用的对比分析方法是对不同文化的交际行为和决定这些交际行为的交际规则、思维方式与价值观念进行对比分析，揭示文化的异同点，重点阐释文化差异及其导致的文化误解和文化冲突，并且追溯其文化根源，研究和提出排除文化负迁移的有效方法，以促进交际双方的相互理解和彼此适应，使得跨文化交际在交际双方同建的共识基础上有效地进行。跨文化教学应以培养跨文化的中介者为目标，而只有通过比较，学习两种不同文化才能使他们深刻了解两种语言、文化间的异同，才谈得上跨文化意识培养。

第四，探索和建立跨文化人才培养的交流与合作机制。首先，加强与国内外同类高校的交流与合作。其次，加强与国内外高校的师资交流与合作。第三，加强与国内外高校的学生交流与合作。第四，加强与国内外高校的学术交流与合作。

5.5 探索和构建跨文化人才培养课程体系。首先设置好语言知识与语言技能课程，帮助学生打下全面扎实的语言知识和技能基本功。其次，设置好文化知识课程，让学生学习诸如目标语国家的概况、文学、艺术、政治、经济、科技、教育等方面的知识，使他们打下扎实的文化基本功。第三，设置好专业知识和技能课程。第四，创造条件开设有

利于学生增强国际意识、拓展国际视野、了解和掌握国际惯例的课程。

5.6 跨文化教学应当"因人知宜"，充分考虑学习者的认知水平和语言能力，从具体的、直观的、与日常生活密切相关的主题教学推进到抽象的价值观和思维方式等意识形态领域教学。

综上所述，大数据背景下的中国特色跨文化人才培养策略研究涉及诸多方面，是一项复杂的系统工程，又是一项全新的事业，既无成熟的、现有的经验可以借鉴，又无成功的模式可以仿制。只有认真思考和探索培养的途径与模式，脚踏实地进行试验、实践，在实践中学习，在实践中探索，在实践中不断提高和完善，才能探出前人没走过的路，为我国高等院校跨文化人才培养作出有意的探索，提供一些可借鉴的经验和模式。

# 第六章　微时代背景下听力教学概述

## 第一节　外语听力教学现状

外语教学的重要目的是为了提高学生的外语交际能力，而交际能力作为一种语言输出技能，其必须以一定的语言输入为基础，听是外语输入的重要形式之一，因此听力教学在外语教学中的重要性不容忽视。想要提高外语听力的教学效果，必须要学习并掌握外语听力教学的策略，并将这些策略应用到外语教学实践当中。本章就对现代外语听力教学策略及其实践进行分析。

### 6.1.1　外语听力教学现状

（一）教材缺乏系统性

在外语听力教学中所使用的教材的现状也不容乐观。在我国的外语听力教学中，教材的是设置与选择存在很多问题。其中最为突出的便是外语听力教材缺乏系统性。教材中的内容没有形成一个完整的体系，学生在练习外语听力时并不能循序渐进地培养自己的听力技能。教材在设置上缺乏主题性，外语听力教学也应该与口语教学等一样，按照一定的标准进行分类，如政治、经济、新闻、文化、生活和交通等。只有按照这样的分类并进行有针对性的教学，才能有效提高学生的外语听力水平。

教材是教师和学生进行教学活动的重要依据，对教学大纲以及练习的设计和安排有直接影响，在教学活动中起着关键性作用。好的听力教材不但可以拓宽学生的视野，丰富学生的文化知识，帮助学生建立跨文化交际意识，还可以为学生的语言综合运用能力提供最佳的语料和实践活动。然而，目前外语听力教学使用的教材周期较长，缺乏多样性与层次性，无法跟上快速发展的社会的步伐，只有对外语听力教材进行改革才能从根本上提高学生的外语听力水平。

（二）学生听力基础知识不足

语言与文化密切相关，中西方文化的差异导致了语言的差异，而这些语言的差异对学生的听力理解具有重要影响。在我国的外语听力教学中，学生无法从教学中学到有效地提高外语听力的方法。学生接触外语教学虽然很早，但是大部分学生的外语听力基础薄弱，这给外语听力教学的顺利开展带来一定的困难。

学生受环境因素的制约，缺乏了解西方文化的有效渠道，这使得学生对英美国家的地理、历史、风土人情、思维方式以及生活习惯等了解甚少，文化知识匮乏。再加上学生储备的词汇量少，没有养成良好的听力习惯，从而导致发音不标准、表达不准确等问题。另外，不太理想的学习环境也使得学生对外语语音、语调等缺乏必要的敏感度。这些与听力有关的基础性知识的缺乏严重阻碍了学生的听力水平的提高。

（三）缺乏教师的正确引导

听力教学中，教师对学生的学习缺乏正确引导，这主要体现在两个方面，一种是引导不足。有些教师把听力教学完全等同于考试训练，在听力材料播放前不给学生任何资料帮助学生理解材料内容。对于听力教材中的生词，也不做任何说明。这样不但会给学生心理上带来压力，还会增加学生的挫败感，影响学生在听力学习中的积极性。还有一种表现为引导过度。有的教师在外语听力材料播放前给学生提供过多的背景资料，教师在听前对词汇、语法以及文化背景知识等都进行了详细的讲解，即使学生没有用心去听，其也会因为教师详细的讲解而找到正确答案。在听力进行之前给学生过于详细的引导将外语教学变为一种摆设，一种形式，学生容易对外语学习失去兴趣。因此，教师在听力教学中应该对学生进行适度的引导，以充分激发学生的积极性，促使其发挥主观能动性。

（四）教学模式单一

教学模式单一是外语听力教学中存在的重要问题之一。在当今的外语听力教学中，教师过于注重自身教学任务的完成情况，而忽视了对学生进行有效的指导和监督，如忽视学生对所听材料的整体理解，甚至毫无目标的、机械的播放录音，一遍不行就放第二遍，学生只会盲目地听，使听力课拘泥于"听听录音、对对答案，教师解释"的单一模式。长此以往，学生的听力水平无法得到明显提高。

6.1.2　外语听力教学的内容

外语听力教学涉及的范围很广，因此外语听力教学的内容从语音知识到文化以及语用等都有所涉及，下面就对外语听力教学的内容进行分析。

（一）基础知识

1.语言知识

外语语言知识主要包括语音知识、语法知识和语篇知识。

（1）语音知识

语音知识是外语听力教学的重要方面。听力理解的第一步就是掌握准确的发音规则。语音知识包括很多方面，音标的识记与读音辨析是最基本的，学生要想在听力中正确的辨别发音，就必须首先掌握不同音的发音规则以及相似音的发音异同。除此之外，词汇的音标以及句子的重音、连读、语音、语调等的掌握是学生听力水平提高的必要条件。外语与汉语的差异在语音上也有显著表现。外语中一些读音在汉语中是没有的，还有就是学生本身的发音习惯会使其忽视这些音的正确读法，一旦学生在听力中听到正确读音便无法正确理解其意义，从而影响整个语篇的理解。

重音也是外语语音学中的重要内容，重音可以分为单词重音和句子重音。单词的重音的可以区分词义。有时一个单词的重音发生变化时，其词性也会随之发生变化，这类词中词性为名词的，重音一般都在第一个音节上，词性为动词的，重音一般都在第二个音节上。句子的重音通常都落在句子中需要强调的部分，在外语句子中的名词、形容词、主要动词、副词以及某些带刺需要重读，而像介词、助动词以及冠词等都需要弱读。句子重音对于句义具有重要影响。同汉语一样，外语的发音也会受到地域的影响，不同地区的人的发音具有不同的特点，这种不同的外语发音被称为"语言变体"。外语的美式外语和英式外语就是很好的佐证。这两种不同的发音对学生的外语理解造成了很大的影响。教师在教学中应为学生提供丰富的听力材料或获取听力材料的渠道，以帮助学生学习了解不同的外语发音规则，减少外语听力中的阻力。

（2）语法知识

语法知识是理解外语句子与篇章的基础，学生对于句子含义的理解必须建立在了解句子基本结构，且对基本句型具有一定了解的基础上。因此，语法知识的教授也是外语听力教学的重要内容，语法中的话语标记和情态表达对句子的意义具有深刻影响。

话语标记是外语句子中常使用的用于标明话题或者内容的边界。外语口语中经常使用情态表达，一般书面语中的情态表达都由情态动词来表示，而口语中的情态表达则使用其他形式。学生要对这些语法知识具有充分的了解，只有这样才能在听力材料中听出说话者的真正意图。

2.文化知识

（1）词汇的文化内涵

外语中的词汇含义丰富多彩，词汇的含义是一种文化的反映，词汇可以体现一个民族甚至一个国家独特的社会价值观。词语的含义与文化之间具有密切的联系，因此教师在听力教学过程中应该加强文化知识的教授，使学生在了解外语文化知识的基础上进行听力理解。

（2）各国的风土人情

风土人情是一个地区的文化最直接的体现，体育、饮食、服饰、禁忌、色彩以及数字等都是风土人情的一部分。对这些方面的了解有助于人们更好的学习外语，理解外语的思维模式和语言习惯。英国人比较擅长足球（football）和马球（polo），这两项球类运动是英国的传统运动项目，而日本人就比较喜欢棒球（野球）。除此之外，桌球（billiards）和飞镖（dart）等"酒吧"文化在英国也相当流行。西方人在饮食方面也具有自己独特的癖好，英国人喜欢喝不加冰的威士忌和啤酒。西方人日常的寒暄语常以天气和心情为主题，这也是其追求民主、自我的一种表现。对于西方生活习惯、风土人情等的了解有助于学生理解听力材料。

3.语用知识

语用知识虽然属于语言学范畴，但是其对听力理解意义重大。听力材料主要是语言的使用与交际，因此了解相关的语用知识对材料的理解具有重要意义。因为某些原因，人们在交际中经常不直接表达自己的想法或者观点，而采用一种委婉含蓄的方式表达意图。因此，想要了解说话者的真正意图就必须要了解语言的内在含义，即"会话含义"。

（二）逻辑推理

逻辑知识是正确理解和判断外语听力材料内容的必要条件，所以在听力教学中有必要对学生进行逻辑推理能力的训练，同时还应提高其语法知识。

（三）听力技巧

听力技巧是外语听力过程中必须具备的一项内容，其也是听力教学中的一项重要内容。具体来说，在听力教学中，教师应向学生传授以下听力技巧。

（1）理解大意能力，指理解听力材料的主题、意图或逻辑链条的能力。

（2）理解细节能力，指从听力材料中获取具体信息的能力。

（3）交际信息辨别能力，包括辨别新信息指示语、例证指示语、语轮转换指示语、话题终止指示语等。

（4）选择注意能力，它是指学生根据听力的目的和重点对听力中的信息焦点进行选择的能力。

（5）推理判断能力，它是指借助各种技巧、通过推理判断，获取谈话人之间的关系、说话人的态度、意图和言外行为等非言语直接传达的信息的能力。

（6）预测下文能力。预测指对听力材料下文所要出现的内容进行猜测和估计，从而确定事物之间的逻辑关系或发展顺序。

（7）评价能力，它是指学生对所听材料进行评价，表达自己的观点、看法的能力。

### 6.1.3 外语听力教学的目标

根据《全日制义务教育普通高级中学外语课程标准（实验稿）》和《普通高中外语课程标准（实验）》对外语听力教学内容的标准，将外语听力教学的目标从小学到高中共分为九个级别。除此之外，在《大学外语课程教学要求》中也对大学外语听力教学的目标分为三个层次，具体要求如下。

一般要求：（1）能听懂外语授课；（2）能听懂语速较慢的外语广播和电视节目，并能掌握其中心大意，抓住要点；（3）能听懂日常外语谈话和一般性题材的讲座；（4）能运用基本的听力技巧。

较高要求：（1）能听懂外语谈话和讲座；（2）能基本听懂题材熟悉、篇幅较长的外语广播和电视节目，能掌握其大意，抓住要点和相关细节；（3）能基本听懂用外语讲授的专业课程。

更高要求：（1）能基本听懂外语国家的广播电视节目，并掌握其中心大意，抓住要点；（2）能听懂外语国家人士正常语速的谈话；（3）能听懂用外语讲授的专业课程和外语讲座。

## 第二节 外语听力教学策略

### 7.2.1 听前准备策略

听力开始之前的准备对听力材料的理解至关重要。听前准备一般可以分为两种，一种是长期的知识的准备，还有一种是短暂的技巧方面的准备。所谓的长期的知识的储备就是对于听力相关的技巧方面的背景知识的学习，比如长句之间的关系，篇章内部的结构等知识。而短时的技巧方面的准备主要针对的是在做选择题时的一些技巧方面的准备。

（一）长期准备

1.句子相关知识

在听力材料中，特别是外语新闻或者重要篇章中经常会遇到一些长句，对这些长句的理解往往关系到整个语篇的理解。因此，教师应该多为学生介绍一些相关的语言知识以帮助学生对长句进行分析和理解。教师可以为学生提供一些比较常用的连接词以及句子的类型。除此之外，外语长句的理解还需要对句子的语法结构有所了解。听长句时还要对其语法结构进行分析，特别是对其主语、谓语动词以及从句的分析。

2.语篇相关知识

语篇知识对于听力理解也具有积极的意义，语篇在句子层面之上，句子之间的衔接以及连贯等都与语篇的理解有着密切的关系。虽然不同的语篇具有不同的特点，但是语篇之间的链接手段是基本一致的,因此学生不仅需要掌握不同体裁的语言特点等，还应该对语篇之间的连接手段有所了解。

（1）了解不同体裁结构

外语语篇的体裁很多，如小说、诗歌、散文、讲座等。这些不同的体裁在表达方式以及对信息的安排上都有所差别，对不同体裁的外语篇章的结构以及语言特点加以了解才能在听力理解中理清语篇的结构和思路。

（2）熟悉语篇中的连接词

外语语篇中不同的关系需要不同的连接词来连接，下面就对外语不同的连接关系

及其连接词进行分析，

（二）短时准备

听前技巧对外语听力有着重要的影响，教师在教学中应该有意识的培养学生听前准备的习惯。一般在听力材料播放之前都会将材料中涉及的问题分发到学生手中，此时这些问题可以有效地帮助学生理解材料内容。学生在听材料之前可以将各个选项都通读一遍，对于选项中的重要信息，如人名、地名、时间、数字等有一定的了解，同时通过这些资料可以缩小材料的范围，使听的过程更加具有针对性。

二、听中策略

（一）关键词策略

有时候对于听力材料的理解不一定需要对每一句话都理解得一清二楚，仅仅依靠一些关键词也可以完成题目。外语听力中有很大一部分题目完全可以依靠关键词来完成。学生在听力中要学会捕捉关键词。

（二）逻辑推理策略

逻辑推理是外语听力中的一个重要手段，听力材料中很多信息不是通过直接的方式给出的，学生需要利用所听信息进行推理才可以得到正确答案。逻辑推理不仅需要学生根据已知信息推理出未知的信息，还包括对说话者的言外行为和会话含义的理解。

（三）专项巩固策略

外语听力的材料很多，其类别也不相同，在实际生活中，很多听力的类型，如新闻、通知、电话等。不同的内容需要使用不同的技巧去听，下面就对听取不同听力材料时使用的技巧进行分析。

1.通知

在听力中，经常会涉及到广播通知，这些广播通知多数与人们对出行等有关，很多时候广播通知会发布车次晚点或者航班取消的消息，因此无论在听力测试中还是日常生活中，对听力材料的正确把握都很重要。在听通知类新闻时应抓住几个重点，即航班号、车次、登机口、候车站台、检票时间以及误点情况。

在听力教学中，教师应训练学生在短时间内捕捉重要信息的能力，提高学生对时

间、地点等信息的敏感度。

2. 新闻

新闻报道也是外语听力中常见的一种体裁，外语听力中的新闻一般都比较短，学生在听的时候必须全神贯注，否则很可能错过重要信息。除此之外，教师还应该为学生提供一些听取外语新闻的渠道，使学生能够在课余时间听新闻。在课下，学生可以选择自己比较感兴趣的话题，没有了完成听力任务的压力，学生更能够专注于听力材料的理解，从而潜移默化的提高外语听力技能。如果学生对某个新闻的主题比较感兴趣，其可以尽量多听一些细节，以便于加深对材料的理解并增长该方面的知识

三、记录策略

在听力教学中，记笔记应该是其主要的教学内容之一，听力不同于阅读等，其具有瞬时性的特点，学生必须在短时间内记住相对较多的信息，有时仅仅依赖大脑的记忆是不够的，还需要巧妙的笔记策略进行辅助。有效的笔记记录可以有效地提高学生的听力理解效率。下面是一些比较常见的外语听力记录技巧。

（一）缩写、符号记录

缩写词和符号在外语听力记录中的使用很频繁，外语听力的即时性使得学生不得不利用一些缩略形式帮助自己将有效的信息快速记下来。除了词汇的缩略形式之外，外语中还可以使用一些简单的符号来代替外语单词。

（二）选择性记录

在内容记录过程中，有些学生试图记录自己听到的所有信息，事实上这种没有选择性的记录是不科学的。所记的信息应是重要的、容易被遗忘的信息，如人名、时间、地点、数量等。

听力材料的内容有时很长，学生无法仅凭记忆来完成，此时就需要有效的笔记技巧，当听力材料的内容较多且关系较为复杂时，教师可以向学生介绍几种记笔记的方法。这样既可以节省时间，又可以帮助学生将有效的信息记录下来。在笔记的记录过程中可以将内容简化，即记录文章的关键词。

（三）主题式记录

1. 蛛网式笔记

蛛网式笔记(cobweb)是指将讲话的主要点记在一页纸的中间，随着讲话的不断深入，所记内容也不断增多，次要点分布在主要点周围，并用直线标明相互之间的关系，次要信息以主要信息为中心呈辐射状分布，从而形成一种蛛网式记录图，蛛网式笔记记录的只是一些简单的信息，其笔记记载过程快速，不会影响后面内容的理解。

2. 主题图式笔记

主题图式笔记(topic map)如同观光导游图一样，根据讲话的题目及与内容相关的学科领域，事先列出可能涉及到的各个主题，通过查阅有关资料，列出需要提出的问题，希望知道的新信息，以及各要点之间的关系等。听材料时，将听到的相关信息归入列好的标题之下。如果有新的内容出现，可以补充新标题，将信息分别归类。这样可节省时间和精力，保证注意力的集中。

主题图式笔记需要事先准备，相当于一次认真的课前预习，准备过程中可以事先熟悉相关内容，听的时候这些熟悉的内容有助于大脑对新信息的处理。主题式笔记可以使听者在听之前就在内心对听力材料中的问题有一定的判断，更加有利于注意力的集中，使听的过程更加具有侧重点。

# 第三节　外语听力教学实践

## 6.3.1　外语听力教学的原则

（一）循序渐进原则

学生外语听力水平的提高，需要长时间的锻炼，因此听力教学应该遵循循序渐进的原则，学生外语听力水平的提高应呈现阶梯状趋势，不同的阶段要培养学生不同的技能。外语听力材料中涉及的内容应该多与学生生活相关，如社会热点话题、新闻、故事以及日常生活会话等，这些主题的听力材料可以更好地激发学生听的欲望，让学生在听的过程中确实有所得，有所知。随着听力教学的不断深入，教师可以适当得调整听力材料的难度，以满足学生的求知欲。

吴祯福（1991）指出，学生外语听力的学习大致要经历五个阶段。

第一阶段，学生初次接触外语听力，一般只是听到一段话语，但是他们还不能理解话语中所表达的具体含义。这一阶段，是学生听力习惯养成的阶段，他类似于儿童母语学习的过程，在最初阶段都只是对所听话语内容不断地模仿、重复，学生应多听、常听并不断建立对外语语音、语调的语感，这种语感的养成不仅会对学生的发音产生积极影响，还会逐渐培养起学生用外语进行表达的思维习惯。

第二阶段，学生可以从一段话语中识别出个别单词。在此阶段教师应注重培养学生的外语习惯。例如，在听的过程中经常会遇到了生词，教师应该培养学生根据上下文判断词汇含义的能力与习惯，教师也可以让学生运用工具书，如外语字典、词典等帮助学生增强自主学习意识。

第三阶段，在此阶段学生对一些简单的句型已经具有识别能力。他们可以从听力材料中辨别出简单的短语或句型，这些短语和句型可以帮助学生理解日常生活中的基本谈话内容，学生在此阶段可以根据话语片段判断并猜测听力材料的大致内容。

第四阶段，学生能在语言材料中辨认出句子，并知道其含义。在这一阶段，教师应该让学生接触不同题材的材料和内容，以丰富学生的知识储备。

第五阶段，学生能够听懂材料中所谈论的内容。因为学生对不同领域的了解程度不尽相同，有可能在某个领域已经达到了第五阶段，但是在其他领域中，其听力理解水平只达到第三或者第四阶段。因此，学生的听力理解水平并不是绝对，而要根据听力材料的具体内容进行判断，熟悉的听力内容，其理解水平就高，而不熟悉的内容，其理解能力就相对较低。

（二）多元化训练原则

教师应以不同的听力训练目的为依据，采取不同的训练手段。在课堂上，多进行口语交流（如生生交流、师生交流）是提高学生自身听力能力的重要途径。但是，在我国的外语教学中，外语课堂大多用汉语进行授课，即使在大学阶段，也很少有教师进行全英授课，学生进行听力训练的机会严重不足。因此，教师在听力课堂中应依据由慢到快、由易到难、由简到繁的原则坚持用外语组织课堂教学、讲解课文，并鼓励学生大胆讲外语，以创造浓厚的外语课堂氛围，为学生听力水平的提高创造条件。

教师应该给学生在每次进行听力练习之前明确目标，这样学生会在心理上有所准备，而且学生还可以根据不同的听力目标选择不同的听力技巧。单一的听力训练很容易造成课堂气氛的沉闷，使学生失去听的兴趣。因此，要想提高学生的外语听力水平就必须要重视听力与说、读、写三项技能之间的关系，把输入技能训练与

输出技能训练有机地结合起来，以提高学生的综合外语水平。在听力教学可以采取以听为主、听说结合、听读结合、听写结合和视听结合的方式对学生进行综合的听力训练。这样不仅可以丰富听力活动，还可以活跃课堂气氛，培养学生的自主参与和自主学习意

识，多种方式结合的教学形式不仅为学生创造了真实的语言环境，并且在一定程度上减轻了学生的心理负担，使学生在轻松地分为中提高外语水平。

## 1. 听说结合

语言交际的两个重要方面就是听和说，二者是相互联系、不可分割的整体。听力是口语的前提。交流的前提必须要能够听懂，因为只有听懂了才能用语言进行表达。听力是语言的输入过程，而口语是语言的输出过程，输入是输出的基础，没有足够的语言输入就不能形成流利地语言输出的。而口语输出又是对语言输入的一个检验过程，口语表达能力的好坏很大程度上受听力理解水平的影响，只有听懂了才能进行交流，听和说的能力相互促进、相互制约。要想从本质上提高学生的外语听力水平，就必须使教师在教学中实施听说教学结合的模式。

## 2. 听读结合

听读结合对于学生听力能力的提高有积极的促进作用，两者的结合不仅能增强学生的语感，还有助于将单词的音、形、义三者统一起来，能有效提高学生的外语水平。听读结合的教学模式可以使学生在学习正确的语音、语调的同时，有效的提高交际技能。边听边读还能有效提高学生的学习效率，听读结合的方式可以提高学生对语言的反应速度，反应速度提高了，学生的听力理解能力必然会随之提高。

## 3. 听写结合

听写练习是最常见的听说结合方式。听写练习需要学生在听的过程中注意力高度集中，并在有限的时间内将所听到的内容以最快的速度写下来，这对培养学生对语言的敏感度有很好的促进作用。很多学生在听材料时，经常出现听懂了，但却不能准确地写出来的状况，这也是为什么要加强学生听写能力的一个重要原因。听到了并不代表就可以理解记住，因此在听力中进行有效地内容记录，是将信息整合的最好方法。笔记的记录还可以使学生逐渐形成信息的分辨能力，分清主次信息。只有将听写结合起来，才能真正提高学生的外语水平。听写结合不仅可以提高学生的外语听力水平，还可以锻炼其记忆能力和在短时间内处理语言的能力。

听写练习的训练需要循序渐进，从补充单词逐渐过渡到补充句子，帮助学生建立起听力学习的信心。在听写练习的初始阶段，教师可以采用听写补充单词的方式来逐渐培养学生对信息的捕捉能力和笔记能力。

## 4. 视听结合

试听结合是听力教学中一种比较新颖的方式。学生除了上课时听老师和同学讲外语、听外语语音资料外，教师还可以为学生提供一些视频影像资料。随着多媒体技术的不断发展，幻灯片和视频资料在教学中的应用已经越来越普遍。教师可以向学生推荐一些适合学生知识水平的电影或电视节目，使学生的听觉与视觉一起参与到听力理解活动中来。视觉形象思维与逻辑思维相互作用，视觉形生动鲜明，且具有吸引力，可以激发学生的学习兴趣，有助于学生准确理解听力材料。

（三）分析和综合相结合原则

在听力训练中一般会遇到两种题型。一种是理解听力材料的主旨大意的或者根据文章的结构进行推理判断的，这一类题目属于综合性题目。还有一种是针对听力材料中的细节问题的，比如某个具体的时间、地点、年份或某件事的起因或者判断某种说法是否正确等针对细节内容设问的，这类题属于分析性题目。

这里所说的分析性与综合性指的是听力训练中的概括性问题和细节性问题。分析性的听是指在听力进行时，使学生将注意力集中在对材料中的细节部分的理解和记忆上，在听的过程中注重细节分析，逐词逐句地将所听到的内容进行分析，这是听力教学的基础训练。而综合性的听，是指在听的过程中将材料整体的把握作为重点，也就是在听力基本训练基础上所进行的整体的听的练习。综合性的听主要是对材料内容有个整体印象，这种方法主要针对的是听力题中对材料主旨的理解、对整体思想的分析等。在听力训练中，听力题既包括材料的整体理解，又包括细节分析，所以在听力教学中学生应该用分析与综合相结合的办法来完成听力题目。

（四）材料与情景的真实性原则

外语学习的最终目的是交际，因此在选择听力材料时，必须要坚持真实和实用原则。听力材料的选择对于学生听力水平的提高具有重要影响。听力材料的选择应注意难度适宜，即听力材料难度的选择要适中，既不能太简单，也不能太难。如果听力材料过于简单，会使学生产生轻视心理，不利于学生听力水平的提高；如果所选择的材料过难，则会给学生带来心理负担，一旦听不懂，学生会产生挫败感。听力材料难度的把握应从以下几个方面入手。

（1）语言因素，包括时间变量、语音、词汇和句法。葛里费兹（Griffths，1991）将时间变量总结为——语速、停顿和迟疑。他认为这三个方面都会影响外语听力的效果。语速过快或者过慢以及语言的停顿和迟疑都会对学生的理解造成影响。比如，过快会导致听者来不及反应，过慢会给听者带来不必要的心理负担，且句子的停顿和迟疑等有时会给人不真实感，容易使学生产生厌倦心理。

（2）语篇因素。所谓的语篇信息主要反映在两个方面：语篇的内容及语篇的结构。如果语篇的结构是学生所熟悉或常见的形式，如熟悉的语言叙述顺序：时间顺序、空间顺序、逻辑顺序等，学生的心理负担较小，听力水平的发挥也就相对较好。但是如果其结构形式比较特殊，学生在心理上没有形成相应的习惯，一旦出现这样的情况，会使学生心情浮躁，不利于听力学习。语篇的内容如果是学生所熟悉的，那么学生拥有自信，表现相对较好，如果学生对语篇内容不熟悉，则容易因为胆怯而表现欠佳。

（3）材料的内容。听力材料的内容选择要与学生的实际生活与知识水平相适应，超出学生的生活与知识水平范围之外的材料会给学生带来压力。听力材料的内容必须符合学生所生活的文化背景，文化背景知识的缺乏是妨碍学生理解外语听力材料的重要因素。

（4）听力材料中涉及到的人物关系的复杂程度也会在一定程度上影响学生对材料的理解。只有了解材料中人物之间的关系才能提高其在听力理解过程中的针对性，材料中人物关系复杂会使学生在听的过程中分散注意力，不利于其对主要信息的理解。

6.3.2　听力实践教学项目

（1）"视听结合"听力教学实践

教学任务：学习和了解外国的历史、地理、文化、运动、旅游等情况。

教学目的：通过"视听结合"的教学策略，联系社会实际情况（日本举办了1964年奥运会），拓展学生的多元文化视野。

教学形式：两人小组

（2）"听说结合"听力教学实践

教学任务：通过听力训练对某城市有一个基本的了解。

教学目的：提高学生的外语听力水平以及提取主要信息的能力，同时锻炼学生的口语表达能力。

教学形式：全班、个人

在各项项目中，教师利用自己对故事的讲解与听力材料原文来锻炼学生的外语听力。教师为了在教学中了解学生的对听力信息的理解程度，还对学生进行了提问，这样有助于提高学生的听力学习效率。这种听说结合的教学方式既丰富了学生的语言输入，有锻炼了学生的语言输出能力，对于提高学生的综合外语水平具有积极意义。

# 第七章 微时代背景下外语口语教学概述

## 第一节　外语口语教学现状

　　口语是人与人之间面对面地进行口头表达的语言，是人类社会使用最频繁的交际工具，也是书面语的基础。可以说，口语不仅是外语学习的一个重头戏，也是令学生、教师最头疼的一项技能。对大部分中国学生而言，读好、写好，甚至听好外语都并非难事，但要想说一口流利的外语却并不容易。其中一方面是因为口语本身对学生的语言能力要求较高，学生没有太多时间来思考所说的话语；另一方面则是由于教师对口语教学的理解不到位，口语教学的方法和策略不得当所致。因此，本章我们就来研究现代外语口语教学策略及其实践，具体涉及的内容有：口语的特征、影响外语口语教学的因素、外语口语教学的内容与目标、外语口语教学的现状与改革，并在以上内容的基础上探讨了外语口语教学的策略及其实践。

### 7.1.1　口语的特征

　　口头表达的不同阶段有着不同的特点，下面我们就来介绍语言生成过程、说话时和生成以后三个阶段的特征。

#### （一）语言生成过程的特征

　　荷兰心理语言学家莱威尔特（Levelt，1989）曾指出，语言在生成的过程中一般要经历"构思概念—组织语言—发出声音—自我监控"的过程。

　　其中，"构思概念"是指话语发出者打算说什么，想要达到怎样的目的。如果"构思概念"失败，则会导致交际者无话可说、无言以对等结果。当前我国学生普遍存在的"哑巴外语"现象产生的一个主要原因就是这一环节的失败。例如，有些人见了面寒暄几句以后就再无话说，这就是说话人并未构思出来说什么、如何说的结果。

　　"组织语言"是发话人根据自己的意图、目的，选择合适的语言材料（包括单词、短语、句子、语调等）将所要表达的意思组织起来。如果语言组织不好，就会导致表达语无伦次、词不达意等问题。这一点在学生实际的外语口语表达中表现为用词不当、逻辑混乱，说起话来结结巴巴、错误百出。

　　"发出声音"是发话人运用发音器官将组织起来的、有逻辑的完整意思转化成为实实在在的声音。在此环节经常出现的问题是语音和语调不准、难听，甚至是怪腔怪调。

"自我监控"是发话人对生成的语言进行观察、调整、修正等。"自我监控"的失败有两种表现：自我监控缺失和自我监控过度。前者导致发话人不能及时发现、调整和纠正表达中的错误，因而导致交际失败；后者则会令发话人过分干预表达，因而出现表达不流畅、不自然，语速缓慢、语言呆板等问题，严重者也会导致交际进行不下去。

通过以上论述可以看出，外语口语教学若要取得成功，就必须关注语言生成的全过程，关注每一个环节的准备与实施，因为任何一个环节的失败都会导致口语表达的失败。当教学抓住了语言生成每个环节的特征，提高口语教学的针对性时，教学效果也就不言而喻了。

就当前现状来看，我国的外语口语教学更重视语言组织、发出声音、自我监控三个环节，这主要表现为对语音、词汇、语法教学的过度重视。因为语音教学关系到声音发出的环节，词汇教学关系到语言组织的环节，语法教学则关系到语言组织和自我监控环节。但需要指出的是，这种对语言本体教学的重视固然不错，但因此而忽略"构思概念"的行为却是不可取的。"构思概念"是任何语言活动的起点，语言在人们的口头交际中毕竟只是一个载体、工具，用以传递自己的思想、观点，如果没有实质性的信息，语言也就失去了生命，成了一片毫无意义的声音。因此，我国的外语口语教学应该从语言本体教学的情结中解脱出来，注意信息的构思和文化的导入，这样才能更好地促进语言输出。

（二）说话时的情景特征

拜盖德（Bygate，2001）曾将说话时的情景特征概括为以下三个方面。

（1）即时性。即时性是指说话活动一般情况下都是即时发生的，没有经过事先准备，更不可能对说话的内容进行计划和纠正。

（2）面对面。面对面是指口头交际一般是由说话人和听话人面对面进行的。

（3）相互性。相互性是指口头交际双方一般都拥有平等参与语言生成过程的权利，并通过互动来促使交际继续下去。

以上三个特征决定了口语最能体现语言交际的本质，因此要想提高学生的外语交际能力，教

师就必须加强口语教学。

（三）生成后的语言特征

口语生成以后的特征主要有：句子短小、结构简单、多日常用语、多重复、多停顿、多省略句、多残缺句、有自我纠正等，这些特征也意味着学生在外语口语表达中要以流利性为首，同时兼顾准确性，另外还要选用一些口语词汇和句型。

7.1.2　影响外语口语教学的因素

在口语教学的过程中，有很多因素影响和左右着口语教学的效果，下面将从教师、学生、环境三方面进行分析。

（一）学生因素

从学生层面分析，影响外语口语教学效果的因素主要有以下两个方面。

1.认知因素

口语是一项语言输出技能，需要以语言输入为前提。也就是说，学习者首先需要通过学习获得一定的目的语语音、词汇、句法知识和规则，为语言输出奠定语言材料的基础。有了这些丰富充足的语言材料作为基础之后，学习者在面对交际需要的时候就能够从储存于大脑的语言材料转化为语言输出材料，形成语言交际。由此可见，语言知识的内化程度即认知因素是最根本的因素，是实现流利口语的一个前提，因此是我们不得不重视的一个影响外语口语教学的因素。

2.心理因素

在知识水平相当的情况下，不同的心理状态会影响到学生的学习状态和学习效果，影响到外语口语表达能力的培养和提高。学习动因比较高的人会产生促进性心理焦虑，在语言输出时会努力表现自己，尽量提高话语的流利程度；而学习动因较低的人会产生促退性心理焦虑，出现焦虑、恐惧、迟疑等心理现象干扰话语计划与输出的全过程，会直接影响外语口语的表达。由此可见，学生的心理因素对外语口语教学效果的高低有着十分重要的影响。

（二）教师因素

从教师层面分析，影响外语口语教学效果的因素主要有以下几个方面。

1.教师自身的素质

教师自身的素质对口语教学的影响很大，因为教师自身素质的高低会在很大程度上左右着外语口语教学的效果，尤其是教师的发音一定要标准。因为准确的发音是语言交际的基础，教师的发音对学生的发音有着重要影响：如果教师的发音不准确，那么学生就不可能学到正确的外语发音。此外，教师的词汇量、语法知识、外语文化的掌握程度都会在口语教学中不知不觉地影响着学生外语口语的学习。

**2. 课堂气氛的营造**

教师之所以应该尽力营造良好的、轻松自由的外语教学的课堂气氛，鼓励学生敢于表达，不怕犯错，其原因就在于课堂氛围在很大程度上影响着学生对外语课堂的兴趣，以及用外语进行表达的积极性，影响着外语口语教学的教学效果。口语教学重在让学生拥有用外语来表达自己观点的机会，如果课堂氛围太压抑，学生心理上便会受到很大的消极影响，从而不敢于开口说外语，更甚者失去学习外语口语的兴趣，故课堂气氛的营造对于外语口语教学而言是至关重要的。

**3. 教学观念的影响**

（1）教学观念对外语口语教学的影响，表现在教师对口语的准确和流利的要求上。准确与流利是交际语言教学的重要目标，偏废了任何一方都不能说是完整地完成了口语教学。因此，教师在口语教学的过程中向学生灌输注重准确性与流利性的平衡意识是十分必要的。众所周知，外语学习并非是一蹴而就的，外语口语学习需要一个循序渐进的过程，。因此学生的外语口语一开始并不能做到既准确又流利，教师不应该一开始就要求学生做到像外语本族语人说的那样准确完美。

（2）教学观念对外语口语教学的影响表现在教师对学生所犯的口语错误的态度上。学生在语言学习过程中犯错误是在所难免的，教师对学生口语表达中出现的错误不宜过分严厉，更不宜逢错必纠。因为过多的纠错不仅会中断学生的思维，而且会伤害到学生的自尊，影响学生外语口语表达能力的培养。因此，教师应视学生具体语言错误的严重性而决定是否纠错，对不影响意义表达的错误可以暂时不管它，对影响较大的错误可以纠正。需要注意的是，教师在纠错时一定要注意纠正的方法，要以学生能够接受的态度和言行进行，切记不要伤害学生的自信心。

（3）教学观念对外语口语教学的影响还表现在外语教学的重点上。传统的外语教学以应付考试为中心，因此教师习惯把重点放在讲解语法上，仍然采用阅读、背诵、默写的方式，而忽视了教材中安排的大量口语活动，忽视了对学生外语口语能力的培养，学生没有机会提高口语交际能力，以至于"哑巴外语"的现象普遍存在于全国各大高校中。

（三）环境因素

外语是一门交际工具，学生只有在交际中不断地练习、运用，他们的外语口语能力才能真正得到锻炼、培养和提高。在一个长时间稳定的自然环境下习得第一语言，或者在这样的环境下习得第二语言，即使不经过语法知识的学习也可以顺利完成语法系统的内化。但是由于外语在我国是外语，我国学生在汉语母语的环境中学习外语，缺乏稳定的外语语言环境，即使通过课堂教学能掌握外语语法规则，由于缺乏相应的语言运用环境，极少学生能够达到外语口语的准确性和流利性相互平衡。因此，环境因素也是影响外语口语教学一个不容忽视的重要方面。

## 第二节 外语口语教学策略

### 7.2.1 外语口语教学的内容

外语口语教学是以培养学习者的口头交际能力为目标的课堂教学，其教学内容大致包括三个方面。

（1）教学生利用语音、语调表达正确的意思。语音、语调具有一定的表意功能，人一开口说话就必然会涉及到语音、语调，如高低起伏、轻重缓急、音调音质等。教学中教师不仅要关注句子层面的语音、语调，而且更要关注口语语篇中的语音、语调。有学者说过，"如果发不出你想发的音，那么就无法表达你想表达的意思。"，这句话充分说明了口语教学中语音、语调教学的重要性。

（2）让学生了解口语的特征。口语有其自身的语法和词汇。例如，在口语语篇中，当谈话内容涉及听者的时候，疑问句通常省略主语和辅助动词；口语中常见的词汇模式是重复单词、使用同义词和反义词等，了解口语的特征有利于提高学生说的得体性。

（3）让学生掌握交际的知识和互动的技能。蒂莫西(Timothy)认为，怎样开始说话是一个重要的问题，怎样结束谈话也是一个值得研究的问题。在口语教学的过程中，教学需要引导学生掌握下面一些口语交际的技能。

①话轮转换技巧对会话的成功起着至关重要的作用。话轮转换对于本族语者来说很容易而且很自然就可以学会，但对于二语学习者来说却是不容易的事情。

②口语教学还应培养学生在互动中进行意义磋商的技能，如澄清请求(clarification request)、确认检查(confirmation check)和理解检查(comprehension check)等。以《高中外语课程标准》(实验稿)(2003)中规定的高中外语口语要培养的口语技能为例，其要求有：引出话题、转移话题、插话、维持交谈、引起注意、话轮转换、澄清意思、请求澄清、表示倾听和理解、预示和结束谈话以及利用语音、语调表达意思等，通过对这些

技能的培养，来达到"提高说的得体性、准确性、流利性和连贯性，增强语感"的教学目的。具体到教学过程中，外语口语教学的内容包含了语音训练、词汇和语法、会话技巧等，下面就这些内容做一些介绍。

1.语音训练

语音教学的目的在于让学生掌握正确的语音和语调，包括重读、弱读、连读、音节、意群、停顿等。错误的发音、语调会造成他人的理解困难，甚至误解。因此，语音是学生外语口语学习中必须掌握的内容。

（1）语调

语调是指语音的"旋律"，也就是声调高低的变化，这种变化在很大程度上是由重音控制的。外语语调分为上升调和下降调，不同类型的句子使用的语调不同，表达的含义也不同。

（2）节奏

外语中的节奏是靠重读音节与轻读音节的组合与重复来实现的。各重音节与它跟随的若干轻读音节(用"·"表示)构成一个节奏群（用"/"来表示）。一般而言，每个节奏群朗读的时间大致相同,这又减弱了语言的节奏感。因此，为了取得更好的节奏效果，轻音少的节奏群一般要念慢些，轻音多的节奏群则要念快些。两个重音之间的轻读音节越多，每个轻读音节分配到的时间便越少。有时一个节奏群是一个空拍("∧"表示)开始的，后面紧跟着几个轻音节，这样的节奏群常出现于句首或句中需要停顿的地方。

2.词汇和语法

（1）词汇

语言能力的培养是交际能力培养中至关重要的一环，而词汇则是使交际得以进行的语言能力的核心。在交谈过程中，当合乎交际礼仪的交流框架构建起来以后，人们的交流就要依靠词汇来进行填充。在外语教学中，许多学生对单词的所谓"掌握"只是一般性的识记中文释义和会拼写，却不能脱口而出地使用词语造出句子。也就是说，语言交际框架的最基础阶段和层次的问题没有得到解决，在这种情况下学生的口头表达能力很难得到提高。因此，学生外语口语能力差的最根本原因之一是词汇掌握程度差。从这个意义上说，口语教学的内容离不开词汇教学，且词汇教学应该交际化。要实现词汇教学的交际化，口语教学须从语音，即从单词的音、形、义的练习以及词的搭配、造句入手，扩大学生的积极词汇，这不仅是提高学生外语口语能力的有效途径，而且是提高学生外语口语能力的前提和关键。

（2）语法

语法是组词成句的规则，是正确表达的一个重要前提。在我国传统的外语教学中语法一直处于中心位置，尽管如此学生对语法的掌握也多是机械记忆、缺乏变通，不能熟练地应用到口头交际中。因此，语法教学仍然是口语教学的重要内容，而且也应走交际化、实用化的路线，这是口语语法教学的关键。语法教学交际化包括以下几个方面。

①向学生讲授口语句型的特点，并对此进行专项训练。

②训练学生熟练地使用语法句型表达自己的思想。

③训练学生听懂特定的口语句型。

词汇是表达的基础，语法是表达的规范，离开了词汇和语法也就无法表达。有的教师和学生把词汇教学、语法教学与口语教学对立起来，这是口语教学中的一个严重认识误区。事实上，词汇和语法都对学生的口语表达技能起着至关重要的作用。

3.会话技巧

语言学习的目的就是交际，要想达到有效的语言交际就应掌握一定的会话技巧，这对口语的顺利进行有着十分重要的促进作用。下面根据开始谈话、谈话中和结束谈话三个方面来介绍一些外语课口语课上常用的句型。

（1）开始谈话：谈话之前首先要引起别人的注意，这样才能顺利展开交际。

（2）谈话中：谈话过程中根据不同的交际需要，交际双方还会用到很多谈话技巧，如获取信息、表达观点、征求意见、承接话题、转换话题、拒绝答复等。①获取信息；②表达观点；③征求意见。

（3）结束谈话：谈话结束后，交际者出于礼貌要先表示歉意或表达自己对这次谈话的评价，然后提出离开，结束谈话。

4.语言文化

在外语口语交际中，文化知识也是必不可少的。众所周知，文化对语言有着深远的影响，这种影响主要表现在两个方面：一是对词语的意义结构的影响；二是对话语的组织结构的影响。交际的得体性要求学生必须掌握一定的文化知识，包括普通的文化规则和不同文化之间的交际规则。这就意味着学生不仅要具有良好的语言能力，还要具备一定的文化知识，以使自己的语言符合所处的语言环境、文化氛围。

7.2.2　外语口语教学的现状与改革

（一）外语口语教学的现状

我国学生的外语学习普遍存在技能水平低下的情况，尤其是外语口语水平更与实际需要相差很远，这与口语教学的现状有关。下面就来分析外语口语教学的现状。

1. 教师问题

（1）汉语授课

在缺乏外语大环境的情况下，课堂就成了学生接触外语、练习口语最主要的场所。而有些教师却用汉语授课，更加恶化了学生说外语的环境，造成这一现象的原因主要有三个方面。

①学生的外语水平层次不齐，教师要想让所有学生都能跟得上教学进度，就不得不放弃外语授课。

②为了追赶教学进度，应付大学外语四、六级考试，教师不得不用汉语讲授知识，以使尽快把知识灌输给学生。

③外语课时少，学生每周平均只有四个学时能上外语课，时间紧任务重，既要照顾到精读泛读，又要兼顾写作与听力。

（2）教学方法滞后

我国的外语口语教学是作为外语整体教学的一部分出现的，而并未被独立出来进行专门教授，因此外语整体教学中存在的问题也直接体现在口语教学上，其中教学方法滞后就是一个重要的问题。在外语口语教学中，教师也习惯性地采用传统的"讲解—练习—运用"的教学模式，这看似体现了教学规律，实际上却制约了学生说的主动性和积极性。在此教学模式下，学生只能被动地接受教师所讲授的词汇和语法知识，在缺乏语境的情况下做大量机械的替换、造句练习，而不能独立思考、独立发表见解，最终导致有的学生甚至到大学毕业也不怎么会说外语。究其原因，教学方法的单一、滞后是"罪魁祸首"。

2. 学生问题

（1）心理压力大，缺乏自信

学生在经历了长时间"重读写、轻听说"氛围的熏陶后，往往对口头表达心虚、不自信。尽管有些学生的口语能力可能并不差，但是由于缺乏自信他们还是不愿意开口说外语。即使有一小部分学生愿意与人进行口语交流，也总有种紧张感和恐惧感，总是担心说错，害怕被教师批评、被同学嘲笑，而那些发音不好的学生更不敢表达自己，这种心态往往容易造成一个恶性循环，即"害怕口语练习→排斥口语练习→口语能力变差→更加害怕口语练习"。

（2）语音不标准，词汇匮乏

学生的外语基础和语言接受能力不同，因此口语的水平也有异。另外，地方口音不同程度上也直接影响了他们外语口语语音、语调的标准性。而且我国学生大多接收的是灌输式的教学，听的多，说的少，因此往往存在语音不准确、语调缺乏起伏、表达含混不清等问题。另外，由于缺乏练习，学生往往很难将学到的词汇用在口头表达中，而造成无话可说或不知如何去说的尴尬情况。

3. 教学条件问题

（1）缺乏配套教材

通过调查国内现有的外语教材可以发现，这些教材大多按精读、泛读、快速阅读、听力等单项技能分册发行，却很少有专门的口语教材。口语训练一般依托于听力训练，这样的练习活动内容简短且缺乏系统性。这不仅与口语在人们生活中使用的比重不符，而且也会给学生造成一种错觉，认为口语学习没有听、读、写、译重要，因而在思想上轻视口语学习。而市场上为数不多的口语教材也多难以发挥实效，有的教材专门针对某一专业、领域，难度极大；有的教材则只涉及简单的问候、介绍等日常用语，过于简单，无法满足社会各领域对相应口语能力的要求。由此可见，配套教材的欠缺是制约口语教学效果的一个重要因素。

（2）课时不足

课时不足是我国外语口语教学的一个显著而直接的问题。口语能力的提高需要花费大量的时间，进行大量的实践，而口语教学既然未被独立出来单独讲授，那么在当下重形式、轻运用的外语整体教学中其教学时间就得不到保证。例如，《新编实用外语综合教程》中主要包括五项内容：听、说、读、写、译。若每班 45 人，再加上学生外语水平参差不齐，即使分配给口语课 2 个小时，口语教学也无法有太大的"作为"。可以说，教学时间的不足是外语口语教学的硬伤，直接导致了学生的口语能力低下。

（3）口语评估制度欠缺

评估可以检验教学的质量，是教学中不可或缺的重要环节。我国最常使用、影响最大的评估方式就是考试。例如，中小学的期中、期末考试，大学的外语四、六级考试等。然而，这些考试多是对学生听力、阅读、写作、翻译技能的检测，基本没有涉及口语检测，而专门用于检验口语水平的测试少之又少，这意味着我国的外语口语教学缺少一套成熟、健全的评估制度。造成这一现状的原因在于口语考试的实施与操作都有一定的难度，如材料难易程度的把握、考试的信度与效度等。

（二）外语口语教学的改革

1.营造氛围，鼓励学生多开口

外语口语能力的提高是一个循序渐进的漫长过程，需要良好的外语氛围和不懈的努力。因此，教师应该致力于为学生营造这种口语学习氛围，鼓励学生不断练习口语。具体来说，教师可以从以下几个方面着手。

（1）上精读课时教师可以要求学生发表与课文主题相关的看法，这一方面可以锻炼学生的口语表达能力，另一方面也能够促进学生对课文主题的理解，提高独立思考的能力。

（2）教师可把"听力课"变成"听说课"，让学生听完材料以后也对材料主题、内容等发表意见。

（3）教师可鼓励学生多参加外语课外活动，如外语角、辩论赛、外语朗诵、游戏、角色扮演等，这些灵活多样的活动都需要学生开口说外语，有助于吸引学生的兴趣，增加学生的口语练习机会，引导学生变被动接受为主动开口。

（4）注意纠正错误的策略。很多学生由于口语基础薄弱，因而不敢开口说外语或说的时候十分紧张，害怕出错，此时教师若揪住学生口语表达中的大小错误不放，大讲特讲，学生就会产生畏惧心理，以后更加不敢随便开口了。因此，对于学生的口头表达，教师应该多表扬、鼓励，纠正学生表达错误时不要逢错必纠，而应纠正那些严重损害语义的错误。另外，学生的表达陷入困境时，教师也应给予帮助，使学生顺利完成表达。

2.口语教学与实际生活相联系

在外语口语教学中，教师可为学生多设计一些与实际生活相关的情景，使学生意识到外语口语的实用性、重要性、有趣性，从而积极投入口语练习活动之中。例如，教师可以根据中西方饮食文化的不同，让学生用所学词汇将中西方美食做一番总结、对比等，一方面巩固了学生的词汇量，另一方面也锻炼了学生的口语。需要指出的是，在情景练习中教师还要鼓励学生变换句型，不能一成不变地使用同一个句型，这对口语能力的提高是十分不利的。

### 3.教师坚持用外语授课

前面讲到外语口语教学时间不足严重制约了学生的口语发展，因此教师不应该采用汉语授课，而应坚持使用外语授课，充分利用课堂上的每一分钟，增加学生与外语的接触，这将有助于培养学生用外语看、听、说、读、写、思考的习惯。即使班里学生的外语水平差别较大，教师也不能放弃用外语教学的原则，而应使用一些简单、基本的教学用语，尽量保证每位学生都能听明白，久而久之学生的听力水平也会有所提高，教师可逐渐使用一些较难的课堂指示语，促进学生的口语表达。另外，教师还应摸清学生们的听说水平，针对基础不同的学生提出难易程度不同的问题，充分调动每位学生开口说外语的积极性。

用外语授课时，教师还应注意教学用语的示范作用。例如，一个意思往往有很多表达方法，教师如果每次都变换说法，一方面能使学生接触到更多的词汇、句型，另一方面也使学生在口头表达中有了变换说话的意识，他们的口语表达也就不会单调、千篇一律。

另外，教师在用外语授课时应注意学生的反应，观察学生是否听懂了，对于个别十分难懂的地方也可适当用汉语解释，但点到即可，汉语使用不能过多，否则很容易增强学生对汉语的依赖。

### 4.建立、完善口语评估制度

如今，外语口语已经成为社会最需要的技能之一。因此，检测口语技能高低的测试在当前十分必要。对此，大学外语四、六级考试委员会在部分省市实施了大学外语口语考试，并规定了统一的评审标准，这在一定程度上对完建立、完善口语评估制度具有极大的促进作用。但是要想切实提高教师和学生对口语的重视程度，提高口语教和学的质量，仅仅增加大学四、六级口试是远远不够的，还应有更多、更科学的口语评估方式被提出和推广开来，这样才能更好地刺激学生学习口语的积极性，并为外语口语教学起到指导作用。

### 7.2.3　外语口语教学策略

外语口语教学策略是在口语教学目标确定之后，根据已定的口语教学任务和学生口语水平等特征有针对性的选择与组合相关的口语教学内容、教学组织形式、教学方法和技术形成的具有效率意义的、特色的口语教学方案。口语教学能否成功在很大程度上取决于教学的策略性，在此我们主要从创境策略、展示策略、训练策略、文化导入策略和功能评价策略五个方面来论述具体的外语口语教学策略。

### 一、创境策略

学习是一种真实情境的体验，只有在真实情境中学习才能变得更为有效。实践证明，如果教师能为学生营造出各种真实的语言情景，不但可以促进学生积极主动学习，还可以加快学生掌握实际应用外语能力的速度。因此，教师应该把真实的社会语言情景引入口语课堂，加强语言与情境的紧密结合，使抽象的语言教学情景化、形象化、具体化，更贴近于日常实际生活中自然交谈的形式。

（一）创境的主要形式

1. 角色表演

角色表演是情景教学最为主要的教学手段，也是深受学生喜爱的口语练习方式。因为这一方式给学生提供了在不同的社会场景里以不同的社会身份来交际的练习机会，把学生从机械、重复、单调的练习中解放出来，从而为有效的交流提供了条件。教师可以让学生自己进行角色分工，只是适时给予相应的指导，让学生在排练完之后进行表演。表演结束后，先让学生从表演技巧、语言运用等方面发表建议，最终由教师对学生的表演进行总结和点评。

2. 配音

这一方式同样可以很好的锻炼学生的口语表达能力。教师选取一部电影的片段，首先让学生听一遍原声对白，并且把其中比较难以理解的语言难点讲解清楚，之后再让学生听两遍原声并尽量去背诵这些台词，然后把电影调至无声，由学生模仿电影中的角色进行配音。配音的方式不仅缓解了学生说外语时的焦虑感，而且增强了学生的自信心和成就感，同时还能让学生学到最地道的语言。

（二）创境注意的方面

教师在为学生创设情境时要注意情境主题的真实性，选择那些最自然、最常用、最典型、最适合言语交际的情境，同时还要与学生的生活、学习密切相关，这样可以帮助学生把所要学习的内容和创设的情境相联系，使学生"沉浸"在真实的情境中，习得语言时不会产生任何的焦虑以及压

力,从而培养其在现实环境的情景中自然输出语言的能力。另外需要说明的一点是,教师选择的情境必须与教学目标相一致。

二、展示策略

展示策略主要涉及两个部分,即展示的方式和展示的原则。

(一)展示的方式

(1)按展示主体划分。按照展示主体的不同,展示方式可以分为学习者展示和教师展示两种类型。

①学习者展示是指展示由学生完成,多属于归纳展示。学习者展示可以更好地发挥学生的主体作用,训练学习者的分析能力。在展示中,学习者通过对材料的分析来发现表达方式,自己总结规律,从而提高学生的自学能力。

②教师展示是指从教师的角度出发,由教师进行展示。一般说来,演绎展示多属于教师主体展示,另外归纳展示中如果是教师根据材料归纳讲解,一样属于教师展示。

(2)按对材料的使用划分。展示的方式很多,按照对材料的使用可以分演绎展示和归纳展示两种类型。

①演绎展示是教师根据教学的需要直接介绍,然后举例说明表达的方式,设计语境进行练习。

②归纳展示是对文本材料、视频材料等材料的分析呈现表达方式。一般情况下,首先听对话、观看视频,然后根据对话和视频的话题呈现功能,进而组织学生分析对话语言找出表达的语言形式。

(3)按展示所用材料划分。从展示所用材料的不同来分,展示可以分为多媒体辅助展示和无辅助展示。

①多媒体辅助展示是指在展示功能时借助多媒体设备,如幻灯片、动画、视频、网络等展示对话材料,通过所展示的功能,所使用的语言和副语言呈现给学生。

②无辅助展示是指在教学中使用纸介文本,或者是现场的对话,利用黑板等设备呈现功能以及表达方式。在那些不具有现代教育技术,不具备使用多媒体、网络等现代教育技术的学校,无辅助展示是十分常用的手段。

(二)展示的原则

## 1. 经济原则

经济原则是指以最小的投入获得最大的产出。任何事情的投入都讲究经济原则，对学生进行材料的展示也不例外。经济原则要求用最少的时间、最小的精力投入、最低的财力投入获得最好的展示效果。比如，教师要为学生进行材料展示，如果手中教科书没有配套的食品材料，最好选择多媒体。而如果没有合适的视频，教师又想自己制作 flash 动画，但又不具备技术优势，需要请人帮助制作，就不如选择纸介文本，这样将节省下来的时间充分地用到课堂上才更能体现其价值（鲁子问，康淑敏，2008）。

## 2. 简易原则

简易原则要求展示应该尽可能地简单明了，不要把简单的事情复杂化。在多媒体技术高度发达的时代，尽可能使用多媒体技术已经成为人们追求的目标，但是值得注意的是，不要为了使用多媒体而使用。简易原则就是要求我们如果能够用无辅助展示的比较清楚，就不用多媒体展示，要尽量的少用一些设备，不必无端地增加设备应用量。

## 3. 效果原则

效果原则是指展示方式的选择应以能够保证达到最佳展示效果为标准。如果无辅助展示的效果要弱于多媒体设备展示，并且学校又具有配套的设备，那么从效果原则考虑，最好使用多媒体展示。从这一方面来讲，简易原则应该服务于效果原则。

## 三、训练策略

教师在对学生进行训练时要使用合适的训练方式，遵循正确的训练原则，以保证训练的效果。

### （一）训练的方式

（1）控制性反应活动。控制性反应指教师根据功能的需求设计训练的语境，学习者根据语境提示做行为反应或者语言反应。语言反应应用范围比较广，可以用于任何阶段的教学。语境的提示可以用图片、语言、视频材料等，视具体的功能要求、学习风格和学习者的多元智能倾向而定。例如，在主动提供帮助功能的训练中，教师可以给出学习者若干图片，提示需要帮助的几个语境，学习者看到语境说出可以用什么语言提供帮助。

（2）图画信息沟。信息沟是口语教学活动中经常采用的手段。因为在一般情况下，交际双方所持信息皆不完整，都需要通过询问对方获取信息后才能补全自己的信息。这一教学手段可采用的方式有很多，主要包括图表填充活动、问答活动、操作程序补充活动、调查活动、信息卡对话等。这里我们以图画信息沟为例，来重点说明一下这一教学手段的运作。其具体操作方式如下所述：步骤一：选择与话题相关的图画；步骤二：将该图画做成两个信息互补的图画；步骤三：将学生分成两两小组，然后将其分到各组学生手中；步骤四：学生根据图画进行对话，获取对方的信息完成自己的图画；步骤五：抽样检查学生活动情况。

（3）观点沟活动。观点沟活动与信息沟活动类似，但二者涉及的内容不同。在观点沟活动中，不同交际对象的回复可能存在差别，但是回复的信息没有对错之分，因为不同的情境下的反应也会有所不同。

（4）角色扮演活动。角色扮演也是口语训练中经常采用的活动形式。角色扮演与两个学生一起朗读有本质的区别：其一，角色扮演中有信息沟，两个人要通过对话才能了解信息。其二，角色扮演要求教师提供一个新的语境。其三，角色扮演中每个角色具有一定的自由度，可以有自己的发挥。角色扮演活动在具体的

操作中可采用如下的方式；步骤一：将学生按角色分组；先将同一角色的同学编成小组，共同讨论如何扮演这一角色；步骤二：将不同角色的同学编在一组；步骤三：学生根据角色卡的提示进行小品排练；步骤四：各小组同学在全班同学面前汇报演出。

（二）训练的原则

在具体的口语训练过程中，教师应该遵循如下的原则。

（1）质量原则。质量原则要求训练的效果以准确和得体为标准。也就是说，训练要保证学生能够在适当的场合使用适当的表达方式进行口语训练。在实践中，不同的场合、不同的话题、不同的目的、不同的对象对语言的要求不同。需要注意的是语言必须形式正确、表达流畅，只有使用准确的语言，符合语域的要求，训练才算符合要求。

（2）真实原则。只有设计真实的语境，或者在现实生活中有可能发生的语境中进行练习才能体现交际性。在模拟的语境中，我们可以设计不止一个语境，让学习者反复运用需要练习的句型。在模拟的真实环境练习口语，学习者可以有充分的准备过程。同时，学生可以反复在同一个语境中运用所学对话，直到他们感到满意为止。

（3）数量原则。这一原则是指训练不能是一次性的行为，在针对同一个功能或同一种表达方式时，其训练必须达到一定量的要求。这要求教师可以提供多种类似的语境使学生能够运用同一种方式表达思想。

（4）交际原则。交际原则是为了使学习者能够了解功能在具体语境中的意义，为

使学习者了解语言和副语言的交际功能。因为训练的目的是交际，故交际性在训练中起着十分重要的作用。要贯彻交际原则就有必要赋予训练交际目的，通过信息沟、观点沟、角色扮演活动训练学习者使用某种策略的准确性。

四、文化导入策略

（一）文化导入的方式

（1）结合教材导入。这种方式是最自然、最直接的导入。教师在教学的过程中可以结合教材并且根据每堂课的教学目标，向学生介绍一些与之相关的文化背景知识，扩大学生的知识量。例如，在有关日常食物的口语课上，教师可以向学生介绍与西餐有关的文化常识，并扩展与之相关的词汇及餐厅用语，让学生了解西方的饮食习惯及风俗等。

（2）对比导入。在外语口语教学中将主体文化与客体文化进行对比分析，是一个帮助学生构建客体文化行之有效的教学方法。这种方法不但把文化学习贯穿到整个口语教学过程中，还培养了学生的自主学习能力。教师把任务提前布置给学生，让学生在课前充分查阅资料，然后让学生在每节口语课前轮流讲解，教师给予适当补充，这样做使学生的主动性与积极性得以很好的发挥。需要提及的一点是，在进行两种文化对比时要确保二者的内容具有可比性，即应是"同质"比较。

（3）运用多媒体导入。我国外语学习存在的一个普遍现状，就是学习者是在汉语的环境下学习外语，缺乏真实环境下对目的语文化的感受。多媒体的运用可以克服这一现状的不足，因为多媒体能再现真实的情境，使学生产生身临其境的感觉。随着科技的发展，有些多媒体还能与学生进行互动式的交流，从而激发学生的学习热情。可以说，多媒体的运用对口语教学中文化的导入起着积极的促进作用。

（二）文化导入的内容

文化对语言的影响和制约主要体现在两个方面：一是词语意义，二是话语组织。为了让学生能够在跨文化环境中成功进行交际，就必须弥补他们在社会认知上的缺省，因而在教师在口语教学中加强词语文化和话语文化内容的导入就显得尤为重要。

（1）词语文化的导入内容主要包括：习语、词语在文化含义上的不等值性、字面意义相同的词语在文化上的不同含义，以及民族文化中特有的事物与概念在词汇语义上的呈现等。

（2）话语文化的导入内容主要包括：话题的选择、语码的选择、话语的组织等。

语言是承载文化信息、反映人类社会文化生活的工具，是文化的重要组成部分。任何一种语言都与某一特定的文化相对应，由于思维方式、观念、信仰、历史文化、社会背景等社会因素的差异，在面对同一个交际场景时，不同文化背景的人会有不同的认识体验，在某种程度上来讲，这就是所谓的社会文化差异性。外语口语作为一种重要的交际语言，教师在教学的过程中应加强文化因素的导入，培养学生跨文化的交际能力，帮助其构建和完善跨文化交际的目的。

五、功能评价策略

外语口语教学中的功能评价策略包括形成性评价、终结性评价。形成性评价可以是课堂教学过程之中的评价，也可以是学习者在整个学期中口语发展的历程性评价；总结性评价可以是课堂教学中的目标达成评价，也可以是学期结束时的口语能力评价，同样也包括水平测试中的口语部分语言功能应用能力的评价。

（一）形成性功能评价

（1）课堂教学中的形成性评价。课堂教学过程性的形成性评价是教学设计所关注的核心内容。它要求教师能够把课堂教学的功能目标分解成几个阶段性评价目标，然后根据每个阶段性目标的特点设计相应的评价活动。形成性评价主要是对学习者阶段性目标的诊断，如果没有达到目标，其原因是什么，接下来的活动应该如何开展。根据形成性评价的要求，课堂教学过程中教师要通过自己的课堂观察与学生之间的对话诊断学习者的学习进展，为学习者功能方面的发展提供自我建构的环境。

（2）学习历程中的形成性评价。学习历程中的形成性评价要求教师通过建立学习文件夹、学习者会议、功能发展自我监控、学习日志等评价学习者的功能学习。尤其需要关注的是，教师要为学习者设计过程性发展的学习方案或学习活动，帮助学习者开展自主学习，通过课外的自主学习来发展自己的语言交际能力。

（二）总结性功能评价

总结性评价是一种结果性评价，是在某一相对完整的教学阶段结束后对整个教学目标实现的程度做出的评价。总结性评价通常发生在课堂教学结束、单元结束和学期结束，以及学业结束时进行，用于确定教学目标达成的程度。总结性评价可以根据学习者的具体情况采用不同的评价标准。

（1）课堂教学中的总结性评价。任何课堂教学中总结性评价都必须以满足课堂教学目标为标准，口语教学中的总结性评价也不能例外。与其他课堂教学中的目标达成评价不同，口语教学中的目标达成评价可以采用应用性活动。也就是说，应用阶段的产出性活动本身就可以作为目标达成评价活动。

（2）交际能力评价。交际能力的评价必须贯彻真实性原则和任务性原则，通过学习者完成真实的交际任务评价学习者的交际能力，评价学习者的功能实施能力。学校的期中、期末考试中的口语评价以及水平测试中的口语评价应该属于交际能力评价范畴。需要说明的是，水平测试中的交际能力评价在评价标准上的要求是统一的，而课堂教学中的总结性评价可以根据学习者的具体情况采用不同的评价标准。

（3）口试评价标准。目前，外语口语的评价多从四个方面进行：语音，总体可理解度，语法，流利程度。

## 第三节　外语口语教学实践

### 7.3.1　3P 口语教学实践

教学任务：完成外研社 NES 8B M8 U1 听说课的教学任务：Module 8 Unit 1 It's the last day before the new school year begins.

教学目的：学生通过本课的学习，能够听懂外语对话中谈论节日的内容；了解 while,when 等词引导的时间状语从句的用法和日期的读法；运用所学知识进行口头表述。

教学形式：个人、小组、全班

教学流程：步骤一：课前热身。教学目的：首先用一首歌为学生带来轻松的学习氛围，同时引出了 holiday 这一话题。然后通过阅读所给的信息让学生复习一些熟悉的中外节假日，同时再现复习本课生词和日期的表达。步骤二：介绍阶段。教学目的：通过看图引起学生的兴趣，便于引出美国独立日 Independence Day 以及庆祝方式。根据听力的难度，改为选择题，降低了难度，帮助学生有效地听取重要信息。步骤三：练习阶段。教学目的：通过听录音让学生获取重要信息，并为下面的环节做准备。然后模仿朗读，重点关注学生的语音和语调。同时通过判断对错练习进一步了解中美英三国不同过节方式。步骤四：运用阶段。教学目的：巩固和拓展当课知识点，利用当课所学知识进行口头练习，达到学以致用的目的。

分析：3P口语教学模式具有教学目标清楚系统、教师易于执行检查、学生易于看到自己学习成果的优点，可以有效培养和提高学生的口语运用能力。但是任何教学模式都不是完美的，它的练习或活动基本上都是复制式的（努南，2001），呈现阶段和练习阶段缺乏真实的交际需要，学生为练习而练习，没有为学生提供创造性使用语言的机会，交际能力得不到应有的训练。本教学实践选择与学生的生活紧密相连的节假日话题为载体，以学生的多种参与形式为手段，采用Presentation、Practice、Production的3P教学模式。通过中外不同节假日的听说练习，学生了解了一些重要节假日庆祝方式和日期的表达，并且在谈论节日话题的语境中不知不觉地掌握了when、while、after、before等词引导的时间状语从句的用法。

### 7.3.2　任务型口语教学实践

教学任务：讨论"现在生活是否比几十年前的生活更好"。

教学目的：通过呈现任务、实施与汇报任务、评价任务三个教学环节将生活中的问题引入课堂，培养学生用外语分析问题、解决问题的能力，同时在表达的过程中尽可能多地运用形容词与副词的比较级。

教学形式：5人小组

教学流程：

（一）呈现任务

（1）在这一阶段，学生首先展示预习过程中通过各种资源查找及向家长了解的过去的生活情况。

（2）教师让学生看一组现代生活的图片，用句子表述对现在生活的看法，同时介绍讨论中将会用到的词汇与句子结构，为课堂讨论做好准备。

（3）教师介绍所谈话题背景，引出要讨论的话题：现在生活是否比几十年前的生活更好。

（二）实施与汇报任务

（1）分组讨论（Discuss in groups）。学生分组讨论，6人一组，每组分正反两方，举例说明不同的观点并总结陈词，在组内进行汇报。

（2）组织对话（Make dialogues）在讨论的基础上，每组同学组织一个辩论式的对话，尽可能多地使用给出的有用短语、句型以及比较级语法结构，并让两到三组同学进行当堂表演，在班内进行汇报。

（三）评价任务

（1）教师对学生的观点进行总结，并对不同组学生的表现进行评价，指出各组的优点和不足，最后评出最佳小组。

（2）教师引导学生应珍惜现在的幸福生活，好好学习、认真做事。

（3）教师布置课后作业，用比较级的句型完成本话题的短文写作。

分析：该模式以"现在的生活是否比几十年前的生活更好"为话题，借助小组合作学习这个平台，为学生留出了很大的语言运用空间，既提高了学习兴趣，又通过互帮互助提高了学习的效率。同时，学生通过分析、对比、辩论现在的生活与过去的生活，提高了学生用外语分析问题和解决问题的能力。

三、话题式口语教学实践

话题式口语教学是最常见的口语教学活动。这种活动以话题为主线，任务为主导，将功能与结构融合于话题和任务之中，贯穿语音、词汇、语法等语言功能。

（1）有效的话题能激活学生已有的相关背景知识，促进其总结和归纳已有的语言知识，建立新旧知识的联系。

（2）能使枯燥、抽象的内容变得鲜活、形象。

（3）能使知识更加系统化，降低学生理解和掌握新知识的难度。

（4）能贴近学生的社会生活，符合学生的认知经验。

（5）能使学生在生动有趣的情境中获得外语知识和技能，体现语言学习的价值。

在上述教学实践中，教师使用的两个互动话题具有贴近学生生活实际，富有时代气息的特点，同时也兼顾了学生的知识学习、素质培养，利用师生、生生间的互动交流，也利于实现在用中学、为用而学、学用结合、学而能用的原则。

# 第八章　微时代背景下外语阅读教学综述

# 第一节　外语阅读教学现状

### 8.1.1　中国外语阅读教学的历史

中国对外开放、信息技术的迅猛发展、经济持续稳定高速发展使得对外语口语的需求剧增，外语语音、音像资料空前丰富，使得听力教学异军突起等。这些新情况提出了对听力、口语教学要重新定位的要求，甚至有不少专家学者（如刘润清，2002：403）提出中国外语教学应该结束以读写为本的时代，进入以听说为本的新时期。但是从另一个角度来看，这些新情况又进一步巩固了阅读教学在中国外语教学中的地位，不仅从数量和规模上，而且还从质量上、层次上、样式上对外语阅读提出了更新、更高的要求，因此，不少专家学者撰文高呼"我国外语教学应始终以读写为本"、"要提高外语水平必须依靠不间断的大量阅读，有了扎实的读与写的基础，听说跟上是不难的。"。对于这一点，主张在大力发展和提倡听力教学与口语教学顺应历史和社会发展的同时，应进一步强调阅读教学在中国外语教学中具有的基础作用，加大力度研究适应新形势的阅读教学新理论新方法使得阅读教学有新的质量上的提高，从而推动整个中国外语教学和谐统一的向前发展。这是中国外语教学与时俱进，充分利用现代信息技术带来的便利，顺应社会发展的需要和变化所做出的历史性选择。我国大学外语阅读教学中常见的课堂教学组织模式有下列几种：

1．传统外语教学法

传统教学模式包括：①生词（New words）；②语法（Grammar）；③教师通过句子分析来解释课文（Teacher's Explanation Of the Text by Sentence）；④问与答（Question & Answers）；⑤练习（Exercises）。这种传统的课文教学以教师为中心，

以语法为纲，以句子的分析讲解为主，强调语法和翻译的重要性，常把阅读与翻译等同起来，采用"对号入座"的方法把外语的每一个词或句子替换成汉语的词和句子。这种教学法只注重语言系统知识的传授，忽视交际能力的培养；只注重理解，忽视使用；只注重句子，忽视篇章；只注重准确，忽视流利程度；只注重质

量，忽视数量，其结果是学生的注意力大多放在语法、词汇与单句的分析、理解和翻译上，缺乏对整篇文章的综合理解。

2．常规外语教学法

与美国盛行的 SQ3R 阅读法相似。教师首先要求学生课前对课文进行预习，课堂上教师讲解语言点或逐句逐段串解，突出语言点，用问答方式让学生进一步熟悉课文，并做阅读练习。这种教学方法明显优于传统外语教学法，但它与客观的阅读心理语言活动仍然不一致，未改变课堂上老师讲学生记的总体模式。学生没有真正经历心理语言学的活动过程，虽然学生在课堂上有一些实践的机会，但这种形式下，教师讲解和学生实践都不符合心理语言学的原则，听教师讲解不等于阅读实践，讲透语言知识不等于上好了阅读课。

3．听说教学法

结构主义理论提出"听说领先"的指导思想，注重句型训练和听说能力的培养，从而促进阅读技能的提高。课堂上教学通常采取如下步骤：①Listening；②Oral Practice；③Pattern Drills；④ Looking at the Written Script；⑤ Further Practice in a Controlled Context。这种教学程序在一定程度上提高了学生的听说能力，并促进了阅读技能的提高，但它仅适用于最基础的阶段。

4．阅读教学六步骤

阅读教学六步骤，即：①调动兴趣（Motivating），②快速阅读（Reading），③初步检查（Checking）；④评析讨论（Discussion）；⑤重点练习（Exercises）；⑥综合性活动（Follow up Activities），简称为 MRCDEF 六步教学法。本教学法要求学生把阅读放在课堂上，在教师的指导下，在规定时间内完成。

这种阅读程序对克服学生不良的阅读习惯、培养正确的阅读习惯起到了积极的作用。同时，许多教师开始将注意力从单纯的语言知识传授转向培养学生获取信息的能力，摒弃了长期统治我国外语课堂教学的单词讲解——课文分析——课堂练习的"三段教学法"。

5．语篇教学法

　　语篇教学的目的在于培养学生理解作者的观点、意图，使学生具有通览全篇的能力，并且注意力主要在"篇"，而不在"句"，在文章的"意"，而不在语法点。语篇教学以语篇分析为主，就是从表达完整、确切意义、思想内容的语段篇章结构形式入手，分析句子之间、段落之间的衔接和相关意义及逻辑思维的连贯，使学生理解和掌握其中的基础语言现象所表现的交际功能，并从语言交际的动态环境中掌握基础语言现象。语篇分析可以引导学生通过分析语法词汇的衔接关系掌握句与句、段与段之间的联系，通过分析句际与段际之间的意义联系来把握全文的篇章主题和中心思想，同时掌握句子篇章在表达语篇整体意义上所起的作用。语篇分析还可以培养和提高学生的分析、归纳、综合的推断能力。并可以对学生进行语言能力的训练（如语法、词汇的衔接手段分析）和交际能力（如理解作者的思维方式，把握语篇整体思想）的训练。语篇是一系列连续的语段或句子构成的语言整体，在语义上指的是整体意义，它的语言形式必须符合语篇整体意义上的需要，以语法、词汇手段连句成段构成语言整体。所以语篇必须具有语法、词汇等衔接成分，必须符合语义、语用和认识原则，必须在句与句之间的概念上有联系，在句与句的排列上符合逻辑。教师可以根据不同的题裁把握重点，进行语篇分析。在语篇教学中，学生除了具备一定的语言基础知识之外，还应具备对英美文化、历史、地理等方面知识的了解，所以在语篇教学中，教师应首先向学生介绍一些必要的背景知识、风土人情和文化习俗等。

## 8.1.2　国外阅读教学的历史

　　国外语言学家十分重视对阅读理论的研究,著名心理学家和教育学家 Bloom 认为："读者在自己具有的背景知识之中，通过语言活动达到对所读材料的理解，然后把信息应用到新情况和实际中去，再对信息进行比较和分析，然后进行综合和推论，最后对作者的观点和写作态度进行评估。"由此可以看出，阅读理解不仅是一种纯语言活动，而是一系列思维、判断、认知和理论等彼此关联的综合过程，其小背景知识和综合能力起着极其重要的作用。Widdowson 认为，阅读不仅是获

得信息的过程，而且是解释信息的过程。读者对阅读材料的理解决定于他原有的背景知识和语言信息的重要性。以明斯基、鲁姆哈特等为代表的现代图式理论产生。图式

对整个阅读过程产生影响，其作用主要表现在剪辑和提取计划上。对阅读理解来说，是一种非常重要的心理因素。根据这种理论，读者不是逐字逐句地去理解记忆，而是剪除掉了输入材料的许多细节，保留其基本意义，通过图式一级剪辑对文章进行了意义的编码，经过图式的二级剪辑，对接受的文章内容进行组织加工，使读者完成认码、解码、预测、验证、重复直至理解整篇文章。在阅读教学方面，许多国外学者同样提出了多种有影响的教学程序和方法。21世纪初，Michael West 在改进传统的朗读法的基础上提出阅读教学的六个步骤：①New words；②Questions；③Read；④Written Answers；⑤Extra Questions；⑥Read Aloud。教师根据这些步骤，围绕课文向学生提出问题，让学生带着问题有目的地去阅读课文。国外外语教学出现厂一个令人瞩目的新趋势——教学研究的重点从教师转向学生，一种新的交际教学法问世。这种教学法反对传统式的机械操作，注意调动学牛的积极性，其目的是培养学生的交际能力。

在整个教学过程中，一切由学生本人去经历，而教师只是课堂活动的组织者和促进者。这种教学方法是在其他教学思想原则和方法的基础上发展起来的，是语言理论和外语教学深入发展的结果，在世界各国外语教学中受到普遍重视，成为当前影响最大、流行最广的教学法之一。随着交际教学法的兴起，许多国外学者、

专家对阅读教学提出了不少有影响的教学程序。英国的 Jeremy Harmer 认为阅读教学应采用五个步骤：①Lead-in；②Teacher Directs Comprehension Task；③Students Read for Task；④Teacher Directs Feedback；⑤Teacher Directs Text—related Task。这种教学特点是：它要求以完成任务来补充、代替过去单调的一问一答的课堂活动。由于其形式比较新颖，学生愿意主动思考和积极配合。这种教学法重视对学生的技能训练，在完成任务的过程中，学生积极开动脑筋，在不知不觉中培养和训练了阅读技能。

### 8.1.3 外语阅读教学改革

我国的大学外语通常将阅读教学分为精读、泛读和快速阅读三种类型。精读课的教学目的就是要求学生在阅读时不仅弄懂全文，还要弄懂每个句子，主要是为了培养学生的阅读理解能力。泛读的教学课目的是培养和提高学生的阅读技巧和阅读速度，

不要求学生逐字逐句推敲。快速阅读则是要求学生在尽短的时间内能够迅速从阅读材料中获取有用信息。

长期以来，我国高校外语阅读教学大都采用传统的教学法，以精读课为主，在精读课上投入了大量的人力、精力和时间，教学方法单调，课堂上以教师为中心，侧重于语言技巧训练尤其是词汇讲解，忽视文章的主题思想和语篇布局，把阅读看成是单纯的语言活动。这种传统的教学法只能使学生认识语言，而认识语言并不等于掌握语言。结果，学生获取的信息最小，阅读速度上不去，知识面狭窄，分析能力差。显然，这种教学方法不符合当今信息密集的时代要求，更不能有效提高学生的交际能力。因此，这种现状必须在教学中加以改革，逐步采用新的教学方法，如语篇教学法、启发式教学法等。

语篇教学是提高学生概念能力的有效途径。概念能力指的是读者在阅读过程中把零星的信息升华为概念的能力。现代阅读理论认为，阅读理解实际上是一个人的概念能力、背景知识和加工策略三者之间相互作用的结果。其中，概念能力和背景知识是最重要的。语篇教学法属于功能意念教学的范畴，其指导理论是语言学中语义宏观结构理论和语用宏观结构理论。根据语义宏观结构理论，在教学中，教师将注意力首先集中在引导学生抓住作者的主体思想和中心主题上，然后讲解和分析词、短语和句子意义及惯用法。同样，根据语用宏观结构理论，运用语用分析进行教学有助于提高语言技巧训练的效率，克服孤立讲解语言形式的弊端，使学生能有效、得体地使用语言，确保语言表述的准确性。

采用语篇教学法可使学生摆脱对教师和教材的依赖性，改变以往在课堂上只听不问，只记不说的习惯，使学生从词汇和句子中走出来，根据文章体裁和课文信息来分析判断综合语篇大意，达到提高阅读的速度和理解的准确度之目的。在课堂上教师成了组织行和指导者。据此，教师应当要求学生尽可能快地从阅读材料中得到重点信息，在引导学生掌握语言基础知识的同时，让他们掌握把语言基础知识与其他各种知识结合起来的能力。教师在讲授基础知识和强调语言共性的同时，还要注意阐明篇章结构，点出中心思想和段落大意，教会学生识别主题句（Topic Sentence），掌握文章的篇章结构、基本内容和中心思想，摸清作者的思维脉络以及词和句子的衔接手段等。

在阅读课教学中，启发式教学法也是一种行之有效的教学手段，它可以引导学生积极思维，分析、比较和综合归纳问题，主动探求和掌握知识。语篇教学与启发式教学是相辅相成的，没有后者就很难达到语篇教学的目的。为了让学生配合教师的教学活动，课堂气氛是否活跃是语篇教学成败的关键。所以，要采用启发式教学，抓住重点，精讲多练，灵活机动，形式多样，充分发挥教师的主导作用和学生的主观能动性，最大限度调动学生学习的积极性，为他们提供和创造有利的学习环境。同时教师还必须考虑到国外语言文化的输入和交际能力的培养。文化规则是交际能力必不可缺少的组成部分，教师要帮助学生了解英美文化，认识西方社会，通过各种途径把文化背景知识的传授和对学生分析问题的能力培养以及语言技巧的训练有机地结合起来。教师有了好的教学方法，还需要学生的积极配合。多读对巩固提高语言知识十分有利，对学生来说，要学会阅读，就必须大量阅读。

在大学外语阅读课教学中，教师的认真指导和学生的积极配合十分重要。有师生双方的共同努力才会有理想的教学效果，从而达到符合大学外语特色的阅读教学目的。

## 第二节　外语阅读教学策略

### 8.2.1　阅读过程的特点

1977 年，Rumelhart 发表了 Towards an Interactive Model of Reading（《论阅读的相作用模式》）一文。他吸取了人工智能研究领域的最新成果，提出：阅读过程实际上是一个多种语言知识，包括文字、词汇、句法和语义等知识的复杂的"相互作用"过程。任何唯一的语言知识不能促成对阅读材料的真正理解。

1980 年，Stanovich 提出了阅读能力的层次模式。他指出，在阅读过程中，有几个层次的因素在起作用，包括词语识别、句法分析、语境知识等。阅读时，各个层次（可以是高或低一层次）的知识互相补偿。Stanovich 提出的阅读者利用一切可能因素来协调阅读 理解的理论对外语阅读教学理论的发展起到了推动作用。

语境知识的概念各人理解不一。根据语用学等学科的理论，语境知识包括语用规则和世界知识（即一般的文化知识等）。Leech 认为，语言交际过程实际上是一种不断解决问题的过程。把 Leech 的人际交际修辞理论运用到阅读理论中来，可以这样理解阅读过程：对阅读材料原作者来说，他考虑的是，我想要阅读者的大脑中增加某一信息，我通过哪种方法才能达到这一目的？对读者来说，他面临的问题是，作者写了哪句话（哪段话、哪篇文章、哪本书），他想通过这句话（这段话、这篇文章、这本书）

表达什么意思？所以，在双方的交际过程中，双方各有一个编码和解码的复杂过程。

编码和解码的依据来自两方面：一是语言本身的内部结构规律，即合语法性；二是社会交际的原则，即语用原则。语言规则确立语言符号的字面意义，而语用原则则明解语言符号在交际中的实际意义。

世界知识也是阅读能力的一个重要组成部分。研究表明，计算机如果不辅以足够的世界知识，它们是无法真正理解自然语言的。对歧义部分的理解主要依靠阅读者的背景知识和个人经验。一些研究和实验结果显示，由于文化背景的不同，阅读理解上的错误往往呈现出系统性。即不同的文化背景、不同的期待心理和价值尺度、不同的语言思维模式、不同的语言修辞习惯，都会导致语言信息理解上的差异。

因此，目前较能为大多数人所接受的有关阅读行为的观点是：阅读活动是一种多种因素、多向交流与反应的复杂解码过程。解码依据来自文字、语言、语用、世界等方面的知识。语言知识具体为语音、语法、语义等知知识。世界知识中包括一般知识和专业知识。语用知识涉及到人际交际修辞规则和语篇修辞原则等。所有影响阅读过程的因素都处在不同的层面上，任何一个都可能与另一个发生互动关系，影响对阅读材料快而准确的理解。

## 8.2.2 外语阅读能力的跨语言迁移

关于阅读能力，认知派认为，读者——文本之间的交互作用可再分为三个子过程：解码是从印刷文字中直接提取语言信息的过程；文本信息建构是将提取的思想整合起来发现文本意义的过程；情境模型建构则是将组合起来的文本信息与先前知识融合的过程。阅读是否成功，取决于三种能力：视觉信息提取、信息的累积整合以及文本意义与先前知识的统一。发展观认为，解码能力和理解能力并非是同时发展起来的，儿童在口头语言的发展过程中积累了语言理解的技能，儿童应能够将口语理解能力迁移到阅读上来。功能理论则认为，阅读目的决定信息加工的方式。Carver（1997，2000）将阅读按照认知复杂程度分为五个"档"，分别用以达到不同的目的。二语读者是一个混合的群体，如没有任何读写经验的学前儿童、有不同一语读写经验的学龄儿童、具有或者不具有一语读写能力的成年人。

二语读者与一语读者的差异在于：首先，二语读者的一语读写经验可在很大程度上促进二语阅读能力的发展；其次初学阅读的一语读者在接受阅读教学之前就已通过口头交际奠定了基本的语言基础,而二语阅读教学则开始于掌握足够的二语知识之前；一语阅读教学强调解码能力，以帮助学习者将印刷文字与口语词汇联系起来，而二语阅读教学则重视语言基础的建立；最后，一语阅读的信息加工是在单语中进行的，而二语阅读则需要两种语言的参与。

一语在二语阅读中可能起重要的作用。语言发展研究表明，儿童从很早的时候起就开始对母语的一些特征产生敏感（Gleason，2006）；实验研究也表明，语言不同，信息加工过程（如词汇识别、句子句法分析和语篇加工）亦有系统差异（Katz & Frost，1992）。跨语言研究方式可以加深我们对二语阅读的理解，因为一语经验可能已牢固地内嵌入人的思维习惯中，由此形成的特殊加工机制会影响二语阅读。

关于阅读技能跨语言迁移的两种理论：一是普遍主义观点；二是语言特异观。前者认为，一语阅读的各种技能都可以迁移到二语阅读中，语言间没有差异（Goodman，1973）。早期这方面的研究主要围绕两个基本问题：一是一语与二语阅读能力之间的关系（Cummins，1979，1991）；二是抑制或者促进阅读技能迁移的条件（Troike，1978）。

但是，跨语言句子加工研究（Bates & Mac Whinney，1989）和儿童语言研究（Townsend & Bever，2004）均表明，上述观点并非无懈可击，一语特征的条件作用不仅影响二语习得（White，1989），而且影响二语加工中使用的认知程序（Sasaki，1991）。相反，在跨语言研究的基础上提出的语言特异观则强调文本意义建构所必需的语言加工能力（包括解码、形态分析、句法切分以及语篇加工），认为具有不同一语背景的学习者在二语阅读过程中，采用的是不同的认知策略。

根据连通主义理论，语言习得是内化形式—功能同现概率的过程，语言加工是语言形式（如动词前成分定位、主谓一致、格标记手段等）与相对应的功能（表意的能动性、起因、主题性等）之间映合的过程。因此，形式—功能同现频率越高，联贯越强，被激活的可能性越大，加工也就越容易。上述理论给人们的启示是：语言加工要求读者具有将语言形式映合到对应的功能上的能力；加工能力是与目标语接触经验的累积；功能—形式映合建立起来以后可以自动地被激活。

### 8.2.3 阅读教学的目的与内容

阅读分三层，即字面阅读（read the line），推理阅读（read between the lines）和形象阅读（read beyond the lines）。字面阅读是对阅读的最基本要求，推理阅读则指读者能依据文章的细节材料推测出作者的言外之意、弦外之音，根据字面意思进行必要的推理、推论。形象阅读要求读者能将阅读材料与真实的生活联系起来，特别是与读者自身的经历、知识、观点联系起来。阅读应能激发学生的思维能力、想象能力和创造能力。阅读的层次也为阅读教学提出了层次要求，使阅读教学有了明确的目标和需要训练的内容。

## 1. 阅读教学的目的

具体说来阅读教学的目的包括：①培养基本的理解技能；②培养真实生活阅读技能（Grant，1988）；③培养灵活的阅读技能，使学生可以根据不同的阅读目的选择不同的阅读方式；④培养批判性阅读能力，（Grant，1988）；⑤培养自主阅读者，即使学生能够自己决定阅读的目的、选择适当的阅读方式、监控阅读的过程、评估阅读的效果；⑥增强学生的语言知识，社会文化知识和阅读知识；⑦减少读者背景知识的依赖性，帮助其掌握词语自动解码的技能（Paran，1996）。

## 2. 阅读教学的内容

阅读教学应以培养学生的各种阅读技能为主要内容，包括：①辨认语言符号，猜测陌生词语的意思和用法；②理解概念及文章的隐含意义；③理解句子言语的交际意义及句子之间的关系，通过衔接词理解文章各部分之间的意义关系；④辨认语篇指示词语，确定文章语篇的主要观点或主要信息；⑤从支撑细节中理解主题；⑥总结文章的主要信息；⑦培养基本的推理技巧；⑧培养跳读技巧；⑨培养览读技巧；⑩将信息图表化。

## 8.2.4 外语阅读教学的基本原则

从理论上讲，在这些各不相同的外语阅读教学活动与任务的后面，有些共同的原则是必须遵守的。Goodman 提出阅读是"a psycholinguistic guessing game"的论断被广为引用，为大家所认同。这可以说是阅读教学的第一原则。依照这一原则，教师应该鼓励学生在阅读中进行积极的意义建构,而不是消极地等待作者告知。Beaumont（1985：84-85）总结出六条高效阅读的特征：目的性强、目的决定阅读方式、目的决定阅读速度、无声阅读、阅读材料以语篇为基础、应用各种认知技能。胡春洞（1990：167）认为，中国中学外语阅读教学严重存在"三紧三松"的倾向。所谓"三紧"，就是朗读抓得紧、精读抓得紧、课内读抓得紧；所谓"三松"，就是默读抓

得松、泛读抓得松、课外读抓得松。他反对"三紧三松"，主张"三结合"，即朗读与默读相结合、精读与泛读相结合、课内读与课外读相结合。实际上，这三对阅读方式的应用，是一种动态和发展的过程。初学者应该朗读多，默读少；精读多，泛读少；课内读多，课外读少。随着学生学习的深入和外语水平的提高，按社团法理论的说法就是，随着学生从"birth stage"向"child stage"发展，最后达到"adult stage"，三对阅读方式中的朗读、精读和课内读就应该逐步减少，而默读、泛读和课外读则应该逐步增加，最后变为朗读少，默读多；精读少，泛读多；课内读少，课外读多。王蔷、程晓堂等人（2000：116—117）认为外语阅读教学方法应该遵循六项原则：教材及其相关任务应该与学生的语言水平相一致；任务应该在阅读前布置；阅读任务设计应该着眼于提高学生进行选择性的、智力型的、全局性的阅读理解能力，而不是意在测试学生对细节的理解；阅读任务应该有利于培养学生的阅读技巧，而不是简单地考察他们的阅读理解；教师不仅应该帮助学生处理眼前具体的阅读材料，还应该帮助他们掌握更多的阅读策略和提高阅读能力；教师应该帮助学生学会自主阅读。Harmer（2000：70）也提出阅读教学的五项原则：第一，成功的阅读往往需要读者进行一系列积极的活动，包括认真理解词义、了解作者所要传达的信息、明白其中的逻辑关系、考问自己是否同意作者的观点等；第二，学生应该进入到阅读材料所描绘的内容中去；第三，关注语言内容和关注语言形式同等重要；第四，鼓励学生调动自己已有的相关知识，对正在阅读的内容进行积极的预测，以推动阅读理解的顺利进行；第五，教师必须针对阅读材料的主题内容，结合学生的实际情况，设计出适当的阅读任务。将上述各家阅读教学原则综合起来，可以概括出外语阅读教学应该遵循的以下主要原则。但无论什么原则，其具体运用还得根据教学的实际情况而定，也就是通常所说的"教有法，教无定法"。

一、选择适当的教学模式

阅读教学模式有三种：自下而上、自上而下和交互补偿。由于第一种和第二种都有其局限性，所以一般以采用交互模式为佳。尽管很多研究都好像在说自下而上的模式应该受到重视（构成阅读困难的主要是词汇问题），但如果阅读教学太注重词汇的训练则会剥夺学生对阅读的兴趣，因为在阅读中令学生感兴趣的不是故事的词语，而更多的是故事本身（包括其中的人物，事件，蕴涵的哲理、观点和思想等），故事的知识性飞趣味性等等。所以，阅读教学所应采取的模式应是以自上而下的模式为主，以自下而上的模式为辅。

二、尽早开展阅读教学

阅读的内容很广，可以是一个单词，一个短语，一句话，一个完整的语篇；可以是只言片语，也可以是长篇大论；可以是独白，也可以是对话；可以是诗歌、散文，也可以是小说、评论等，从学习者看到外语字母的时刻起，阅读就已经开始。因此，应尽早开展阅读教学（Foorman，1996）。相当部分的研究发现，一年级中阅读能力低下者，其阅读能力将持续低下（Togesen，1998），开始的错误可能会导致永久的低效，也就不可能培养流畅的阅读者。所以应尽早地采取预防措施，一开始就给学生传授阅读技巧和阅读策略，"Catch them before they fall"（Torgesen，1998）。

三、采用三段教学步骤

阅读教学的开展应包括"读前活动（before-reading）""阅读活动（whilc-reading）"和"读后活动（after-reading）"三个阶段。这种方法被称作整体阅读（Holistic Reading）（参见图4.5），它的目的是把精读与泛读融合在一起，并且在一篇教学材料中进行语言技巧与阅读技巧的训练（Xiang Qianjin & Wang

Yumei，1999：46-49）。"读前活动"为阅读的导人阶段。在此阶段主要的任务有两个，一是背景知识的激活，一是提前学习新词。教师应根据学生和阅读材料的具体情况选择适当的操作方式。

四、阅读教学注意事项

1. 建立阅读实验室提供个体阅读指导，并且提供课程以外的阅读技巧和阅读策略的训练；

2. 鼓励持久的默读以促进阅读的流畅、增强自信，提高对阅读材料的欣赏力；

3. 注意激发学生的背景知识。如果学生不具备足够的背景知识，应提供最起码的背景知识帮助其理解所要阅读的材料；

4. 具体阅读技巧和阅读策略应置于训练的首要位置；

5. 技巧和策略的选择应根据教育的环境、学生的需求和教学的目标采定；

6. 应经常组织小组活动和合作性学习，使学生可以就阅读材料展开讨论，共同处理阅读中的有关信息，探索解决复杂问题的不同方式；

7. 鼓励学生大量阅读，学生是"通过阅读学会阅读"的；

8. 进行快速阅读的训练，这将有助于促进解码的自动化；

9. 阅读的策略教学应采用显性的教学方式。显性阅读教学包括教师的示范、直接操练和评估；

10. 阅读中给学生充分的自由，让学生自己确定阅读的材料，阅读的目标和需采用的策略；

11. 尽可能采用合作性阅读，培养学生的合作精神；

12. 阅读中问题的提出应切合学生实际，反映学生的需求，适合学生的口味，激发学生的动机。

五、培养流畅的阅读者

流畅阅读指快速的、有目的的、交互的、理解性的、灵活的阅读。它是通过学生的长期努力不断发展的结果。从某种意义上讲，阅读教学的目的就是培养流畅的读者。

在流畅阅读训练中应注意：1. 鼓励学生每天阅读新故事并且回读读过的故事；2. 逐步增加阅读材料的难度；3. 将阅读信息与学生感兴趣的其他事件相联系，组织学生进行讨论；4. 不论是阅读故事性材料还是阅读知识性材料，要鼓励学生反思；5. 示范理解策略，提供指导性的帮助；6. 训练跳读和览读的阅读技能；7. 训练学生根据上下文猜测词义的能力；8. 帮助学生确定阅读目标，选择适当的阅读策略；9. 训练学生处理各种疑难句法、词语和组织结构的策略；10. 大量地、反复地训练学生单词解码的自主性。

## 第三节　外语阅读教学实践

### 8.3.1　重视阅读前的预热环节

现代图式理论对图式和阅读理解的关系所进行的研究为阅读教学提供了非常好的借鉴。所谓图式式，即记忆中的知识结构。这里的知识结构既包括文化背景知识，也包括词汇和语法等语言知识。Rumelhart（1980）指出，在阅读过程中图式被激活，并与文章中的知识有意义地联系起来。另有学者（Taglieber：1988）也提出，如果读者脑中缺乏相应的图式，或未能将其激活，理解就会受到影响。可见，阅读前的预热活动就是激活相应的图式或向学生提供其脑中所缺少的图式。Adams Marily（1980）在研究激活文章内容陈述与阅读理解的关系时认为，阅读前如果就文章内容作一些简洁的提示，阅读者对文章的理解深度和速度明显快于没接受到任何提示的阅读者。首先，他让学生预先参加了有关万圣节的活动，然后阅读这篇文章。结果表明，预先对文章主题有一定的亲身体验，有助于对文章内容的理解，而缺乏相关文化背景体验，会明显影响阅读者的对文章的理解。这说明文化背景知识和阅读理解有着密不可分的联系，相关文化背景知识是阅读前必备的知识和阅读教学中重要的预热环节。关于语言能力和阅读理解的关系，Williams（1986）认为，语言能力是阅读能力的重要组成部分，Alderson（1984）则认为，成功运用阅读技巧和方法必须具有最低限度的语言能力。因此，语言知识也是阅读前预热环节的必备因素。

总之，阅读前预热环节的目的是向学生提供其所缺火的知识，帮助他们在脑中构建图式，充分调动其兴趣，最终理解文章脉络。

### 8.3.2　重视文化背景知识教学

语言的发展告诉我们，语言和文化有着密不可分的关系。语言深深地扎根于文化之中，任何语言学习者都无法忽略语言对社会文化的影响，也不能不利用社会文化知识来达到一定的交际目的。学生置身于英美等以外语为母语国家的文化氛围之外，对其社会文化了解相对较少。他们面对一篇陌生的课文，犹如面对一个陌生人，如果没有介绍其的姓名、身份、来自何处以及目的等，是很难对他发生兴趣、产生了解欲望的。没有必要的文化背景介绍，学生很难对一篇陌生的课文产生兴趣和了解其精神实质的欲望。必要的文化背景介绍不仅可以激发学生的好奇感与兴趣，使他们产生读的欲望，积极地投入到课文学习中来，而且还可使他们准确地把握文章要旨，对课文深入理解。在教学中，对文化背景知识的介绍在注意学生可接受性的同时应采取借题发挥等灵活多样的方式进行激发与引导。在讲解一篇新课文之前，可根据标题、作者生平或课文主题等一切可以诱发学生兴趣的题目进行发挥，使其对课文发生兴趣，从而产生"读"的欲望。

#### 1.　图画导入法

Hudson（1982）曾对图画在阅读理解导人的作用进行了实证性研究。他把大学生按照水平分为高、中、低三级，每一级又分为三个组，第一组采用图片作为阅读导人手段，第二组采用关键词作为导人手段，第三组不采用任何手段。结果表明，采用图片作为阅读导入手段显示出了较好的效果，尤其是对中级和低级两组的学生有更大的帮助。这个实证性研究结果说明，图画导入法有助于学生对文章的内容的理解，尤其对大学外语低年级学生效果更加明显。

2. 借题发挥法

借题发挥法是指与就事论事相反的审题立意方法。运用借题发挥法能很快把握文章题旨，明确文章的立论方向，准确把握与理解文章局部内涵。运用借题发挥法要掌握两个要点，一是"借题"；二是"发挥"。借题之精髓、内涵，发己之见解、观点，而且所发观点与所借题目要一脉相承，一线相通。也就是说，阐述的观点确实是从题目中引发出来的。一般说来，引导学生阅读文章时，所阐发的观点其实就是文章中所蕴含的深意的表露。掌握这两个要点，学生阅读时就能得心应手，理解深刻。

在阅读教学实践中，借题发挥法的范畴非常广泛，只要有利于阅读理解，就可以借文章的暗示，调动一切方法刺激学生的阅读欲望，激发他们的热情。目前的阅读教材基本都设置了类似于 Warm-up Activities 的问题，教师可以针对文章大意向学生发问，引导他们抓住全文的要领。除了就文章大意进行提问，教师还可以针对标题借题发挥，进行提问。此外，引人入胜的文章开头、出人意料的结尾和文章的时间顺序等，都是借题发挥进行提问的好素材。借题发挥式的提问有两个优点：其一，有利于学生对全文大意的理解；其二，有利于激发学生的阅读兴趣，树立明确的阅读目标最终成功完成阅读任务。

除了提问，教师还可以就文章背景和特定重要语句中的关键词借题发挥，帮助学生了解文章背景，从而增强其阅读理解能力。必要的文化背景知识介绍非常有利于激发学生对所学课文的兴趣。这不仅能帮助学生加深对课文主旨的理解，而且还能扩大其知识面。

大学外语阅读课本选材通常融知识性趣味性为一体，许多文章都载有丰富的文化背景信息。为了通过语言来领略文章所展示的西方社会，不仅在讲解课文之前介绍必要的文化背景知识，还要对个别单句，甚至单词讲解必要的文化背景知识，否则学生对单句的理解就不容易做到透彻全面，对单词的理解与记忆就会大打折扣，这一点需要引起充分的重视。

### 8.3.3 语言点的处理要科学化

阅读教学毕竟是语言教学，旨在帮助学生打好语言基础，而语言点的处理则是阅读教学中的中心环节，这一环节的好坏直接关系到阅读教学的成败。

所谓语言点就是指课文中出现的要求学生熟练掌握的关键性词汇、短语和句型。语言点的处理所采用的教学方式应科学化，应遵循省时、省力和恰到好处的原则，易于学生掌握。具体步骤如下：

1.分清主次，选好语言点

语言点是语法、固定搭配和习惯用法等的综合。在阅读教学中语言点的选择要由易到难、由简单到复杂；要选择最基本和最实用的。每篇课文都有许多可供讲解的语言点，对此应采取科学的态度，既不能选定过多，使学生难以消化而丧失信心，也不能选定过少，使学生没有收获感而挫伤其积极性。所以应根据语言点的积极程度及学生的实际接受能力选定适量的、最常用的、容易出错韵、要求确切掌握的常用词、短语及句型，而将其他的一语带过或仅作简单交代。例如 interesting 和 interested

这两个词学生都非常熟悉，但在实际运用过程中并不一定用得准确，类似于这样的语言现象可选定为语言点。

2.语言点的释义要确切，教学要精讲多练

解释语言点时要力求川外语解释并力求简明扼要。由于英汉两种语言的文化背景习惯有较大差异，学生对语言点的汉英思维词并不完全等值，经常会出现理解困难，因此，必要时也可与汉语释义互相比较，但一定要确切、中肯，以免产生歧义，其主要目的是通过对比、归纳帮助学习者理解和掌握。

精讲多练原则是提高课堂效率的有效办法。语言点的讲解与操练一定要本着精讲多练的原则，避免过多的引申、辨析，否则学生会产生迷惑，会束缚与牵制学生过多的精力而忽略了对课文的理解。所谓精讲，即攻破重点难点。容易、易懂的知识点让学生自学或一带而过，这样讲课可以重点突出，简练有节奏，同时培养学生的信心，激发学生的求知欲。所谓多练，即针对一个问题变换不同的习题形式考查学生。可使学生举一反三，触类旁通，培养学生分析问题和解决问题的能力。对待难点还可以采取演示、图画、计算机辅助等方法，加强直观性、形象性，帮助学生加深理解。有了精讲会省出更多的时间实现对语言点练狠、练透，使学生真正掌握。除此以外，在课后练习阶段也应结合语言点反复练习。

精讲多练原则对教师提出了明确的要求。作为教师，首先要吃透教材，了解学生的需求，确定如何把精讲与多练相结合，确定哪些内容需要精讲，哪些内容需要多练。其次，要精确把握重点和难点，在精讲的基础上，给学生留出一定的思维空间。鉴此，精讲要言简意赅，寥寥数语使学生开窍，但又不能讲得过于简单，说理不透，使学生不能全面深刻地理解和掌握。精讲根据课文内容、知识深浅、学生的可接受性及领悟程度而定。精讲还要提取精华，分析精辟，真正体现出"成在舌耕，功在思考"，让学生确切理解。再次，教师要在有限的学时内加大练习力度，做到练中有讲，讲中有练，根据当堂所授内容，及时练习巩固。可采用灵活多样的形式，如小测验、口试，笔试等，让学生相互检查或者教师公布答案等方法，层层深入，逐步拔高，努力促进学生的技能迁移，使学生举一反三，触类旁通，熟练应用。课堂练习对于巩固语言点和引导学生熟练应用，培养学生的语言能力和交际能力具有相当重要的作用，是必不可少的一个教学环节。最后，教师应正确认识到自己在不同教学环节的不同作用，及时调整教学方法，使教与学相互融合，达到最佳效果。因此，学生课堂多练习不等于教师没事干，教师要深入学生中细致观察，耐心指导，检查当堂练习有哪些成效，哪些方面还存在缺点错误。通过练习，克服错误，肯定成绩，提高学生的学习信心，争取更大进步。教师作为组织者、引导者、解疑者，在课堂上要根据认识规律和学生的实际，让学生自己动脑、动手、动门，师生互动剖析问题，达到启迪思维、培养能力之门的。同时，教师还要不失时机地抓好学生课堂训练，因为这是完善课堂教学的重要一环，是调节课堂教学机制的重要手段。我们不仅要鼓励学生大胆实践尝试，而且要做到练中有讲，让学生醒悟，达到强化知识、熟练运用知识之目的。

精讲多练可以极大地发挥学生主体性，但是在课堂上如何取得好的效果，还需在各方面不断探索，如重难点的突破、计算机课件的制作、习题的选编、学生的学情分析等，都需要慢慢摸索，积累经验。

1. 语言点例句的选用应力求实用新颖

例句是语言点教学最基本的材料，对学生来讲实用新颖的典型例句可接受性强，教学目的容易达到，而任意编造、内容陈旧、缺少信息量与哲理性的不实用例句不但不能激发学生的兴趣，反而会引发他们的排斥心理。

大学生的心理发展已基本成熟，他们知识面较广，求知欲强，有较高的鉴赏力。

据此，在选用与改编例句时一定要考虑到他们的这一心理特征。

2. 语言点的操练形式要灵活多样

在阅读教学中，教师要对文章中出现的语言点进行处理。对于这部分内容，传统的教学法是由教师直接解释每个语言点，给出两个例句，然后让学生翻译或造句，这样的课堂比较枯燥，学生是被动地接受知识。对此，教师应认识到，学生更倾向于主动积极地接受新东西，在讲解语言点前，可以将学生必须掌握的语言点呈现出来，设计一些具有交际性的教学活动，使其积极投入到语言点的操练之中。

灵活多样的操练会带来生动活泼的教学效果。"灵活多样"指的是语言点的操练不拘泥于某一种或几种操练形式，而是根据学生的实际水平和接受能力采用多种形式交

替反复使用。在教学实践中，既有英汉互译这种传统的操练形式，或选择填空、正误对比等比较机械的练习形式，也有情景造句、提问回答、连词成句，甚至连词成篇等较为灵活的形式。充分调动学生的积极性，增强语言操练的生动活泼，避免操练的机械枯操性。遵循"灵活多样"原

则，可以改变传统的语言点教法，无形中教给学生自学的方法，使他们自觉接受知识的空间更大，广度更深。

在阅读教学中，把语言点讲清、说透，并使学生能灵活准确地使用，是提高教学质量的关键之一。教学实践表明：要想真正地把语言点讲清、说透，需要注意使巧劲，

即灵活多样。随着知识的积累，学生们会见到许多形式相似、意义相近的短语，结果不可避免地产生一些模糊认识。所以，教师很有必要采用对比法，在适当的时候把一些容易混淆的语言点进行对比，使其明晰化和具体化。

学生通常是通过学习课文和做练习来掌握语言点的，这种学习的零散性很有可能造成学生在运用知

识时的片面性。所以，教师很有必要采用归纳法，在适当的时候把一些零散的语言点相互关联，使其系统化、网络化，这样才能帮助学生更好地掌握和自如地运用学过的知识。

面对上述问题，教师应遵循灵活多样的原则，采用对比法和归纳法，使学生能够正确理解其差异和相互联系，以便熟练恰当准确地掌握和运用这些短语。

此外，教师还应特别注意学生的学习个性，充分调动其自主学习的积极性，让他们主动地学习语言点。教师在上语言点前，可以将教学大纲要求学生必须掌握的语言点简单地呈现出来，然后让学生利用自己的工具书对这些语言点预习。下一节课，教师可直接给出一些习题，让学生分组做题，与学生共同分析，评出优胜小组，最后教师再对语言点进行归纳总结。习题的形式町以多样化，比如选择、造句、改错、翻译等，而且教师可以根据相关的语言点，根据语言实际应用列出重点，在学生答对后，及时进行鼓励。如此一来，学生的积极性会大大提高，同时也会帮助学生克服外语学习的恐惧感。

"学生自主学习语言点"这种方法改变了传统的语言点教法，教给学生一些自学的方法，逐步养成自主学习的好习惯，使他们在主动积极的状态中打下较好的语言基本功。

## 8.3.4　重视语篇教学

语篇教学是以篇章语言学理论为基础、由国外传人我国的一种较新的教学方法。它的注意力主要集中在"篇"，而不在"句"，目的在于培养学生通览全篇的能力。

语篇分析在阅读教学中具有非常重要的作用。传统的阅读教学在语法翻译法理论指导下，依赖语法分析来理解语义，用能否译成确切的母语作为衡量理解的标准，学生的注意力集中于词汇与语法之间，处于被动的地位，因而缺乏深层理解能力和联想能力，阅读速度上不去，交际运用能力也跟不上。从教师的角度看，由于传统理论强调从音素一字母对应，词组一句子对译关系着手，语言点讲解往往不能紧扣上下文，即不能紧扣语篇语境作全面的分析。从心理语言学角度看，阅读实际是交流的互动过程，外语阅读其实就是对语篇的积极询问，是读者与作者进行积极的双向交流活动的一个互动过程。作者通过语篇展现其信息编码，而读者通过解码来获得语篇的含义，因此，在此过程中，学生应充分发挥主观能动性。

在相当长的时间内，Nesfield 和 Chomsky 都认为："句子为最高一层的语言单位。"而 Halliday 在与夫人 Hasan 合作的 Coheion in English（1976）一书中指出："语篇是一个语义单位"（"a semantle unit"）。Pike 更明确指出："语篇处于最高层次。"系统功能语法把语篇视为一个超级句子，认为可以像研究句子一样来研究语篇，并构制一套语法。这在语言学的发展上不能不说是一个重大突破。它打破了传统的纯语法和句本位的研究，主张将语法研究与语篇或话语分析结合起来。

语篇理论下的阅读教学是对语篇层次进行外部分析和内部分析，并在此基础上组织教学。语篇层次的外部分析是从语场、语旨和语式着手的。"语场"指发生的事情，进行的社会活动和交流的内容，与概念功能相关。"语旨"指的是交际参与者之间的人际关系以及语言在特定语境中的使用目的，与交际功能相关。"语式"指在特定语境中使用何种方式来表达意思和传达信息，与语篇功能相关。语场、语旨和语式这三种语境的符号组成部分分别涉及到 Halliday（1973）在 Explorations in the Function of Language 一书中指出的语言三大功能。从教学角度看，就是把课文作为整体，从文章的层次结构和内容人手，要求学生掌握文章所传递的主要信息。语篇层次的内部分析，是对实现语篇的语言手段展开分析，不仅要分析小句，即语义基本单位的功能，而且要分析语篇的"主位—述位"

分布、"衔接"和"连贯"手段、修辞文体手段及信息结构等方面，侧重培养学生的语言综合运用能力和交际能力。

由于语篇教学法的重点强调以学生为主体，学生必须参与分析、推理、归纳、总结等认知过程。在教学实践中，根据篇章语言学理论，教师应主要引导学生根据标题预测大致内容，在预读的基础上回答一些启发性思考题。注意精讲部分重要词汇用法和辨析词义，疏通语言点并提供操练句型，划分段落并总结段落大意，分析语篇的衔接手段，了解论点论据之间的关系，组织学生进行讨论、复述、议论等课堂交际活动，加深认识文章的主题思想。师生共同探讨文章的发展布局、写作技巧、修辞手法和文体风格等，以培养学生高层次的综合语言运用能力。整个过程中穿插各种练习，并注意口笔

头练习的合理分配，培养阅读兴趣，增强阅读信心和培养良好的阅读习惯。在正常课文教学的同时，选择学生感兴趣、融知识性和趣味性为一体的、可读性强的课外阅读材料让学生阅读，让学生感到阅读是一种享受，不是呆板地"读"，而是"欣赏"文章。教师要在教学过程中，注意培养学生的阅读习惯，克服疲劳和倦怠心理，克服心译等不良的阅读习惯。

篇章语言学理论赋予阅读教学深刻的理论内涵，将语篇分析和阅读教学紧密联系在一起。它可以帮助学生在阅读过程中从被动转向主动，同时也可以帮助教师在教学中从单向交流转向互动交流，从而在教学中实现语言单位从句子到语篇的认识，为阅读教学提供了具体方法上的借鉴。

上述表明了语篇在交际中的重要性。即它在交际中有时要比句子的准确性更为重要，要进行交际，读者或听者只有了解语篇才能很好地与作者或说话人进行交流，反过来，作者或说话人只有按照一定的篇章结构表达才能被读者或听者理解。由此看来，阅读应首先在句子层次上帮助学生学习基本的训汇、语法、语音，以打好坚实的语言基础，同时还要在适当时，结合实际情况过渡到语篇层次，以培养学生语篇水平上的交际能力。句子层次的语言训练是为语篇层次做准备，缺少这种准备，语篇水平上的交际就无法进行。所以，阅读教学要两手抓，在打好学生语言基础的同时，一定要重视语篇教学，培养学生语篇水平上的交际能力，否则学生在交际中就会处于被动。

阅读作为大学外语课程中的重要组成部分，理应担负起培养学生语篇理解能力的任务。在教学实践中，应以"衔接"与"连贯"这两个理解语篇结构的必要手段人手，了解句子之间、段落之间的相关意义及逻辑关系，使学生从中体会语言基础现象所表现的交际功能，并在语言交际的动态环境中打好语言基础。这样做不但可以使学生掌握句子和语篇结合所表达的整体意义，把握全文的篇章主题和中心思想，还可以培养和提高学生的分析、归纳、综合的推断能力，通过增强他们对语篇表层衔接手段的意识和敏感度以及对深层语义关系的逻辑判断力，最终获得语篇理解能力，达到获取语篇水平上的交际能力的目的。

以上这四个环节是阅读教学中最关键的环节，决定着阅读课的成败。当然，除此

之外其它环节也应注意。例如在练习阶段，教师怎样避免充当核对答案的角色等，都是非常值得研究的。此外，许多的微型教学技巧，例如语言的解释方式、启发式的提问、操练实践生动有趣与活泼等，都对阅读的教学效果起着重要作用，值得广大外语教师不断地进行研究与实践。

### 8.3.5 外语阅读材料的选择

对于外语阅读材料的选择，不同的观点主要集中在两方面：①可读性问题（readability），即：阅读材料的难度究竟与词汇有关，还是与结构有关？②真实性问题（authenticity），即：是否应采用真实的外语原文作品，如外语国家的报刊、杂志、图书、资料、文件、书信等，而不对材料本身作任何词汇或结构方面的简化？

对于第一个问题，研究表明，阅读材料的难度是相对的。它与阅读者本身有关，一个学生如果阅读他专业范围内的材料，他遇到的困难主要来自结构，而非词汇。同样的材料，对一个门外汉来说，词汇上的困难更为突出。一般而言，一个中等程度的外语阅读者如要阅读一份他不那么熟悉的材料，他遇到的困难就更多地来自词汇，而非结构。对于词汇困难的处理，一般有这样几种办法或建议：①在材料后面提供一个词汇表；②建议查词典；③建议不要查词典，尽量根据上下文猜测词义。实际上，这几种办法并不矛盾，在处理不同材料时可采用不同的方法。即使在处理同一材料内的词汇困难时，这几种方法也可以针对不同类型的困难分别加以使用。当然，解决词汇困难最终还应通过更多的阅读。对于结构上的困难，建议尽量加以控制，即对阅读材料的结构困难加以分级，并在实际阅读中由阅读者个人作些非正式的结构分析。在外语阅读教学中，对阅读者可能遇到的语言方面的问题，首先是确定阅读者在实际阅读中可能遇到的困难，然后设法帮助他们解决这些问题。

对于第二个问题，一种看法是：对材料本身不作任何词汇或结构方面的简化，而在阅读练习的设计过程中充分考虑学生阅读能力的阶段和先后关系等，这样的材料便具有真实性。第二种看法是材料是否真实取决于阅读者与材料之间的关系，如果阅读者对材料的反应与作者的意图一致，那么这种反映就有真实性，因而阅读材料应分级和简化。第三种看法是，阅读中，一切以阅读者为中心，材料只要达到阅读者的阅读目的和实际情况，它就有真实性，因而阅读练习水平应分级。研究表明，不同的阅读者尽管有各自的阅读兴趣和习惯，但有时仍呈现出一定程度的一致。从教育学角度来看，根据兴趣自我选择的阅读，效果最为理想。目前的趋势是，人们更倾向于对阅读练习而不是对材料本身实行分级。

另外，随着现代语言学对话语结构研究的不断深入，外语阅读教学理论中吸取了这方面的研究成果，将话语结构也作为选择材料的标准之一。话语分析对外语教学有两个十分重要的实际意义：①描述话语的语言结构，为外语教师选择教学的重点提供依据；②揭示话语的文化特征。不同语言的话语结构反映了不同文化的思维模式。揭示话语中的文化特征，对学生较好地理解和表达思想有较大帮助。例如，以时间顺序组织的叙述文字以及单向推进的描绘文字更容易被学生理解和记忆。实际上这也是大多数文化中最常见的两种思维方式。阅读材料编写者应充分考虑选择不同的话语结构，并对练习和设计加以改进。外语教师在具体教学过程中，更应明确地向学生揭示不同的话语结构特征，使学生形成不同的话语结构意识，这对理解和表达都有重要作用。

专家建议，选择阅读材料应该遵循以下原则：

1. 难易适度

这一原则要求教师在选择阅读材料时，要确保阅读材料的难易适度，不能太难，也不能太容易。阅读材料太难，学生读不懂，必然产生受挫感，久而久之，受挫感就会郁结为气馁、失望、自卑，最后导致学生对外语阅读失去兴趣，对整个外语学习失去兴趣，甚至对自己失去信心。阅读材料太容易，学生一看就懂，毫无挑战性，

久而久之，学生对教师组织的阅读活动就会不屑一顾，也同样会失去兴趣，虽然不会失去对自己的信心，却可能失去对教师的信心。因此，外语阅读教学材料不宜太难，也不宜太容易，难度适中为好。何为难度适中？对于这个问题，Krashen 与 Terrel（1983）的回答最为经典，他有关语言输入的假说认为，比学生现有水平稍高一点（按他的表述就是 Interlanguage+1）的可理解的语言输入就是难度适中的学习材料。

2. 多多益善

如果说从质的角度来考量，阅读材料应该遵循难易适度原则的话，那么从量的角度来考量，阅读材料就应该以多多益善为原则。如前所述，语言学习是一个漫长的量的积累过程，没有足够的量的积累，就不可能完成从语言学习理解到语言应用自动化的转化过程，语言学习是一个典型的从量变到质变的学习过程。只有通过接触大量的语言材料，学习者才可能积累足够多的语言知识，掌握足够多的语言技能，形成足够多的语感，最后达到一定的语言运用能力水平。外语学习只能以量取胜，别无他法，因此，就阅读材料的选择而言，与听力材料的选择一样，应遵循多多益善原则。

3. 内容适用

该原则指外语阅读材料的内容应该适合学生的兴趣和需要，只有当阅读材料的内容是多数学生关心的、喜欢的、有兴趣的、对他们实际有用的、符合他们现在或将来的需要的，学生才可能更加专心致志地去读。

4. 多样性

这一原则指外语阅读材料应该呈现多样性的特征，包括形式上的多样性和内容上的多样性。从形式上要变换体裁，从内容上要变换题材。要根据多数学生的兴趣、爱好以及学生的各种需求，选择适合多数学生实际情况的阅读材料。

5. 语言真实

这一原则是指阅读材料所含外语语言一定要尽可能规范和地道，符合外语国家的外语用法。多数人认为，外语学习材料应该从非真实性材料逐步过渡到非真实性材料与真实性材料相结合，最后转向完全的真实性材料。在外语学习初期，采用专门为外语学习设计和编写的材料更为合适。而到了高级阶段，就要采用原汁原味的真实材料。

6. 学得与习得相结合

该原则要求既要选择供学生有意专门学习单词、语法或句型的阅读材料，也要选择供学生进行欣赏、消遣或学习百科知识的阅读材料。

7. 成功性

该原则要求选择可以使学生获得成就感的阅读材料。无论材料的形式和内容如何，在阅读材料的使用过程中，都应该让学生有机会享受接受某种挑战、克服某种困难、完成某种任务后的满足感。要使阅读材料达到这样的效果，就必须注意把握阅读材料语言的难易程度、内容的审美内涵、信息的实用程度以及使用该材料进行阅读活动过程的节奏感和流畅性等。

以上只是一种理想状态下选择阅读材料时应该遵循的几个原则，而在外语教学实践中，教师可能往往没有太多的选择权，这时就对教师提出了更高的要求，要求教师在现有的阅读材料基础上，考虑到学生的实际情况，从背景介绍、问题设计等各种角度改造和发展现有的阅读材料，在一定程度上满足以上原则以达到更好的教学效果。但无论如何，教师在选择或改造阅读材料时，既要从实际出发，又要放眼学生的总体发展和长远利益。

# 第九章　微时代背景下外语教学评估策略

## 第一节  外语教学评估概述

外语教学评估是指外语教学中所有相关的用来测量与评估的方法，主要是为了诊断教师和学生教与学过程中的障碍，从而保证学习目标的顺利实现。本章就来探讨现代外语教学评估的相关内容，主要包括外语教学评估的概述、外语教学评估的原则以及外语教学评估的策略。

### 9.1.1  教学评估的概念

布朗（Brown）将评估定义为："为促进语言教学课程的改革并在其相关机构的范围内评估它的有效性而对一切有意义的信息进行系统的收集和分析。"关于教育评估的概念，大体上有以下几种：（1）着眼于信息，强调通过评估收集信息，为教育决策服务；（2）着眼于方法，强调评估是成绩考查或调查的方法；（3）着眼于效果，强调通过评估判断教育目标或教育计划的实现程度；（4）着眼于过程，强调评估是信息收集的过程、提供决策依据的过程、判断效果的过程、教育优化的过程以及价值判断的过程等；（5）强调价值，强调教育评估的关键在于价值判断。

《大学外语课程教学要求》第五项这样论述教学评估："教学评估是大学外语课程教学的一个重要环节。全面、客观、科学、准确的评估体系对于实现课程目标至关重要。它既是教师获取教学反馈信息、改进教学管理、保证教学质量的重要依据，又是学生调整学习策略、改进学习方法、提高学习效率的有效手段。"总的来说，教学评估是根据教学目的和教学原则，利用所有可行的评估方法及技术，对教学过程和预期的一切效果给予价值上的判断，目的是提供信息、改进教学和对被评估对象做出某种资格证明。

### 9.1.2  教学评估的内容

范晓玲等指出，"教学评估包括评估者、评估对象和评估过程三个要素。"这些要素不仅决定了评估的结果，还决定了评估的内容，即学生评估、教师评估、过程评估、管理评估和课程评估。下面我们就来具体介绍外语教学评估的内容。

（一）学生评估

一般来说，对学生的评估具体包括以下几个方面的内容：学力评估、学业评估和品德与人格评估。

## 1. 学力评估

对学生的学力评估是教学评估的重点之一。要做好学力评估，首先要了解学力的概念。柳斌总（1997）指出，"所谓学力是指学生在学业上达到的程度，包括两层意思：一是指学习者通过学习所达到的在知识、能力、技能技巧等方面的水平；二是指在现实水平上所具备的今后学习的潜力，即学习的实际可能性。"

由此可见，学力是一种综合的素质和能力，"同人类观、发展观、教育观、学校观密不可分，受到时代与社会对教育与学校的要求的制约。"因此，学力的内涵以及学力观不是一成不变的，而是会随着时代的发展、社会的变化而不断地发生变化。但不管怎样变化，有两点是不会变的：其一是强调学力是对知识、技能的掌握，以此形成某种能力；其二是强调学力是教育、教学的结果，注重学校、教育的作用，即学力的形成更多地依赖后天的学习和培养。

学力评估的目的是了解学生学习的状况及个体差异，为教学提供反馈信息，有助于教师对自己的教学进行适当的调整和改进，从而培养学生的综合能力。学力评估可通过采取多种方法进行，如标准学力测验、智力测验、实验法、观察法、评定法等。学力评估不仅有助于改善促进教与学的成果，对培养学生的元认知监控也有积极的影响作用。

## 2. 学业评估

学业评估是根据学科课程标准中规定的学习目标和学习内容而对学生的学习过程和成果进行的评估。它通常以测量为基础来展现学生的学习进展和学习成果，并据此做出价值判断，具有一定的补救、促进和协调功能。

学业评估可采取多种多样的评估方法，如诊断性评估、形成性评估、总结性评估、安置性评估等；可使用的测量工具也有很多，如诊断性测验、自我报告清单、预备性测验、成就性测验、教师自编的掌握性的测验或标准参照性测验等。在对学生的学业进行评估时，灵活使用这些评估方法和测量工具有助于全面评估学生的学习状况与结果。

学业评估的实践的开展比较复杂，其中存在诸多矛盾和问题，尤其是对评估理念的把握和评估方法的运用，对教学评估造成了不小的障碍。为了使学业评估更加清晰明了，我们必须清楚了解学业评估的四种模式，即目标模式、主体模式、诊断模式、过程模式。

（1）目标模式。目标模式认为学业评估就是要将学生的学习成果和教学预期目标进行对比。它将学校视为工厂，注重课程目标价值，通过终极性评估来为课程决策服务。

（2）主体模式。主体模式认为学业评估是评估者与被评估者共同建构意义的过程。它将学校视为花园，强调学生的主体价值，通过自参照评估来为学生的自主发展服务。

（3）诊断模式。诊断模式将学业评估视为诊断教学成果并予以改进的过程。它将教室视为诊所，强调教学诊断的价值，通过形成性评估来改进教学服务的质量，提高教学成果。

（4）过程模式。过程模式的范围包括学生学习的整个过程。它将教学视为旅行，强调教学过程的意义和价值，通过过程性评估服务于学生的社会化发展。

3.品德与人格评估

对学生的品德和人格评估同样是教学评估中的一个重要部分。学生学习外语的一个重要目的就是为自身的发展和社会发展做贡献。一旦学生的品德与人格不端正，就有可能对他人或社会造成危害。因此，外语教学评估也不能忽视对学生品德和人格的评估。

评估时，教师应注意从多个侧面采用不同方法对学生的品德和人格进行全面的、客观的评估，同时还要注意教学内容的科学性、思想性等对学生思想品德和人格的形成与发展所产生的影响的测定与评估。

（二）教师评估

教师作为整个教学过程的引导者，其素质的高低对教与学的成果以及学生的成长都起着重要的作用。因此，对教师素质的评估也是教学评估的一项重要内容。对教师素质的评估一般包括四个方面：教学工作素质、教学能力素质、政治素质以及可持续发展素质。

（1）教学工作素质评估。对教学工作素质进行评估，其主要内容包括：课堂教学质量、教学改革成果、教学研究论文、教学经验总结、学生学习质量等。

（2）教学能力素质评估。对教师的教学能力素质进行评估，其主要内容包括：独立进行教学活动的能力、完成教学工作量的能力等。

（3）政治素质评估。对教师的政治素质进行评估，其主要内容包括：遵纪守法、工作态度、教书育人、为人师表、参与民主管理、政治理论水平、坚持四项基本原则、良好的文明行为等。

（4）可持续发展素质评估。对教师的可持续发展素质进行评估，其主要内容包括：

教学发展的潜能，自觉寻求发展的能力，自学能力，接受新理论、新方法、新技术的能力等。

（三）过程评估

当前大多数教学评估只关注对教学结果、学生学习成绩的评估，而忽视学生在整个学习过程中整体素质的提高。针对这一现状，从形成性评估中延伸出了对教学过程的评估。教学过程的评估指的是对师生双方通过教学达到目标的情况进行评估。

由于过程评估发源于形成性评估，因此二者之间有许多共通之处，如都要求关注学生的发展和教学的整个过程。而在我国具体的教育环境、教育问题下，过程评估具有浓厚的中国特色，其对教学过程的评估也是对以目标为导向的形成性测量评估的一个突破。

（四）管理评估

管理评估有助于为外语教学管理工作指明方向。想要准确、恰当地对教学管理的质量进行评估，首先必须了解外语教学管理的概念。外语教学管理是指根据外语教学的规律和特点，计划、组织、控制和监督外语教学工作。外语教学管理评估就是对这一过程及结果的评估。通过评估教学管理，教师能够发现管理中的问题，并及时加强和改进管理工作。

外语评估教学管理的实施必须明确以下两项内容。

（1）教学管理评估包括的内容，如第二课堂的评估、对学校及其下属单位教务管理方面的评估等。

（2）科学、合理的评估指标。一般而言，评估指标包括：教学规章制度、教学计划、教学工作的具体实施、教学检查、教务工作等。

（五）课程评估

科学、合理的课程设置有助于提高教与学的质量。因此，外语教学评估必然涉及到对课程的评估。课程评估是对外语课程价值及功能的评估，主要有三个代表模式：泰勒（Taylor）的行为目标模式、斯塔弗尔比姆（Stufflebeam）的CIPP模式以及斯克里文（Scriven）的目标游离模式。

（1）行为目标模式。行为目标模式以确定目标为中心来组织教学活动和教学评估。行为目标模式下，预定目标决定了教学活动，教学评估的任务就是判断实际教学活动是否实现了这一目标、实现了多少，并通过教学反馈调整教学活动，以便以后能顺利地实现这一目标。

（2）CIPP模式。CIPP模式以决策为中心，是一种将背景评估、输入评估、过程评估和结果评估结合起来的评估模式。CIPP模式还认为，目标作为行为目标模式的中心和依据，其本身也应该受到评估。

（3）目标游离模式。与行为目标模式不同，目标游离模式并不考虑目标，而主要通过检验方案的结果来判定价值。

### 9.1.3　外语教学评价的功能

教学评价在学校教育中的作用日益明显，成为学校工作中必不可少的环节。明确教学评价的基本功能，有利于充分发挥教学评价的作用。

（一）诊断功能

教学评价是对教学结果及其成因的分析过程，借此可以了解教学各方面的情况，从而判断它的成效和缺陷、矛盾和问题。教学包括教师的教与学生的学，因而，教学评价的诊断功能不仅针对学生的学习结果，还包括对教师的教学效果的诊断。

全面的教学评价工作，不仅能估计学生的成绩在多大程度上实现了教学目标，而且可以通过评价了解学生学习效果不佳的原因，如学校、教师、家庭、社会和个人中哪方面的因素是主要的。就学生个人来说，主要是由于智力因素，还是学习动机等其它非智力因素的影响，抑或是两者兼而有之。

教师是教学活动的主要参与者，没有对教师的教学进行评价，会导致教学评价结果的偏差，从而不利于教学质量的提高。全面的教学评价工作，可以诊断教师的教学效果、

质量，而且可以了解教师的教学过程中教学策略、教学方法、教学内容是否安排得科学科学合理，还可以体现出教师与学生的关系是否融洽和谐。

总之，全面的教学评价就如一次全身体检，是对教学观状进行一次严谨的科学诊断，发现其中存在的问题，从而为教学的决策或改进指明方向。

（二）调控功能

教学评价的结果是一种反馈信息，这种信息既可以使教师了解自己的教学情况，也可以使学生了解到自己学习的成功和失败，从而为

教师调整教的行为、学生调整学的行为提供客观依据。外语教学评价的调控功能包括预测与导向功能。

## 1. 预测功能

教学评价以评价对象的现状为依据，可以预见性地推测评价对象的发展趋势及其可能性发展方向。这种预测功能可以最大优化评价效果，使评价价值达到最理想化。教学评价通过对评价对象可能发展方向进行一系列的预测、调查、观察，获得尽可能多的真实数据和事实，然后从中筛选出可供评价的因素进行科学分析，作出逻辑推导。为了对学生的发展提供有价值的建议和指导，评价前的预测必须针对学生的未来发展方向。但是，现阶段的教学评价缺乏对评价对象未来发展趋势的预测，即使是在对现状的描述中，也多是仅仅描述评价对象的现状或者表面现象。总之，必须充分掌握评价对象的各方面信息，并对这些信息进行认真的整合和加工，进行深入分析，从而对未来评价对象的发展趋势作出科学指导，使评价预测达到最大效应。

## 2. 导向功能

教学评价可以通过确定教学目标、设置指标等来指明方向，可以引导评价对象（教师或学生）朝着预设目标前进。教学评价产生于教学实践，也落实在教学实践，教学评价既要有预测教学实践的作用，也要有引导教学实践的作用。教学评价的导向功能体现在以下三个方面。

（1）教学评价应该引导学生和老师适应教育发展的方向。教学评价应具体地为教师和学生指明教与学的努力方向学校是实施国家教育方针的基本单位，学校教育应该符合教育发展的趋势，符合国家教育发展的方向。教学评价的建立正是为了引导教师适应教育发展的趋势。

（2）教学评价应为教师和学生指明教与学的具体的努力方向。评价直接关系着教师教什么、如何教和学生学什么、如何学。教学评价为教师和学生确定全面发展的达成性目标，从而引导教师与学生努力去实现各种具体目标，最终实现整体目标。

（3）教学评价为教师的教与学生的学确定发展的方向。教学评价虽然已经有一个基本框架发挥一般意义上的导向作用，但是教学评价还应具有超前评价的导向构想，为学生确定一个发展的方向。我们应该加强对教学评价的超前导向的关注，也就是要做到对教学评价的实践研究不应满足于现实，而应以超前的观念去进行认真探讨，让教学评价走在教学实践的前面。

## （三）激励功能

教学评价的最重要目的不是证明教学效果，而是改进教学效果。教学评价能够帮助老师发现教学中的各种问题，能够促进学生的学习，促进学校教学质量的管理水平。

教学评价的激励功能可从教师、学生两方面具体说明。

从教师教的角度看，教学评价可以反映出教师的教学效果，教师可以了解到自己在课堂教学实践中的优点、特点，存在的问题以及产生这些问题的原因，从而保留优点，并有针对性地改正不足，提高教育教学水平。教师还可以从评价反馈的信息中发现学生存在的学习问题，了解和掌握到学生学习中存在的普遍性问题以及问题的性质、程度及其原因，从而有目的地调整教学内容和教学进度。

从学生学的角度看，可以从评价中反馈的各种信息发现自己学习中存在的问题，从而为提高学习能力打下良好的基础。教学评价中反馈的学生学习信息，不但能为教师提供教与学的详细信息，还可以促使学生回顾自己在学习中的表现，分析与教学目标的距离及存在距离的原因，从而可以针对问题采取相应的措施，改进学习方法，提高学习效率。经验和研究表明，在一定限度内，经常进行记录成绩的测验对学生的成绩有很大的激发作用。这是因为，较高的评价能够给教师和学生以心理上的满足和精神上的鼓励，可以激发他们向更高的目标努力。

（四）管理功能

从学校教学管理的角度看，教学评价可以促进有效管理教学质量，更有针对性地提高教学管理人员管理。学校教学要强调质量管理，增强工作的效率，就应该借助教学评价。教学评价有助于学校找出教学管理中的薄弱环节，检查教师把握和执行教学大纲，掌握教师的教学态度、教学能力、教学改革与创新的情况等，从而为提高教学管理水平、改进教学管理工作提供指导，为他们有效控制教学质量、作出改革决策和采取具体措施提供依据。

9.1.4 教学评估的分类

根据不同的分类标准，教学评估可以分为不同的类型。

（1）根据评估基准划分，教学评估分为相对评估、绝对评估以及自身评估。

（2）根据评估内容划分，教学评估可以分为过程评估与成果评估。

（3）根据评估方法划分，教学评估可以分为定性评估与定量评估。

（4）根据评估功能划分，教学评估可以分诊断性评估、形成性评估以及终结性评估。这里，主要介绍根据评估功能区分的三种评估类型。

（一）诊断性评估

诊断性评估是指在活动之前为使其计划更加有效地实施而进行的评价，因此也称为事前评价。诊断性评估的目的是通过收集有关信息来确定特殊教育的对象、培养目标和方案。学生在学习过程中经常会遇到各种困难，如听不懂、注意力不集中等，偶尔也会受情感、家庭或社交方面的影响，如当天的心情、对老师的喜爱程度、与同学是否发生了冲突等。因此，教师应该先找到问题所在，然后记录其发生的频率，最后找出解决问题的方法。一般来说，学生的学习情况不仅体现在测试的分数上，还体现在学生对某一主题的项目完成记载以及教师与学生家长的交谈结果。采用诊断性评估的方法，教师就可以对学生的知识掌握情况和能力有一个深入的了解，也能发现学生存在的问题及其性质、范围，进而能设计出满足学生需要的教学活动。课堂上要进行这种评估，可以采用多种方式进行，如课堂上对学生的简单提问与回答、精心设计的测验。

（二）形成性评估

形成性评估最初是由斯克列汶（G.F. Scriven, 1967）提出来的，布鲁姆（Bloom）则把它的应用范围加以扩展而成为一种教学评估的类型。布鲁姆认为，"形成性评估就是在课程编制、教学和学习的过程中使用的系统性评估，以便对三个过程中的任务一个过程加以改进。既然形成性评估是在形成阶段中进行的，那就要尽一切努力用它来改进这一过程。"形成性评估的目的是为了明确活动运行中存在的问题和改进的方向，以便及时修改或调整活动计划，最终获得更加理想的效果。

形成性评估的着眼点在于过程评价，它是对学生学习过程的全面测评，是对学生课程学习成果的阶段性评估，是对学生学习目标的阶段性测试，也是课程考核中的重要组成部分。课堂上采用形成性评估方式的手段有很多，如访谈、座谈、测验结果的分析、对学生学习研究报告的评论等。形成性评估的工具有评估量表、课堂观察、成长记录袋等。这些评估方法我们在下文会进行详细介绍。

（三）总结性评估

总结性评估是一种"回顾性"评估，也称为"终结性评估"，是在一段学习后，为了解学生的成绩而展开的评估。它能考查学生个体或整体的发展水平，为评优、选拔提供参考依据，还可以把握学生掌握知识、技能的程度和能力发展水平，为以后的学习和教学提供依据。总结性评估采用的形式往往比较固定，如一个学期的中间或期末，学生经过集中复习，在固定的时间完成一套试题等。

9.1.5　外语教学评估的标准

在进行外语教学评估时，必须要有相应的评估标准，否则就无法保证评估的公正性和公平性。在语言学中，关于测试体系的标准和原则的探讨很多，但是有关整个评估体系标准的研究却很少。因此，对包括诊断性评估、形成性评估和总结性评估等在内的评估体系建立严格的评估标准是很有必要的。杰纳西（Genesee）和厄普舍（Upshur）认为，教学评估主要应包括以下几个标准。

（一）效度

评估的效度是指在多大程度上评价了要评价的内容。效度标准主要涉及以下一些概念。

（1）内容效度，指评估抽样是否足够，是否具有代表性。

（2）结构效度，这是语言评估的理论基础。

（3）表面效度，指外行对评估形式的印象。

（4）标准关联效度，指与其他评估形式相比较，评估结果是否一致。

（二）信度

评估的信度是指评估结果一致性的程度，主要包括三个方面：评估本身的信度、学生在不同情况下的表现及评分信度。评估信度的影响因素主要有以下几个。

（1）评估形式的特点，例如评估时间、题目的难易度、区分度、猜测因素等。

（2）学生临时的心理和生理变化。

（3）评分的波动，例如评分员之间、每个评分员自身前后之间的差异等。

为了减少或排除上述因素的影响，杰纳西和厄普舍认为可以在以下几个方面做出努力。

（1）使用多种评估方法，评估条件一致，减少非评估因素的干扰。

（2）在多个场合下评价，提供清楚明了的评价说明。

（3）由有经验的、受过培训的评分员评分，采用多人独立评分。

（三）可行性

一项评估形式只有在人力、物力、时间许可的范围内才具有可行性，如是否有足够的时间和钱物收集评价所需信息材料、分析评价材料，评价方式是否为学生、家长和社会所接受等。

（四）积极的教学反拨作用

所谓反拨作用是指评估对语言教学的影响与反馈作用。反拨作用也是评估的一个重要因素，科学合理的评估对语言教学有促进作用，而不合理的评估对语言教学具有阻碍作用。因此，要格外注意评估方式对教学的反拨作用尤其是积极的反拨作用，特别是受试范围很广的大规模、标准化考试更要考虑评价对教学的反拨作用。

9.1.6　外语教学评估的过程

外语教学评估的过程一般包括三个阶段：评估的准备，评估的实施以及评估结果的反馈。

（一）评估的准备

教学评估的准备阶段主要工作包括以下几个方面：方案准备、组织与人员准备以及评估者和被评估者的心理准备。

1. 方案准备

方案准备主要是指评估的组织者根据课堂教学评估的目的，在教学评估实施前拟定有关教学评估的目的、内容、范围、方法、手段、程序和预期结果的纲领性文件。

通常，方案主要包括以下内容：评估对象；评估目的；评估标准；评估方法；实施期限；评估报告完成的时间；评估报告接受的单位、部门或个人；预算等。

方案一般具有以下两个方面的特性。

（1）评估标准是方案的核心。这里的评估标准一般包含评估的指标体系及其评定标准。评估标准编制的科学性和有效性对评估结果的信度和效度有决定性的作用。一般来说，在编制评估标准时，要依据相应的调查，通过严格论证、专家评判、实验修正，以提高评估标准的质量。

（2）评估程序的科学性、规范性和可操作性是方案的根本。评估工作的科学性是指评估活动的指导理论以及评估过程中所采用的方法一定要科学；规范性是指评估运行程序要规范和按照预先设计好的程序进行，不能任意改变；可操作性是整个评估程序具有可操作性，要能得出明确的结论。

2. 组织与人员准备

组织准备通常包括成立专门的评估领导小组或组建评估工作小组。

人员准备主要是指组织与评估有关的人员对评估理论和有关文件进行系统学习，为评估工作做好知识与技能方面的准备。

3. 评估者和被评估者的心理准备

在评估的准备阶段，评估者和被评估者会出现一系列心理现象，如成见效应、焦虑心理、应付心理等。这些心理现象会在一定程度上到评估者与被评估者的关系造成

影响，同时还会影响评估的信度和效度。因此，在评估的准备阶段，还需要对评估者

和被评估者的心理现象进行有效的调节与控制。

（二）评估的实施

教学评估活动的关键就是评估的实施。实施评估的主要任务在于采取不同的评估方法和技术收集多种评估信息，并对这些信息进行整理，然后进行价值判断。

1.评估信息的收集

收集评估信息时，要以先前制订的评估方案为依据，并采取恰当的评估方法、手段、工具、仪器。需要指出的是，评估工具（如评估表、量表、问卷等）起着十分重要的作用，其科学性决定着信息收集的有效性。因此，选择评估工具要确保其有效性。

2.评估信息的整理

评估信息的收集工作完成后，通常需要对这些信息进行审核和归类。审核评估信息主要是指判断评估信息的有效性，如回答问题是不是敷衍了事，判断评估信息是不是被评估对象的真实反应。而对评估信息进行归类则主要是指根据评估信息的共同点进行归纳，确保信息的有序性。

3.评估信息的分析

对评估信息进行分析处理时，一方面，要注意掌握评估标准及其具体要求；另一方面，评估者应该使用事先规定的计量方法来处理评估信息，也可以采用其他方法。在评估结果中要提供评估意见，如相应分数、等级或定性描述等。此外，如果条件允许，对评估者的观察结果进行认定与复核也是十分有必要的。

4.综合评估

综合评估是将分项评定的结果进行汇总，并最终形成综合评估的结果。评估者需要根据汇总的评估结果，对评估对象做出准确、客观的定量或定性的评估结论，形成评估意见。

（三）评估结果的反馈

评估结果的反馈主要包括以下几方面的内容。

1.检验评估结果

评估结果的检验要注意以下两点。

（1）对评估程序的每个步骤进行检查，看其是否全面、准确地实施了评估方案。

（2）采取统计检验方法，对评估结果进行统计检验。

2. 分析诊断问题

对被评估者进行等级分类并不是评估的最终目的，评估主要是为了有效地促进课堂中的教与学，因此我们需要详细地分析所收集的资料，并对被评估者的优劣状况进行系统评论，以帮助被评估对象找出存在的问题。

3. 写评估报告

评估报告一般由封面、正文和附件三部分组成。这里我们主要对封面与正文进行简要介绍。

封面应包括以下信息：评估方案的题目、评估者的姓名、评估报告接受者的姓名、评估方案实施和完成的时间、完成报告的日期（余林，2006）。

一般而言，正文主要包括五部分。

（1）概要。要求对评估报告进行简要综述，解释评估的原因，并提供主要结论和建议。

（2）背景信息。它主要介绍评估方案是如何产生的，尤其注重对评估标准的编制过程及其理论依据的描述。

（3）叙述评估实施的过程。它主要是对收集信息和处理信息的过程进行的描述。

（4）描述结果并分析结果。它主要介绍各种收集到的与评估有关的信息，包括数据和记录的事件、证据等，以及处理这些信息所得到的结果。

（5）归纳与建议。它主要包括推断评估结果，并进行归纳，给出结论，同时提出意见、建议。

4. 反馈评估结果

反馈评估结果主要是把评估结果返回给被评估对象或上级主管部门，这不仅有助于引导评估对象了解自己的优点，发现自己的问题，从而不断改进、完善自己，还可以作为教师或教育管理机构进行决策的依据。反馈评估结果可以采取诸如座谈会、汇报会、书面报告等多种方式进行。

## 第二节　外语教学评估原则

教学评价原则是指评价过程应遵循的基本准则。外语教学评价的原则有以下几个。

一、发展性原则

评价以促进发展为目标，因此教学评价也应该遵循发展性原则，利用评价促进学生的发展和教师的专业发展。

发展性原则一方面是指有利于学生的发展。学生是教学的主体，教学评价的基本目标之一就是通过切实的评价与诊断，让教师发现教学中的优缺点，帮助教师积极自主地学习、研究和应用新的教学策略，不断调整教学的组织方法与过程，从而促进学生在认知、情感等方面的全面发展。同时，通过评价诊断学生的学习效果、学习中存在的问题和缺陷，可以帮助教师有针对性地指导学生，也有利于学生发现根据自己的学校成果，采取相对应的措施改进学习，提高学习效果。

发展性原则另一方面是指有利于教师的专业发展。教学评价的重点是关注教师的教学过程，而这个过程的效率和师生间的互动交流直接关系着教学目标的完成。因此，评价时需要考虑的是如何通过评价来进一步提高教学效率，帮助教师找到教学中还应该改进的地方，而不仅仅是估计、评判教师的教学效果。教师自己也是教学评价主体之一，教学评价本身也应该是教师对课堂教学过程与行为的批判性的反思，是教师与同行、专家交流与分享的过程，因此，通过教学评价能有效促进教师的专业发展。

二、主体性原则

外语教学评价的主体性原则，既指学生在学习中的主体性，又指教师在教学评价中的主体性。

（一）学生在学习中的主体性

学生是学习的主体，外语教学评价是以促进发展为目标的，尤其是促进学生的发展。评价应以学生的综合语言运用能力发展为出发点，有益于学生认识自我、树立自信，有助于学生反思和调控自己的学习过程，从而促进学生的综合语言运用能力的不断发展。

（二）教师在教学评价中的主体性

教师在教学评价中的主体性体现在两个方面：其一，任课教师必须掌握教学评价的技巧，把教学评价纳入正常的教学之中，增强反思性教学研究；其二，教师应该参与教学评价指标体系的制定，每位教师都必须清楚评价的目标要求，掌握评价的基本操作技能。

教师的主体性实际上也是为了学生主体性服务的。教师必须掌握教学评价的方法和技能，帮助学生认识自己的学习现状和学习潜能，帮助学生认识到自我评价对于学习能力发展的意义，学会自我评价的方法，并在学习中积极、有效地加以运用，不断提高学习的自主性。在各类评价活动中，学生都应是积极的参与者和合作者。

三、合理性原则

教学评价既是保证课程实施的重要手段，又是教学活动的有机组成部分，在课程教学有非常重要的作用。在教学过程中使用的各种评价方式有利于教学活动的开展，有利于学生学习能力的提高。但是，并非任何评价都是有积极意义的。实际上，只有合理的评级才可以促进教学效果的提高。总的来说，评价方式应该简便易行，避免使用过于繁琐的程序，干扰日常教学；同时应注重评价活动的质量和使用时机，让学生感到评价是积极的、有意义的学习活动；要防止评价流于形式，或因为评价活动不当使学生产生心理负担和厌倦情绪。总之，外语教学评价是促进教学发展的手段，而不是教学目标。

## 四、目的性原则

外语教学评估对学生和教师都有重要的意义，因此评估应当遵循目的性原则，以便对师生切实有益。

从教师的角度来看，不同评估方式的预期目标不同，适用的范围也不同，因此教师对于各种评估方法的目的和其预期的效果应有所了解，只有这样，才能在诸多评估方式中做出正确的选择。另外，教师在选择时还应结合自己班级和课堂的具体情况，并且注意各项方法技巧的作用。

而从学生的角度来看，对于教学评估的诸多方面都应该让学生有所了解，如教学评估的重要性、各种评估方式的操作和作用等，这样才利于学生的积极配合，保证教学评估的有效进行。

## 五、效益性原则

效益性原则是指在单位时间内所取得的教学成果与所付出的物质代价和精神代价的比率。效益性原则是评价教学中教学活动适宜性的一个重要标准，教学活动是为了完成相应的教学目标而开展的，每一个教学环节和相应的教学活动都是为了达到这个教学目标而存在的。不同的教学环节和教学活动，其效果和效率是不一样的。因此，效益性原则是判断某些教学环节、教学活动是否恰当的一个重要标准。

为达到更好的效益，教师要时刻关注教学评价对学生学习和教师教学的反馈作用。教学评价能够反映学生的学习成就、学习中的问题或不足，促进学生自主性的发展、自信心的建立；评价还能够反映教师教学中的成功与不足，促使教师通过客观分析和认真研究评价结果，找出教学中存在的问题及产生问题的原因，及时调整教学计划和教学方法，并针对每个学生的具体情况及时提出建议，给予指导。如此，将教师和学生的评价结合起来，就可以相互配合，解决问题，提高效益。

## 六、反馈性原则

教学评估的反馈性原则和目的性原则是相辅相成的，遵循反馈原则是为了更好地实现评估的目的。

（1）在课堂教学评估结束后，教师需要对评估中获取的信息进行分类综合，找到学生学习中共同存在的问题；然后在分析"双峰"现象、检查计划完成情况的基础上，制订下一步的教学或评估计划。

（2）及时把评估信息反馈给学生。通过评估反馈信息，学生可以对教师采用的这种评估方式真正意义有一个整体性的了解，同时了解自己在学习方面的不足和差距，从而促使教师和学生采取相应的措施给予改进与提高。因此，应该将评估阶段获取的信息进行分析整理之后及时反馈给学生，最起码应将部分信息反馈给学生，以避免学生对评估的不认同或反感。

（3）课堂教学评估可进行适当量化，以此作为反馈的一种手段。Angelo&Cross曾建议不对课堂教学评估分等级，但也有研究发现分级形式的评估能起到更加有效的作用。但在分级评估时，需要清楚的是这样做只是为了更清晰地进行反馈，作为教师来说，不可以把它作为检验学生学习成绩的体系，而且也不能盲目采用分级量化的方式进行课堂评估，应该视具体情况来定。

## 七、过程性原则

过程性原则包括以下两个方面的内容。

（1）评价不只是在教学结束后发生，更是发生在教学设计和教学实践的整个过程之中。评价针对教学的整个过程，并不是针对某一阶段的，即教学评价本身直接针对的是教学活动及其历程。在这个过程中，教师要结合教学的目标来评价教学的效率。

（2）评价不只关注结果，更关注教学中师生的行为表现，评价也不是一次性的行为，而是连续性行为，贯穿于教学的始终。评价既要体现教师教学经验的发展过程，又要体现学生学习经验的发展过程；评价不是用某一事件评定某一结果，而是要体现个体发展的连续性。要真正发挥评价的教学作用，就要对教师和学生的个体成长与进步放在同等地位，要把教师和学生放在同等重要的位置。教师要不断对自己的教学思想、教学态度和教学行为进行分析和反思，对评价资料进行细心收集、整理与分析，学生也应该不断地对自己的学习效果、学习效率、学习方法等进行思考与改良。教师和学生都应该在整个教学过程不断评价与相互评价，提高评价结果的客观性，促进自我教、学能力的提高。

## 八、情感性原则

人文主义心理学强调，要促进人的全面发展，必须使认知和情感两个方面有机地结合起来。以往的教育过多关注大脑的理性和认知功能，而忽视了非理性方面的发展，导致了"情感空白"。根据克拉申（Krashen）的"情感过滤"理论，"人们在接受所输入的语言材料的过程中往往会受到其情感因素的影响和制约。如果他们有积极的情感，则情感的过滤作用就小，大量的'可理解输入'就会进入语言习得机制，并内化为他们的语言能力；如果他们的心理状态差，其情感因素就会对输入的语言材料进行过滤，阻碍语言材料的有效输入。"因此，在外语教学评估的过程中，就要求教师要考虑到学生的情感因素，善于发现学生的优点，让学生从评估中了解自己所处的发展状态以及个人的发展潜能，并从中体验进步与成功，从而增强学习的信心和学习进步的动力，提高学习效果。

九、多元性原则

多元性原则表现在以下几个方面。

（1）评价主体的多元化，即为了使评价有机地融入教学过程，学校应建立开放和宽松的评价氛围，使参与评价活动的人除了教师之外，还包括专职的评价机构、教育决策机构、学校管理教师、学生家长、学生群体和个体以及学校内外的其他相关人员，即实现教学评价包括专家评价、领导评价、教师评价、同伴评价和学生评价的评价主体的多元化。

（2）评价对象的多元化，即为了保持评价结果的信度和效度，降低评价的消极影响，应将以下内容也列入评价对象之列：

①学生的情感、心理、能力等。将这些因素融入到教学评价中，有利于学生的情感、心理、能力的培养和发展。

②教学目标。将教学目标纳入评价对象之列，可以随时对教学目标进行评价，从而有利于对教学过程进行调整，促进教学效果的不断提高。

③课程参与者。课程参与者包括参与课程开发、编制、设计的人员，以及课程实施和课程管理的人员。

④教学评价者。教学评价者的知识水平、评价技能等都与评价结果有密切联系，因此，将教学评价者也列入评价对象之中，可以促使其不断提高自身水平、技能，从而有利于提高评价结果的效度和信度。

（3）评价形式的多元化，提倡形成性评价与终结性评价相结合，既关注结果，又关注过程，以形成性评价为主；定性评价与定量评价相结合，以定性评价为主；他评与自评相结合，以自评为主；综合性评价和单项评价相结合，以综合性评价为主。每个学生的认知风格、学习方式及阶段性发展水平是有一定差异的。在日常教学中，教师应注意根据学生的差异采取适当的评价方式，设计出不同层次的评价目标，并允许学生自主选择适合自己的评价方式，以利于学生充分展示自身的优势，让水平不同的学生都能体验成功。

（4）评价标准的多元化。课程评价科学与否，在很大程度上决定了整个评价结果的精确与否。我国地区发展不平衡，如果用统一的评价标准，就容易抹杀学生个性差异，不利于学生的发展。因此，各个地区可以根据当地的经济、教育发展水平制定不同的评价标准；各个地区的学校也可以根据自己的办学条件、培养目标等的不同制定符合学校特点的评价标准。

## 十、评估与指导相结合原则

评估与指导相结合是指按照一定的原则、标准对评估对象已完成的行为做出肯定或否定的判定，同时应把评估结果上升到一定的理论高度加以认识，并根据评估对象的主、客观条件，从现实出发，指导评估对象改进教学或学习，把握今后的发展方向，使评估对象能够发扬优点，克服缺点，争取更大的进步。

在外语教学中，评估的内容涉及面比较广。从原则上来讲，评估什么内容，就应对其中存在的问题进行分析和指导，否则评估工作就变得毫无意义。因此，既要注重评估结果对学生学习及教师教学的反拨作用，还要强调评估后的指导。

只有从评估到指导，从指导到评估，循环往复地进行，才能有效地促进学生的学习，促进教与学的可持续发展。

## 十一、总结性评估与形成性评估相结合原则

总结性评估和形成性评估侧重点不同。外语教学评估要遵循总结性评估与形成性评估相结合的原则。

总结性评估要强调对学生综合运用语言能力的考查。总结性评估既可以检测学生综合语言运用能力的发展程度，也是反映教学效果、学校办学质量的重要指标之一。总结性评估的目标应是对学生综合语言运用能力的考查，确保对学生在经过一段学习后所具有的语言水平进行科学、全面的考查。为了全面考查学生的综合语言运用能力，测试可以采用多种形式，如口试、听力考试、笔试等。口试应注重对学生的表达与共同能力和交际的有效性的检测。听力测试的主要目的应该是检测学生在具体的语境中理解和获取信息的能力。听力测试在各类考试中所占的比例不少于20％。笔试除了要

有语音知识题和单纯语法知识题之外，还要适当出现一些具有语境的应用型试题；笔试适当增加主观题，减少客观题，增加有助于培养学生思维表达的主观题。此外，总结性评估不允许公布学生考试的成绩，也不能按考试成绩对学生排名次。

形成性评估是教学的重要推动因素。形成性评估的任务在于评估学生日常学习过程中的表现、所取得的成绩以及所反映出的情感、态度策略等方面的发展等。形成性评估应坚持以正面鼓励、肯定性评估为主，教师要以评估结果为依据，与学生进行沟通、交流，对学生的进步予以肯定，同时鼓励学生自我反思，总结学习经验，以实现自我提高。形成性评估可以采用多种形式进行，如课堂学习活动评比、课外活动参与与点评、学习效果自评、学习档案、问卷调查、访谈等。此外，形式性评估还可以采用不同的评估记录方式，如描述性评估、等级评估、评分等。

总的来说，总结性评估有利于横向比较，能对评估对象是否达到了某种标准进行比较准确的判断，但是它不利于纵向比较，即不易反映评估对象的活动过程和今后发展的潜力，难以调控。与之相反，形成性评估则便于纵向比较，有利于分析和判断发展趋势，更好地调控、指导，但其缺点是费时费力，很难进行横向比较。因此，在进行外语教学评估时，只有把总结性评估和形成性评估结合起来，取长补短，才能使教学评估更有效。

十二、全面性与独特性相结合原则

在外语教学评估中，不仅要考虑评估标准的全面性，更要关心评估对象的独特性。

教学评估首先要注意评估标准的全面性。评估标准的全面性是指在教学评估中要对教学、学习活动中的各种因素进行全面的分析和判断。因为教学评估是一项系统工程，其效果由多种因素综合起来构成，如果单纯地强调某一因素，很容易造成系统的不平衡。因此，外语教学评估就是要依据课程目标，以培养学生综合语言运用能力为中心，尽可能全面地评估学生的学习过程。

此外，教学评估还要考虑评估对象的独特性。独特性就是在评估中要关注学生的差异性，照顾学生的特殊需要。具体来说，需要注意以下两点。

（1）考虑学生的特殊需要，评估应具有多样性和选择性。在评估中，教师应允许学生根据自己的学习风格、优势选择适合自

己的评估方式。

（2）根据学生年龄采取不同的评估方式。例如，低年级的学生适合采用形成性评估，依据学生平时参与各种教学活动的表现和合作能力，以此为基础进行总结性评估；而对高年级的学生应以形成性评估为基础，多用总结性评估，更加注重评估对学生用外语获取信息和处理信息、分析问题和解决问题的能力以及用外语思维和表达的能力。

## 第三节　外语教学评估策略

### 9.3.1　外语教学评估的意义

教学评估实际上就是一个收集、综合和分析信息的过程，是了解学生各项技能的发展水平和发展潜力等信息的过程。一般来说，教学评估可以达到两个目的：第一，为学生个人提供有益的反馈；第二，为学生所在的学校和社区提供有用的资料。最终目的是通过评估促进学校、家长和社区的合作，帮助学生进步。具体来说，大学外语教学评估的意义体现在以下几个方面。

（一）从学生和教师的角度来看

1. 从学生的角度看

大学外语教学评估对学生的意义主要体现以下几个方面。

（1）教学评估可以使学生的学习过程具有可视性。在这个过程中，学生能够清楚地看到自身的长处和不足，有利于更好、更快地纠正学习过程中的一些错误观念和错误假设。

（2）教学评估可以使学生意识到语言学习的过程性。学生意识到了语言学习是一个过程，就能更加主动地对自己的学习进行监控，成为真正的自主学习者。

（3）教学评估能使学生能切实感受到教师对其学习的关注，加强了师生之间的情感与交流。

（4）教学评估提供的反馈信息能帮助学生及时灵活地调整自身的学习策略。

2. 从教师的角度看

大学外语教学评估对教师的意义主要体现以下几个方面。

（1）教学评估对教师日常的

学习和教学活动提供了必要的反馈，使教师能及时根据反馈对自己的教学计划、教学方式进行调整。

（2）通过师生间的对话利于师生间和谐关系的建立与维持，为更有效地开展教学奠定基础。

（3）教学是一个根据信息反馈而不断发展的形成性过程，评估可以帮助教师更清楚地认识到这一点。

（4）评估的一系列环节有助于教师成为有意识的教学研究者，从而为以后教学理论的研究奠定基础。

（二）从功能角度来看

从功能的角度看，大学外语教学的意义主要体现在以下几个方面。

1. 管理研究功能

所谓管理功能，是指评估作为一种价值判断，通过上级对下级、组织对个人或者被评估者的自我评估，可以更好监督和促进被管理对象认真履行职责，完成规定的任务，达到预期的目标。所谓研究功能，是指课程与教学评估具有教育研究上的价值，有利于开展教育教学研究活动。

2. 促进发展功能

促进发展功能主要是指通过对课程与教学评估的实施，为学校的教育教学提供有效的诊断和反馈，并以此来强化和改进教育教学活动的开展，进而促进学生、教师以及学校更好地进步和发展。这种功能是当代课程与教学评估理论与实践所特别关注的。

3. 鉴定筛选功能

鉴定功能是指通过评估对课程与教学的各个因素或各个方面的优良程度进行鉴定，一方面认定其价值的大小，另一方面衡量其是否达到了应有的标准。所谓选拔功能，是指课程与教学评估能够为选拔优秀和淘汰不合格者提供依据，从而对评估对象进行筛选。

9.3.2 外语教学评估存在的问题

教学评估是根据教育目标的要求，按一定的规则对教学效果做出描述和确定，是教学各环节中必不可少的一环，它的目的是检查和促进教与学。虽然随着现代教育技术的迅速发展，大学外语多媒体网络辅助教学逐渐受到重视，许多高校也投入大量的人力物力，改善多媒体硬件条件，提高助学光盘、电子教案的设计。然而在这种新的教学模式下，部分学校和教师在思想观念上还没有发生改变，即仍在沿用传统教学模式中的评估方式。具体来说，目前大学外语教学评估普遍存在以下几种错误倾向。

（一）教学评估方式单一化

外语教学评估并不等于外语测试。但我国外语教学的主要评估形式就是测试，而且是套用英语四、六级 TOEFL 和 IELTS 形式或日语能力测试等。很多教师并不知道在外语教育领域中还有许多其他行之有效的评估形式。另外，在评估活动中，被评估者与评估者之间的关系也很单一。教师运用试卷对学生进行检验，几

乎成了教师与学生唯一存在的一种评估关系。教师较少想到引导学生进行自主评估，也较少想到和学生进行合作评估。

（二）用总结性评估代替过程性评估

我国大部分院校对学生外语学习的评估仍依赖于集中式的一次性书面考试。这是当前大学外语教学评估改革的重点区域。由于学生的学习需要有一个过程，所以应该有一个对应的评估方式，即过程性评估。而对学生的最后学习效果要用总结性手段进行评估，两者不能混淆。但目前的情况是，许多高校只有总结性评估，用期末考试或四、六级考试来替代整个大学阶段外语学习的评估过程，这显然是不科学的，无法真正测试出学生的语言水平。

（三）能力评估和知识评估的关系处理不当

一般认为，在传统教学模式下知识目标容易进行教学评估，能力目标较难进行教学评估。另外，在实际教学评估中重知识、轻能力的现象也普遍存在。当然也有许多教育工作者早已认识到我国大学外语评估体系存在的这些问题，但是在传统的教学模式下想开展新的教学评估方式在实际操作中已有一定的困难，将耗费大量的人力物力，这也使那些想改革的教师们望而却步。然而，随着网络多媒体辅助外语教学模式的兴起，为以学生的语言综合应用能力为出发点，将过程性评估和终结性评估相结合，建立多样化的科学评估体系创造了条件。

9.3.3 外语教学评估策略

现代外语教学评估的策略有很多，下面主要从对学生的评估、对教师的评估以及对教材的评估等几个视角探讨外语教学评估的具体策略。

一、对学生的评估策略

（一）档案评估策略

1.档案评估策略简述

　　档案是组织或个人在以往的社会实践中直接形成的清晰的、确定的、具有完整记录作用的固化信息。对于学生档案，其在教学上的应用便是对学生进行评估的一个重要工具。档案评估策略可以将课程与教学同评价相结合起来，贯穿到日常的教学活动中去。学生的学习档案袋一般有两种形式。

　　（1）课堂记录卡。学生在学习档案中可以收录课堂学习的重要资料，以便帮助学生及时了解自身的学习过的和学习方式。采用课堂记录卡的形式可将在课堂中发生的事情如实记录下来，客观地描述自己在课堂上的表现。课堂记录卡一般由学生自己填写，并标明具体时间，然后收集在档案袋里。

　　（2）个人作品档案袋。个人作品档案袋可以收录学生在学习过程中通过各种形式的实践活动所获得的收获和成果，便于师生及时了解。其内容可以是学生撰写的优秀小论文、获奖证书、他人对自己的评价以及自我评价结果等。此外，还可以将学生录音、照片/画、与同学的合作项目等收录到个人作品档案袋中。

2.学生档案的收集

　　学习档案材料的收集方式有很多。如果决定了要进行学生学习档案评估，教师就应该在新学年一开始就设定一个总的计划，如：使用学生学习档案的最终目的是什么，

要收集些什么材料以及由谁来收集。一旦清楚了这些问题,收集资料的活动就不容多了。由于收集资料需要一个漫长的过程，只要坚持记录有关学生学习过程就可以了，因此教师就要培养学生的学习习惯——收集他们所有的东西——并找一个存放的地方——也就是学生学习档案。

　　制作学生学习档案时，收集资料并不是一件难事，选择收集哪些资料则是极为困难的事。因此，学生应该先学会如何整理挑选出合适的资料放进学生学习档案中。通常教师会以学生的口头讨论开始。学生参照教师提供的优秀作业的标准和样本进行讨论，并口头反思彼此的作业。学生进行口头讨论时，教师要将学生谈到的问题进行归纳总结。当学生掌握了口头讨论的基本模式，并且会用现成的标准去评定他们自己的作业后，再转向笔头反思。笔头反思有助于学生从评估中学习，了解自己的优点和不足。同时

教师也能知道学生对自己作业的看法，当发现一些不恰当的看法时，教师可以做及时的提示与引导。当学生有能力判断他们的作品并且收集了一定数量的作品后，他们就可以将挑选出来的作品收集到学生学习档案里。如果要学生建立一个写作档案，就需要选择如下项目。

（1）一篇重要的文章，并说明选这篇作品的原因以及完成的过程和感受。

（2）一篇满意的文章和一篇不满意的，并说明对两篇文章的思考。如果学生愿意还可以再加上对不满意作品的改进意见。

（3）一篇文章的写作过程。

（4）随便选一篇文章以及选它的理由。

3. 学习档案的制作

（1）读书笔记的制作方法

读书笔记是学生对所读书籍、文章的随时记录，坚持记录读书笔记这有助于学生养成认真思考的习惯。教学过程中，教师可以鼓励学生就所读内容发表看法。这不仅有助于学生了解文章、书籍的内容，培养良好的读书习惯，同时也有助于学生锻炼写作能力。

（2）阅读/写作档案的制作方法

每份档案都应包括要求的项目（required contents）、任意选择的项目（optional contents）以及评论（comments）。

（3）学生学习档案总结表的制作方法

学生学习档案总结表上通常包括：学生姓名；老师姓名；日期；学校名称；要求的项目，如阅读范例、阅读策略/写作范例、学生自评等；任选项目，如所读书单、内容摘要和评论、阅读成绩等。

4. 对学生档案的评估

完成学生学习档案的制作以后，就要检查学生所选项目是否符合档案要求，并对其进行评估。评估学生学习档案时应注意以下几个方面：档案是否整洁易读；档案中的材料是否组织得好；档案中是否有具体范例；档案内容是否能够清晰、全面地反映学生一个阶段的学习成果；档案是否能够体现不同课程之间的联系。

（1）学生学习档案座谈

开展学生学习档案座谈不仅能够快速、有效地了解学生的学习情况、学习习惯，还可以有效地指导学生今后的学习。

（2）学生学习档案评估量表

学生学习档案评估量表的功能在于将学生一个时期内的成绩量化，将学生的成绩分为优秀、很好、良好、一般和需改进五个档次，并辅以日常记录和总结，使学生的学习情况更加直观。

（二）观察策略

观察策略是指通过有目的、有计划地观察学生在日常学习中的表现并加以记录，从而对学生的学习情况做出全面评估的一种方法。观察策略作为评估外语教学行为和技巧的最基本的评估工具被广泛地应用。所有语言信息收集的方法都可以被认为是在特定情况下使用特殊方法来了解学生学习的行为、态度或策略。

观察分为正式和非正式两种。所谓正式观察就是采用标准化的观察方法。非正式的观察则是对学生某一方面行为规范的观察。观察可以随时进行，但也需要按照系统的方法进行，以保证其客观性。

观察策略作为形成性评估的一种重要形式，主要适用于课堂评估。杰纳西和厄普舍认为，在设计课堂观察时需要注意以下一些问题。

（1）观察的目的是什么？对教师来说，教师可以通过观察了解学生学会了什么，哪些学习策略对他们有帮助，哪些教学策略对他们更有效，哪些活动和材料是学生喜欢的等。对学生来说，教师及时将收集到的信息反馈给学生，有利于学生更好地了解自己的学习状态。

（2）观察教学的哪些方面可以达到这样的目的？教师在教学过程中可以重点观察课堂事件、教学活动、学生间互相交流等。教师还可以观察学生日常的听、说、阅读和写作的经历。此外，教师还可以随时、随意地观察学生学习上取得的进步。

（3）观察单个学生、一组学生还是整个班级？对某一个学生进行观察，可以了解到这个学生个人的具体困难并与家长、其他老师一起帮助他进步；而对一组学生进行观察，可以了解全班的整体进度。

（4）在日常的教学活动观察还是观察特定的某个活动？教师可以观察学生单独、一对一或分组执行任务时的表现。通过灵活设定的任务或游戏可以帮助教师评估学生的分类能力、记录能力和描述能力等。例如，将学生分为两人一组，一个学生描述一堆物品中的一个的形状，另一个学生把它找出来。比较哪个组在规定的时间内找对的最多，数量最多的队为获胜队。

（5）实行一次观察还是重复观察？是否把观察与学生的其他课程和课外学习相结合？

（6）如何记录观察结果？恰当的记录方式对观察结果有着极大的影响。教师可以将观察到的现象和结论以日常记录、评估量或表评估表的方式进行记载。在记录中具体采用那种方式应该根据观察的目的和对象决定。下面我们就对这三种方式进行简单的介绍。

①日常记录

日常记录是教师根据学生日常语言、行为或学习所做的记录。记录包括对日常重要事件以及涉及学生活动和进步的纪实和描述。记录可以在学生活动发生时或每天放学后进行，记录形式宜简易灵活。在进行日常记录时，应注意以下几点：观察记录学习过程中的当时情形，以便将来分析；记录和收集资料宜用活页纸，将学生按姓名的字母顺序排列，随时增添记录；设计特殊的资料收集形式。

②评估量表

评估量表记录学生达到了某一具体标准以及学生在所给时间或所给范围内达到的标准。评估量表与评估表相似，只是量表显示了从恰当到不恰当的一种持续性，以便做出判断。教师可经常将评估表量化。一般来说，主要采用三种量表：数字、图表和描述。

③评估表

评估表主要反映某一特定时间内学生在某一项活动或过程中的表现和进步程度，它依据所使用的一系列具体标准而制定。评估表用来记录学生是否掌握某一具体知识、技巧、过程、能力以及态度。通过评估表，教师可以了解在哪些方面的教学取得了良好的效果，学生在哪些方面需要帮助或进一步指导。

评估表的使用形式应该多样化，做到方便实用。在使用评估表应注意以下几点：教根据教学大纲，教学单元和教学目的制定观察标准；观察前教师应与学生共同讨论具体标准；如有必要，教师可以要求学生参与制定部分或全部标准；教师要选择便于观察的标准，避免模棱两可的项目，增强客观度；教师要用通俗的语言描述评估标准，以便学生及家长可以理解；评估项目不宜超过 8 项，一次只观察几个学生；要经常对评估数据进行总结；采用或调整已有的评估表；所有评估表都应留出空间以便做日常记录和写评语。

（三）同伴评估策略

所谓同伴评估主要是指通过学生之间的沟通与合作来实现评估。因此，沟通技能和合作技能是影响评估结果的两个重要因素。由于不同学生的沟通能力、合作态度有所不同，而且同学间彼此信任、真诚的互相评估也需要一定时间的培养，因此同伴评估不是一次就能实现的。在初次使用同伴互评的时候，教师应注意采取一定的策略来帮助学生执行评估活动。

当然，同伴评估也可以通过简单的活动来落实。例如，教师可将全班学生分成若干小组，每个小组完成一个任务。在这期间，教师应鼓励组中每个成员都积极思考，共同合作完成任务。活动结束后，教师要求每位小组成员都对自己和他人的贡献做出评估。

同伴评估不能盲目进行，必须遵循一定的规则。如学生在谈论自己的观点或发表评论时要有理有据，不能依个人主观偏好评论。教师可以让几个学生评估一个学生，每一个评估者都要根据被评估者的课堂表现写评语，评语的重点放在被评估者的优点及改进的建议上。然后，被评估者根据同学和老师的评语反思自己的表现并撰写总结，确定改进的目标。

（四）自我评估策略

现代外语教学强调对学生自主学习能力的培养，学生要对自己的学习负责，即要在日常学习过程中检测、监控自己的学习情况。因此，自我评估策略也是对学生评估的重要组成部分。自我评估就是让学生通过积极思考自己在学习方面的问题，自己评估自己的学习情况。通过自我评估，学生可以正视自己取得的成就，发现存在的不足，从而自我调控学习进程，培养对自身学习的信心和责任感。

在自我评估策略中，教师的任务主要有两个：一是根据评估目的制定自我评估表，引导学生进行自我评价；二是通过与学生讨论他们的自评实施过程与结果，能够了解学生的学习态度，也能使学生清楚地认识到自己的学习情况。自我评估策略经常采用的工具是自评表和自我学习监控表。

1. 自评表

运用自评表对提高教学评估的效率起着促进性的作用，而且其操作起来也比较方便、省时，只需在课堂教学活动结束之时发给学生即可。

2. 自我学习监控表

自我学习监控表通常用来监控学生的学习，在外语教学的任何一个单元的学习过程之中，都可以使用自我学习监控表。其具体操作步骤及注意事项如下。

（1）使用自我学习监控表之前，教师首先应该向学生介绍此表的用途以及操作方式，这有助于学生正确认识和使用它。

（2）学习新单元之前，教师可让学生根据自己的实际情况，提前设定一个想到实现的目标，然后在活动栏中写上要完成的任务。需要指出的是，学生在制定计划和目标时应首先确保这些活动能够为他们挣到足够的分数。然而学生才能够在学习过程中参照自己预先制定的目标时时监控学习的进度，为以后的行为调整做参考。

（3）尽管在使用学习监控表时，完成目标的过程是学生的自主行为,但教师也不应袖手旁观，听之任之，而应时常提醒学生检查自己目标达成的情况，为他们调整下一步的学习活动提供建议和指导。

（五）学科成绩测验策略

学科成绩测验即我们通常所说的语言测试或考试，是最常用的评估学生学业的方法。与其他评估方法相比，语言测试具有高效、便捷的特点，量化的考试成绩易于在学生之间进行横向比较，从而为教学提供有益的反馈信息。考试的适用面也较广，通常用于判断学生知识、技能的掌握水平及其他方面的发展状况。此外,由于考试的答案较为固定,因此评估的结果也相对较为公正。考试主要可以分为以下两种。

## 1. 标准化考试

所谓标准化考试，是指采用现代教育技术对学生的外语能力进行测量并符合严格规范要求的大规模考试。标准化考试通常由专门的机构或组织设计、组织和实施的，具有科学性较强、质量较高、控制较严、费用较大的特点，主要适用于大规模的教学评估。标准化考试的目的是提供一种公认的客观标准，通过对学生语言运用的抽样检查确定学生的实际语言能力。其通常跨地区甚至跨国界，涉及大量的考试。我国非外语专业大学外语四、六级考试就是一种常模参照、标准相关的大规模标准化考试。

## 2. 课堂测试

课堂测试是教学中最为常用的评估方法，可以评估学生一个教学单元、一学期或一学年教学目标的实现情况。课堂测试的主要形式是笔试，一般由教师组织、设计和实施。传统的课堂测试采用闭卷考试，新时期的课堂测试法要改变传统的考试内容和方式，将对学生知识和能力的考查有机结合起来，将开卷考试和闭卷考试有机结合起来。课堂测试主要应注意以下两个方面。

（1）要强调实体的真实性和情景性，便于学生形成对外语学习和使用的领悟能力、解释能力和创造能力。

（2）要强调学生解题的过程，尽量减少客观题，增加主观题和开放题的比例。不仅要重视考试结论，还要重视结论得出的过程。

需要指出的是，尽管学科成绩测验的结果比较客观、公正，但任何考试都不能完全真实地反映学生学业成就的整体面貌。因此，我们要用辩证的眼光来看待学科成就测验，既不能全盘否定，也不能将其视为黄金法则，当成衡量学生学业的惟一方法。

## （六）专门调查策略

## 1. 问卷策略

问卷策略是评估者向学生提出一系列的问题或情境，要求学生回答有关问题来获得所需信息的评估策略。问卷策略通常用于评估学生的兴趣、态度等。为确保问卷调查结果的真实性，问卷的设计、发放、回收及分析都务必须科学、简洁。

## 2. 访谈策略

访谈策略又称座谈策略，是指评估者通过与学生进行面对面的交谈来获取所需信息的评估策略。访谈时，评估者可以提出结构性的问题和非结构性的问题。所谓结构性问题是评估者事先确定好的一批问题，无论哪位同学回答的都是同样的问题。非结构性问题则是围绕中心问题的提问，随着访问的发展状况，确定特定的问题。

## 3. 研讨策略

研讨策略是指将学生参与课堂活动的表现纳入学生表现评估的内容之中。研讨策略体现了课程、教学与评估的整。研讨评估策略的根本目的在于让学生学会更有效地思考，并为自己的见解提出证据。问题研讨可采用多种方式来实施，它既可以成为学生学业的展示，也可以成为课堂评估的一部分，还可以成为结业作业的展示，无论哪种方式都需要巧妙的问题设计和一套对应的评估准则。

由于研讨策略对教师所提出的引导问题以及教师本身有着较高的要求，因此这种评估策略尚处于引进摸索阶段，目前主要适用于对学业成绩的评估，对评估学生能力发展方面有一定的积极意义。具体来说，研讨式评估的操作步骤如下。

（1）明确教学目标。

（2）选定研讨采用的文本。

（3）教师提出起始问题。

（4）选择记录研讨过程的方式或设计简明的记录表。

（5）以多种方式完成评估。

## 二、对教师的评估策略

对教师的评估我们主要介绍对教师授课质量的评估策略。首先要根据教育目标要求制定出科学合理的评估指标体系，然后系统搜集教师授课活动的有关信息，并据此分析和判断教学质量，最终为改进教学工作、提高教学质量提供依据，指明方向。

### （一）评估标准

评估标准的确定直接关系到评估的效果。对于教师授课质量的评估标准，国内外学者存在不同的观点。

1. 国内学者的观点

我国黄甫全教授和王本陆教授指出，教师授课质量评估可以从教学目标、教学过程、教学效果等方面来考察，这种标准比较简单、具有通用性，可以作为评估的一般标准。这也是许多中小学常用的评估标准。

2. 国外学者的观点

米斯认为，教师授课的评估标准包括指标：媒介指标和终极指标。媒介指标是评估授课过程的指标，注重教师的指导和学生的反应；终极指标是评估授课结果的指标，注重学生的进步、发展以及目标达成的情况等。

前苏联著名教育家巴班斯基提出了评估教师授课质量的指标，即本学科的知识、教育分寸、对新事物的感受、培养学生的一般技能、发展学生的思维、培养学生对学科的兴趣、学科课外活动的组织、以个别方式对待学生。

（二）常用的评估策略

评估教师授课质量的具体策略有很多，最常使用的是以下三种。

1. 综合量表评估策略

综合量表评估策略十分注重教学活动的具体分解、对信息化处理和将标准进行统一，因而是一种比较精细的数量化的评估策略。它具有标准具体化、结果准确率高、评估人员主观干扰较少的特点。

2. 调查策略

上述我们介绍了问卷和访谈等对学生的评估方法。事实上，调查策略不仅可以评估学生的学业，还可以同时评估教师的授课质量。问卷和访谈也是调查策略最常用的对教师的评估方法。通过调查策略可了解特定教师在一段时间内的教学情况，多用于专门鉴定教师的综合教学水平的管理性评估。

3. 分析策略

分析策略是通过对教学工作进行定性分析来评定教师授课质量的，一般没有专门的评估标准，而是依靠测评人员的学识和经验进行评估。分析策略可以分为他评和自评两种方式，其评估结果以定性描述为主。

分析策略的优点是能够突出主题或主要特征，且简便易行。缺点是主观性较强，规范性差。因此，分析策略适用于以改进教学工作为目的的日常教师授课评估，不适合规范的、管理型的教师授课质量评估。

三、对教材的评估策略

教材是教学活动中最基本的和最重要的资源，也是教学过程的重要组成要素，因此对教材的评估很重要。评价课程材料通常需要涉及的方面有：课程原理、计划、标准、教学辅导材料、教师指南、教学计划和教案等。教材评估的标准主要包括合理性和可行性。为了落实课程教材的评估，必须实现标准的具体化。由于关于课程教材评估的标准有很多，所以在实施时，应根据对象的特点、目的、材料形式及适用领域，加以选择和重组，同时还应确立每一指标的加权方法，并兼顾数量和品质两个方面。

具体来说，常用的课程教材评估的策略包括专家判斯策略、观察策略、试验策略和调查策略等。

（1）专家判断策略是利用专家的权威性、中立性及说服力，运用其知识和专长来提供对课程材料的意见和判断。通过收集专家的分析判断意见，可采用调查法、送审法、会议法以及内容分析法等对教材进行评估。

（2）在课程评估中使用观察策略，主要是用于了解教学运作过程、实施过程，确认课程实施的困难及目标达成度，了解课程产生的非预期结果，并确认资料收集的效度。应用观察策略可采用事件记录、查核、系统观察和非结构性观察等方式和技术。

（3）实验策略是将课程方案当成实验处理加以操作，再处理产生结果，进而对课程材料做出判断的一种方法策略。

# 参考书目

[1]陈丽，《远程教育学基础》，高等教育出版社，2004.7

[2]铁军，《通向翻译的自由王国：日语同声传译及翻译教学研究》，我国传媒大学出版社，2007.9

[3]于康，《方法工具与日语教学研究丛书：日语偏误研究的方法与实践》，浙江工商大学出版社，2014.11

[4]季林根，《日语教学与日本文化研究-2013年度上海外国语大学》，华东理工大学出版社，2014.09

[5]徐斌艳、吴刚、高文，《建构主义教育研究》，教育科学出版社，2008.6

[6][日]野田尚史，《交际型日语教学语法研究》，外语教学与研究出版社，2014.09

[7]徐曙，《日语教育与日本学》，华东理工大学出版社，2015.1

[8][英]威廉姆斯等，《语言教师心理学：社会建构主义模式》，外语教学与研究出版社，2011.03

[9][美]鲁思·本尼迪克特，《菊与刀》，天津人民出版社，2013.11

[10]孙清山，《日本印象》，青岛出版社，2011.05

[12][11]李兆忠，《暧昧的日本人》，九州出版社，2010.10

[13][日]平山崇，《日语教学法》，南京大学出版社，2011.02

[14][英]邓肯·麦卡戈、胡克，《认识日本》，我国发展出版社，2015.3

[15]张佩霞、王诗荣，《多元化视角下的日语教学与研究》，华东理工大学出版社，2009.09

[16][日]藤卷启森，《日语语法教学研究》，北京大学出版社，2013.2

[17]曹大峰，《日语协作学习理论与教学实践》，高等教育，2014.04

[18]彭广陆、（日）滕卷启森、唐磊等，《日本语言文化研究丛书（第1辑）：日语语法教学研究》，北京大学出版社，2013.2

[19]揭侠、汪平、徐卫、彭曦，《日语教学与日本研究：我国日语教学研究会江苏分会》，华东理工大学出版社，2013.10

[20]于康，《语料库的制作与日语研究／方法工具与日语教学研究丛书》，浙江工商大学，2013.03

[21]彭曦，《日语教学与日本研究》，华东理工大学出版社，2011.11

[22]曹大锋，《日语教学与教材创新研究：日语专业基础课程综合研究》，高等教育出版社，2006.9

[23]李志忠，《变革课堂教学方式：建构主义学习理念及其在教学中的应用》，广东教育出版社，2010.7

[24]席隆乾，《有机建构主义教育》，社会科学文献出版社，2013.06

[25]王湘玲，《建构主义的项目式翻译能力培养研究》，湖南大学出版社，2012.3

[26]张雅军，《建构主义指导下的自主学习理论与实践》，华中师范大学出版社，2012.6

[27]東海大学留学生教育センター，《日本語教育法概論》，東海大学出版部，2005.3

[28]周延波、耿春华，《教学方法与技能》，西安交通大学出版社，2012.03

[29]束定芳、庄智象，《现代外语教学：理论、实践与方法》，上海外语教育出版社，2008.07

[30][日]加藤周一，《日本文化における時間と空間》，岩波書店，2007.3

[31][日]鮎澤孝子，《日本語教育実践》，凡人社，2014.5

[32]日本語教育研究会，《日本語教育研究5》，ココ出版，2014.5

[33]黄荣怀. 混合式学习的理论与实践[M].高等教育出版社，2006.6

[34]教育部高等教育司.大学英语课程教学与要求[M].清华大学出版社，2007.

[35]Halliday, M.A.K. Language as Social Semiotic:The Social Interpretation of Language and Meaning [M]. London: Arnold, 1978.

[36]Kress, G & van Leeuwen, T. Reading Image [M].London:Routledge, 1996.

[37]Halliday,M.A.K.Written and Spoken Language[M].Victoria:Deakin University Press, 1985

[38]周方珠，《英汉翻译原理》[M]，安徽大学出版社,1997.8

[39]杜学增，《中英（英语国家）文化习俗比较》[M]，外语教学与研究出版社，2004.2.

[40]傅仲选，《实用翻译美学》[M]，上海外语教育出版社，1993.6

[41]高惠群、乌传衮，《翻译家严复传论》[M]，上海外语教育出版社，1992.10

[42]古今明，《英汉翻译基础》[M]，上海外语教育出版社，1997.6

[43]田惠刚，《中西人际称谓系统》[M]，外语教学与研究出版社，1998.

[44]伍铁平，《模糊语言学》[M]，上海外语教育出版社,2000.7

[45]胡壮麟，《语言学教程》[M]，北京大学出版社,2011.3

[46]徐烈炯，《生成语法理论》[M]，上海外语教育出版社，2009.12

[47]郭万群，《大学英语多模态课堂教学研究》[M]，上海交通大学出版社,2015.11

[48]张征，《多模态读写能力：课堂生态环境下的发展研究》[M]，山东大学出版社，2013.12

[49]姜毓锋，《基于多模态话语理论的外语教学模式构建》[M]，北京理工大学出版

社,2015.8

[50]潘鸿雁,《微校时代》[M],天津出版社,2013.6

[51]赵国栋,《混合式教学与交互式视频课件设计教程》[M],高等教育,2013.7

[52]冯菲、刘玲,《混合式教学成功手册--让课程快速上网》[M],北京大学出版社,
    2013.11

[53](美)迈克尔·霍恩(MichaelB.Horn)希瑟·斯特克(HeatherStaker),《混合式
    学习:21世纪学习的革命》[M],机械工业出版社发行室,2016.9

[54]张佐成,《多模态即席话语研究》[M],世界图书出版公司,2014.1

[55]王克非,《翻译文化史论》[M],上海外语教育出版社,1997.10

[56]白靖宇,《文化与翻译》[M],中国社会科学出版社,2010.8